IRMÃ
OUTSIDER

AUDRE LORDE

IRMÃ OUTSIDER

TRADUÇÃO
STEPHANIE BORGES
REVISÃO DE TRADUÇÃO
CECÍLIA MARTINS

3ª REIMPRESSÃO

éFe_   autêntica

Copyright © 1984, 2007 Audre Lorde
Copyright desta edição © 2007 Autêntica Editora

Publicado mediante acordo com a Lennart Sane Agency AB.

Título original: *Sister Outsider*

Todos os direitos reservados pela Autêntica Editora Ltda. Nenhuma parte desta publicação poderá ser reproduzida, seja por meios mecânicos, eletrônicos, seja via cópia xerográfica, sem a autorização prévia da Editora.

EDITORAS RESPONSÁVEIS
Rejane Dias
Cecília Martins

COORDENADORAS DA COLEÇÃO
Cecília Martins
Rafaela Lamas

REVISÃO
Bruna Emanuele Fernandes
Samira Vilela

CAPA E PROJETO GRÁFICO
Diogo Droschi
(capa sobre imagem de Jack Mitchell/ Getty Images)

DIAGRAMAÇÃO
Waldênia Alvarenga

Dados Internacionais de Catalogação na Publicação (CIP)
(Câmara Brasileira do Livro, SP, Brasil)

Lorde, Audre
   Irmã outsider / Audre Lorde ; tradução Stephanie Borges. -- 1. ed.; 3. reimp. -- Belo Horizonte : Autêntica, 2023.

   Título original: Sister Outsider

   ISBN 978-85-513-0434-1

   1. Feminismo 2. Lesbianismo 3. Mulheres afro-americanas 4. Poesia I. Título.

18-20477   CDD-814

Índice para catálogo sistemático:
1. Ensaios : Literatura norte-americana 814

Maria Alice Ferreira - Bibliotecária - CRB-8/7964

GRUPO **AUTÊNTICA**

Belo Horizonte
Rua Carlos Turner, 420
Silveira . 31140-520
Belo Horizonte . MG
Tel.: (55 31) 3465 4500

São Paulo
Av. Paulista, 2.073, Conjunto Nacional
Horsa I . Sala 309 . Bela Vista
01311-940 . São Paulo . SP
Tel.: (55 11) 3034 4468

www.grupoautentica.com.br
SAC: atendimentoleitor@grupoautentica.com.br

7 Prefácio
Cheryl Clarke

11 Introdução
Nancy K. Bereano

19 Apontamentos de uma viagem à Rússia

45 A poesia não é um luxo

51 A transformação do silêncio em linguagem e em ação

57 Para começo de conversa: alguns apontamentos sobre as barreiras entre as mulheres e o amor

67 Usos do erótico: o erótico como poder

75 Machismo: uma doença americana de *blackface*

83 Carta aberta a Mary Daly

91 O filho homem: reflexões de uma lésbica negra e feminista

101 Uma entrevista: Audre Lorde e Adrienne Rich

135 As ferramentas do senhor nunca derrubarão a casa-grande

141 Idade, raça, classe e sexo: as mulheres redefinem a diferença

155 Os usos da raiva: as mulheres reagem ao racismo

169 Aprendendo com os anos 1960

183 Olho no olho: mulheres negras, ódio e raiva

219 Granada revisitada: um relato provisório

237 Agradecimentos

PREFÁCIO

Cheryl Clarke[1]

COM ESSE TÍTULO PARADOXAL, *Irmã outsider*, o trabalho em prosa mais importante de Audre Lorde, é ainda mais incisivo três décadas após sua primeira edição – e ultrapassa até mesmo o reconhecimento de sua poesia, que não é um trabalho menor. Se estivesse entre nós, vivendo a agitação dos Estados Unidos ou a calmaria das praias da Guiné, Lorde ainda desejaria reafirmar, e reafirmaria, sua condição de "outsider". Assim como sua poesia, esta obra em prosa coloca Lorde (e a nós também) "na linha", como dissera Akasha Gloria Hull anos atrás, pois recusa a segurança de uma zona de conforto. Eu sempre retorno a esses textos mais de uma vez – nesses tempos de atos imperialistas e antinaturais, como a guerra do Iraque e o abandono de sobreviventes da Costa do Golfo pelo governo após o furacão Katrina. *Irmã* é minha irmã, por mais que eu rejeite seu conselho: "Enquanto pessoas negras [...] temos que agir não só contra as forças externas que nos desumanizam, mas também contra os

---

[1] Cheryl Clarke é poeta, negra, lésbica, professora universitária e ativista. Nascida em 1947 em Washington, nos Estados Unidos, foi editora da revista *Conditions*, na qual alguns dos ensaios desta obra foram publicados originalmente. (N.T.)

valores opressores que fomos obrigados a internalizar";[2] por mais que me enfureça com seus aforismos aparentemente simples: "As ferramentas do senhor nunca derrubarão a casa-grande";[3] por mais que ainda faça perguntas difíceis: "Por que as mulheres negras reservam uma voz específica de fúria e decepção para usarem entre si? Quem é que devemos destruir quando atacamos umas às outras com esse tom de premeditada aniquilação corretiva?".[4]

Na estante ou na base daquela pilha de outros volumes preciosos – *The Black Woman: An Anthology*; *Conditions: Five, The Black Women's Issue*; *Lesbian Fiction*; *Top Ranking*[5] –, a *Irmã* nunca está longe de mim. Tenho vários exemplares com páginas dobradas, trechos sublinhados, anotados, manchados de café; em casa, no trabalho ou na minha cabeceira, ela é tão necessária quanto meus óculos, minha visão secundária.

Nunca termino o semestre de minha disciplina de estudos das mulheres sem recorrer a um destes textos quando teorizo sobre o ativismo feminista: "Idade, raça, classe e sexo: as mulheres redefinem a diferença", "Carta aberta a Mary Daly" ou "Os usos da raiva: as mulheres reagem ao racismo". Em um único parágrafo, Lorde consegue implodir o projeto inteiro da filosofia iluminista ao mesmo tempo que usa suas ferramentas.

Em 1990, citei a mim mesma em "Knowing the Danger and Going There Anyway", um artigo que escrevi sobre Lorde para um jornal feminista de Boston, *Sojourner*; vou subverter a alegoria de irmã e me citar outra vez: "Eu disse que a obra de Audre Lorde é

---

[2] "Aprendendo com os anos 1960", p. 171.

[3] "As ferramentas do senhor nunca derrubarão a casa-grande", p. 137.

[4] "Olho no olho: mulheres negras, ódio e raiva", p. 200.

[5] *The Black Woman: An Anthology*, organizado por Toni Cade Bambara; *Conditions: Five, The Black Women's Issue*, revista literária feminista e lésbica, publicada entre 1976 e 1990 nos Estados Unidos; *Lesbian Fiction*; *Top Ranking*, coletânea de artigos sobre racismo e classismo entre lésbicas, organizada por Joan Gibbs e Sara Bennett. (N.E.)

'uma vizinha com quem eu cresci, com quem sempre contei para uma conversa honesta, para me socorrer quando eu esquecia a chave de casa, para me acompanhar numa reunião de condomínio ou da associação de moradores, ou a um evento comunitário'".[6] Em 1990, Lorde ainda estava entre nós. *Irmã outsider* assumiu o lugar de sua criadora como essa boa vizinha. Com esta nova edição, teremos nossa irmã e vizinha por mais uma geração. Que os vizinhos de longa data continuem a se inspirar em sua escrita luminosa, e que os novos vizinhos sejam inspirados pela novidade.

2007

---

[6] CLARKE, Cheryl. *The Days of Good Looks: Prose and Poetry, 1980-2005*. Nova York: Carroll & Graf, 2006.

INTRODUÇÃO

Nancy K. Bereano[1]

QUANDO COMEÇAMOS a editar *Irmã outsider* – muito depois de termos o conceito do livro, um contrato assinado e um novo material escrito –, Audre Lorde me disse, numa tarde enquanto trabalhávamos, que ela não escrevia teoria. "Eu sou poeta", declarou.

A importância de Lorde como poeta é inegável. Ainda assim, não há dúvida de que *Irmã outsider*, uma coletânea de ensaios e conferências da pensadora lésbica, negra e feminista, escolhidos entre seus escritos de não ficção em prosa produzidos nos últimos oito anos, deixa absolutamente claro para muitos o que alguns já sabiam: a voz de Audre Lorde é central para o desenvolvimento da teoria feminista contemporânea. Ela está entre o que há de mais afiado em questão de consciência.

Os quinze textos incluídos neste livro, vários deles publicados aqui pela primeira vez, são leituras essenciais. Seja pelo mais conhecido, "Usos do erótico: o erótico como poder", que nos abre para o poder em potencial, em todos os aspectos da nossa vida, implícito no erótico,

---

[1] Nancy K. Bereano foi editora e uma das fundadoras da Firebrand Books, casa editorial reconhecida e premiada, dedicada a publicar autoras lésbicas e feministas. (N.T.)

> Quando falo do erótico, então, falo dele como uma afirmação da força vital das mulheres; daquela energia criativa fortalecida, cujo conhecimento e cuja aplicação agora reivindicamos em nossa linguagem, nossa história, nossa dança, nossos amores, nosso trabalho, nossas vidas.[2]

seja pelo mais recente "Olho no olho: mulheres negras, ódio e raiva", que investiga as raízes racistas da hostilidade entre as mulheres negras,

> Somos mulheres negras nascidas em uma sociedade de arraigada repugnância e desprezo por tudo o que é negro e que vem das mulheres. Somos fortes e persistentes. Também temos cicatrizes profundas.[3]

a obra de Lorde expande, aprofunda e enriquece todas as nossas compreensões do que o feminismo pode ser.

Mas o que dizer do "conflito" entre poesia e teoria, entre suas esferas aparentemente separadas e incompatíveis? Disseram-nos que a poesia expressa o que sentimos, e a teoria afirma o que sabemos; que o poeta cria a partir do calor do momento, enquanto o teórico é, inevitavelmente, frio e racional; que a poesia é arte e, por isso, experimentada "de forma subjetiva", enquanto a teoria é erudição, considerada confiável no mundo "objetivo" das ideias. Disseram-nos que a poesia tem alma e a teoria tem mente, e que precisamos escolher entre elas.

A estrutura do patriarcado branco ocidental exige que acreditemos na existência de um conflito inerente entre o que sentimos e o que pensamos – entre a poesia e a teoria. É mais fácil que nos controlem quando uma parte do nosso eu é separada da outra, fragmentada e sem equilíbrio. Contudo, existem outras configurações, outras formas de experimentar o mundo, ainda que seja difícil nomeá-las.

---

[2] "Usos do erótico: o erótico como poder", p. 70.

[3] "Olho no olho: mulheres negras, ódio e raiva", p. 191.

Podemos senti-las e procurar articulá-las. Como fazer conexões e curar divisões desnecessárias é tarefa do feminismo, *Irmã outsider* é motivo de esperança.

A escrita de Audre Lorde é um impulso em direção à integridade. O que ela diz e como diz nos envolve intelectual e emocionalmente. Ela escreve a partir das particularidades de quem é: mulher negra, lésbica, feminista, mãe de duas crianças, filha de imigrantes de Granada, educadora, paciente de câncer, ativista. Ela cria material a partir de sua vida cotidiana, o qual podemos usar para moldar a nossa. De seu desejo de inteireza, de sua necessidade de abranger e abordar todas as partes de si, ela nos ensina sobre o significado de *diferença* – "a bruta e poderosa conexão da qual o nosso poder pessoal é forjado".[4]

Como mãe judia, branca e lésbica, eu li "O filho homem: reflexões de uma lésbica negra e feminista" pela primeira vez há muitos anos, enquanto me empenhava para aceitar a inevitável e iminente masculinidade de meu filho na pré-puberdade. Meu menino não apenas se tornaria um homem fisicamente, ele poderia também agir como um. Essa percepção se tornou uma grande crise para mim, num contexto em que praticamente todas as mães lésbicas que eu conhecia (que também eram brancas, o que percebi posteriormente) ou insistiam que seus filhos "andróginos" continuariam daquela maneira, que não se tornariam homens machistas/misóginos, ou eram pressionadas a escolher entre um ideal separatista de comunidade e seus filhos. Eu me sentia acuada diante de tão poucas opções.

Lorde, entretanto, tinha uma visão mais ampla. Ela partiu da realidade de que seu filho se tornaria um homem ("Nossos filhos não vão crescer e se tornar mulheres"[5]) para depois questionar que tipo de homem ele se tornaria. Ela teve a clareza de que poderia amar seu filho intensamente *e* se desprender dele. De fato, para a sobrevivência

---

[4] "As ferramentas do senhor nunca derrubarão a casa-grande", p. 137.

[5] "O filho homem: reflexões de uma lésbica negra e feminista", p. 92.

dos dois, ela não tinha opção a não ser se desprender dele, ensinar-lhe: "não existo para lidar com os sentimentos dele por ele".[6]

Lorde e eu somos mães lésbicas que tivemos de ensinar aos nossos meninos como lidar com os próprios sentimentos. No entanto, o filho dela, Jonathan, é negro, e o meu, Joshua, é branco, e essa não é uma diferença simples em uma sociedade racista, apesar da masculinidade em comum. Como Lorde escreveu:

> Como mulheres, compartilhamos alguns problemas; outros, não. Vocês temem que seus filhos cresçam, se unam ao patriarcado e deponham contra vocês; nós tememos que nossos filhos sejam arrancados de dentro de um carro e sejam alvejados no meio da rua, e vocês darão as costas para os motivos pelos quais eles estão morrendo.[7]

Lembro-me de que uma grande mudança ocorreu dentro de mim quando li "O filho homem".

Entendi não apenas que Lorde sabia mais do que eu sobre criar meninos, ainda que eu recebesse conselhos de especialistas. Percebi também como o conhecimento de Lorde estava diretamente ligado à sua diferença – aquelas realidades de negritude e lesbianismo que a colocaram fora da sociedade dominante. Ela tinha informações que eu, uma mulher branca que havia vivido a maior parte da vida em um mundo de classe média heterossexual, não tinha, informações que eu poderia usar, informações das quais eu precisava.

> Para alguns de nós, a opressão é tão tipicamente americana quanto uma torta de maçã, e, para sobreviver, sempre tivemos de estar vigilantes [...].[8]

Eu sentia vergonha da minha arrogância, tinha medo de que minha ignorância fosse exposta e, por último, estava animada com

---

[6] "O filho homem: reflexões de uma lésbica negra e feminista", p. 93.

[7] "Idade, raça, classe e sexo: as mulheres redefinem a diferença" p. 148.

[8] "Idade, raça, classe e sexo: as mulheres redefinem a diferença" p. 141-142.

as possibilidades que se abriam para mim. Eu me comprometi com o meu futuro e tentei ouvir aquelas vozes, dos outros e de dentro de mim, que sabiam o que sabiam exatamente por serem diferentes. Eu queria ouvir o que elas tinham para me contar.

É claro, as reverberações continuaram.

Quando reli "O filho homem" vários anos depois, após muito esforço nesse ínterim para recuperar minha identidade judia, pensei sobre as complexidades de o meu filho ser um homem branco judeu em uma sociedade branca cristã. Na minha primeira leitura, isso não foi uma questão; hoje é difícil reconstruir minha falta de perspectiva.

> Quando nos definimos, quando defino a mim mesma, o lugar em que sou como você e o lugar em que não sou como você, eu não a estou impedindo de unir-se a mim – estou ampliando suas possibilidades de união.[9]

À medida que tomamos ciência do processo interno de Lorde, percebemos outra redução da distância entre pensar e sentir. Vemos a passagem que ela faz do "caos do conhecimento [...], essa profundidade em cada uma de nós que nutre a visão"[10] para as "ações hereges que nossos sonhos sugerem".[11] Compreender – o entendimento e a união das peças, a passagem de um lugar para o outro – possibilita conexões outras tais como nos aventurar nas ações hereges que nossos sonhos sugerem.

> O que a compreensão começa a fazer é tornar o conhecimento disponível para o uso, e essa é a urgência, esse é o impulso, esse é o estímulo.[12]

Estar em movimento é deliberado e sustenta a vida.

---

[9] Em uma entrevista para *The Feminist Renaissance*.

[10] "Uma entrevista: Audre Lorde e Adrienne Rich", p. 124, e "Carta aberta a Mary Daly", p. 86.

[11] "A poesia não é um luxo", p. 48.

[12] "Uma entrevista: Audre Lorde e Adrienne Rich", p. 134.

Em nenhum lugar essa intencionalidade é tão evidente quanto em "A transformação do silêncio em linguagem e em ação". Aqui, Lorde luta contra um possível diagnóstico de câncer. "Tive a sensação, provavelmente uma consciência corporal, de que a vida nunca mais seria a mesma..."[13] Ela trata disso em público, em um evento acadêmico, diante de setecentas mulheres. Lorde nos diz que está com medo, mas que o silêncio não é uma proteção.

> E [falar] nunca é sem medo – da visibilidade, da crua luz do escrutínio e talvez do julgamento, da dor, da morte. Mas já passamos por tudo isso, em silêncio, exceto pela morte. E o tempo todo eu me lembro disto: se eu tivesse nascido muda, ou feito um voto de silêncio durante a vida toda em nome da minha segurança, eu ainda sofreria, ainda morreria. Isso é muito bom para colocar as coisas em perspectiva.[14]

O compromisso de Lorde em confrontar o pior para que ela esteja livre para experimentar o melhor é inabalável. Ainda que *Irmã outsider* abranja quase uma década de seu trabalho, nove dos quinze ensaios deste livro foram escritos nos dois anos seguintes à descoberta de que Lorde poderia ter, e tinha, câncer. No seu processo de amadurecimento, de aceitar e usar o que aprendeu, ela nos mostra coisas que podemos carregar na nossa luta por sobrevivência, não importa qual seja o nosso "pior".

> O que possivelmente nos resta temer depois de termos ficado cara a cara com a morte e não termos nos rendido a ela? Uma vez que aceito a existência da morte como um processo da vida, quem haverá de ter novamente algum poder sobre mim?[15]

Audre Lorde não nos pede mais do que pede de si mesma: que prestemos atenção nas vozes que nos ensinaram a tratar com

---

[13] "Uma entrevista...", p. 133.
[14] "A transformação do silêncio em linguagem e em ação", p. 55.
[15] *The Cancer Journals* (Aunt Lute Books, 1980), p. 25.

desconfiança, que articulemos o que elas nos dizem, que atuemos de acordo com o que sabemos. Do mesmo modo que ela desenvolve, retrabalha e amplia os temas ao longo dos anos para criar teoria, nós podemos incorporar elementos de nossa vida.

Mulher negra, lésbica, feminista, mãe de duas crianças, filha de imigrantes granadinos, educadora, paciente de câncer, ativista. Os ensaios e as conferências em *Irmã outsider* dão nova amplitude àquela fundamental e desgastada máxima feminista de que o pessoal é político. Todas nós somos amplificadas pela obra de Audre Lorde.

> Eu sou quem sou, fazendo o que vim fazer, agindo sobre vocês como uma droga ou um cinzel para que se lembrem do que há de mim em vocês, enquanto descubro vocês em mim.[16]

Dezembro de 1983

---

[16] "Olho no olho: mulheres negras, ódio e raiva", p. 185.

APONTAMENTOS DE UMA VIAGEM À RÚSSIA[1]

DESDE QUE VOLTEI da Rússia, há algumas semanas, tenho sonhado muito. No começo, sonhei com Moscou todas as noites. Em alguns sonhos, eu e minha parceira tínhamos voltado para lá; noutros, eu estava em lugares mais quentes e familiares que tinha visitado; noutros ainda, em cidades diferentes, desconhecidas, cobertas de neve, frias e estranhas. Em um sonho, eu fazia amor com uma mulher atrás de uma pilha de roupas na loja de departamentos GUM, em Moscou. Ela estava doente, e fomos para o segundo andar, onde eu disse para uma cliente: "Temos que levá-la a um hospital". A cliente respondeu: "Tudo bem, leve-a até ali e diga a eles que ela precisa de exames nos rins e no cérebro...", e eu disse: "Não, eles não vão fazer isso por mim". Ela me olhou de um jeito muito estranho e disse: "Mas é claro que vão". Então me dei conta de que estava na Rússia, e os remédios e as despesas médicas e todo o resto eram de graça.

Meus sonhos não surgem mais todas as noites, mas parece que eles se tornaram mais e mais obscuros, então acordo sem saber o que

---

[1] Estes apontamentos são entradas editadas de um diário mantido durante uma viagem de duas semanas que fiz à Rússia, em 1976, como observadora americana convidada para a Conferência de Escritores Africanos e Asiáticos, patrocinada pela União dos Escritores Soviéticos.

realmente se passou, mas sabendo, pelo menos, que sonhei com a Rússia novamente. Durante um tempo, nos meus sonhos, a Rússia se tornou uma representação mítica daquele socialismo que ainda não existe em nenhum dos lugares onde estive. Em alguns aspectos, as possibilidades de viver na Rússia parecem muito diferentes; fora de Tashkent,[2] no entanto, as pessoas aparentam ser da Europa Ocidental (dos Estados Unidos, na verdade). E as tardes em Moscou são muito escuras e tristes.

I

O voo para Moscou durou nove horas, e, pelo que observei no avião, os russos em geral são tão pouco amigáveis entre si quanto os americanos, e quase tão pouco prestativos também.

Havia uma senhora de olhos azuis e rosto maravilhosamente enrugado, de aproximadamente setenta anos, usando uma *babushka*[3] e um casaco largo. No avião todo mundo parecia ter algum tipo de casaco grande e largo, menos eu. Assim que saí e senti o clima de Moscou, entendi o porquê. Mas essa mulher estava no assento bem na frente do meu. Ela viajava sozinha e era muito baixa para manejar seu casaco com facilidade. Ela tentou uma vez, duas vezes, e então me levantei para ajudá-la. O avião estava lotado: nunca tinha visto uma aeronave tão cheia antes. A velha se virou e olhou para mim. Era óbvio que ela não falava minha língua, porque balbuciei algo em inglês e não obtive resposta. Não havia nenhum sinal de rancor nos olhos dela. Chocada, pensei em como já damos como certa uma tensão na troca de olhares entre pessoas brancas e negras na América.

---

[2] Em 1976, quando Audre Lorde visitou a URSS, Tashkent era a capital da República Socialista Soviética Uzbeque. Em 1991, o país declarou sua independência e tornou-se o Uzbequistão. (N.T.)

[3] *Babushkas*, literalmente "velha" ou "avó", são lenços para a cabeça, amarrados embaixo do queixo, usados tradicionalmente por mulheres russas de idade. (N.T.)

Tampouco houve agradecimento, mas uma reação humana simples a quem eu era. Quando ela se virou para se sentar, vi que carregava na blusa sob o desalinhado cardigã pelo menos três tipos de condecorações militares, decoradas com honrarias. Medalhas dos Heróis da República, eu viria a saber depois. Recebidas pelo trabalho duro.

Isto foi algo que notei em todo lugar: as pessoas muito idosas na Rússia têm uma característica peculiar que desejo aprender e nunca perder, uma resiliência sem afetações, uma firme e reconfortante consciência do lugar que ocupam no mundo.

Desembarquei no dia 10 de setembro por volta das 15h30, horário de Moscou, e me deparei com um cinza muito bruto e familiar. Havia um cheiro de inverno no ar, quase nostálgico. As árvores tinham a coloração alaranjada do outono, e o céu era de um cinza denso. Avistei três mulheres corpulentas, de rosto quadrado, caminhando de braços dados pelo campo de aviação, rindo e fazendo piadas enquanto passavam. Certamente eram funcionárias encerrando o expediente – usavam macacão cinza, jaqueta, capacete, e carregavam marmita. Elas se aproximaram de um caminhão que havia parado e começaram a bater na janela, chamando a atenção de uma mulher lá dentro, meio cumprimentando, meio brincando com a motorista, que era obviamente amiga delas, porque apontavam o dedo umas para as outras e davam gargalhadas no meio da pista de aviação de Moscou, sob aquela luz austera, balançando a marmita e se divertindo.

Minha guia da Intourist, agência oficial de viagens da URSS, se chamava Helen – uma mulher jovem, de ossos largos, muito agradável e atraente, na casa dos trinta anos. Ela nasceu no Oriente, próximo ao Japão, e seu pai, que tinha sido militar, havia morrido. Agora ela vivia com a mãe, e contou que tiveram de aprender a fazer várias coisas sozinhas, pois havia pouquíssimos homens disponíveis naquele momento e era difícil conseguir prestadores de serviço.

Na Rússia, carregamos a própria bagagem nos aeroportos e hotéis. Isso me pareceu cruel no início, porque não é nada divertido subir sete andares carregando uma bagagem pesada quando o elevador não funciona. Mas, quanto mais tempo eu passava lá, mais justo me parecia, porque naquele país parece que tudo é pensado em relação à comida. Ou seja, o trabalho feito pelas mãos de alguém é medido pela quantidade de comida que se consegue produzir, então se toma essa importância como parâmetro de comparação com o valor do trabalho realizado. Alguns homens e mulheres passam a vida inteira, por exemplo, aprendendo e fazendo o trabalho manual extremamente lento e paciente de retocar os azulejos azuis-persas em Samarcanda na restauração dos mausoléus antigos. É considerado um trabalho muito precioso. Mas as antiguidades têm um valor particular, enquanto carregar a bagagem das pessoas não é uma prioridade, já que não é algo muito produtivo nem bonito ou valorizado. Se você não consegue carregar, aí é outra história. Acho esse conceito muito interessante.

São aproximadamente 48 quilômetros do aeroporto até a cidade de Moscou, e tanto a estrada quanto as árvores e as pessoas poderiam ter vindo diretamente do condado de Northern Westchester, Nova York, a não ser pelo fato de que eu não conseguia ler as placas. De vez em quando passávamos por belíssimas casas no estilo ortodoxo russo, antigas e malcuidadas, com lindas janelas decoradas em relevo, pintadas em belos tons de madeira. Algumas estavam quase desabando. Mas tanto a paisagem quanto a arquitetura dos arredores de Moscou eram exuberantes, mesmo naquele inverno cinzento, que parecia me dizer instantaneamente que eu não estava em casa.

Fiquei hospedada no Yunost, um dos hotéis internacionais em Moscou. O quarto era um estúdio quadrangular, com sofás-camas estilo Hollywood e uma janela panorâmica enorme de frente para o Estádio Nacional, acima de uma ponte ferroviária, e uma vista majestosa dos prédios da Universidade contornava o céu. Mas tudo lembrava tanto o inverno de Nova York que, mesmo às 21h30, sentada para escrever depois do jantar, olhando pelas persianas, percebia o som de um trem, as luzes no horizonte e, de tempos em tempos, as lanternas traseiras de algum carro fazendo a curva entre a ponte ferroviária e o hotel. Tudo lembrava as centenas de noites que passei ao longo da Riverside Drive, com a diferença de que, ao fundo da paisagem, estava o domo dourado em forma de bulbo de uma igreja ortodoxa russa.

Antes do jantar, fiz uma caminhada curta. Já estava escurecendo, mas descendo a rua do hotel, um pouco mais adiante, ficava a estação subterrânea do metrô que dava no Estádio. Entrei na estação e parei por um momento em frente às escadas rolantes para observar o rosto das pessoas indo e vindo. Por um instante tive a sensação de estar na Rua 14 da minha infância, antes de negros e latinos colorirem Nova York, exceto que as pessoas eram mais organizadas, e o lugar, bem menos lotado. O mais estranho de tudo, durante os dez minutos em que fiquei parada lá, é que não vi pessoas negras. E quem trabalhava de fiscal no recolhimento das passagens e na gerência eram duas mulheres. A estação era muito grande, muito bonita e muito limpa – surpreendente, notável e agradavelmente limpa. A estação inteira parecia o saguão de um teatro – acabamentos dourados, mosaicos e lustres brilhantes. Mesmo quando estão com pressa, e em Moscou há sempre alguma pressa, as pessoas não têm o desespero de Nova York. Havia uma característica comum a todas elas: uma satisfação estampada no rosto, uma disposição para sorrir, pelo menos para mim, uma estranha. Era um curioso contraste com o clima rigoroso.

Havia algumas pessoas negras nos arredores do hotel, e perguntei a Helen sobre a Universidade Patrice Lumumba.[4] Localizada em Moscou, a instituição é dedicada a estudantes de países africanos. Vi muitos africanos no hotel e nas redondezas quando voltei da estação do metrô, e imaginei que muitos estavam ali por causa da conferência. Curiosamente, a maioria deles falava russo, e eu não. Quando desci para jantar, quase vacilei diante do desafio da comunicação, porque eu não conseguia sequer descobrir onde deveria me sentar,

---

[4] Fundador do Movimento Nacional Congolês (MNC), Patrice Lumumba (1925-1961) lutou contra o imperialismo belga e foi eleito Primeiro Ministro do Congo em 1960, mas só ocupou o cargo por doze semanas, deposto por um golpe de Estado comandado pelo coronel Joseph Mobutu. (N.T.)

nem se deveria esperar que me levassem a uma mesa. Quando o alfabeto é desconhecido, não há nenhuma pista para a língua estrangeira. Um jovem negro passou todo confiante pelo meu campo de visão, com aquele andar seguro típico dos negros quando querem ser notados, e eu perguntei se ele falava inglês. Ele respondeu que sim e começou a se afastar rapidamente de mim. Fui atrás dele e, quando tentei perguntar se deveria me sentar ou esperar que indicassem o meu lugar, percebi que o pobre do rapaz não entendeu uma palavra do que eu disse. Naquele momento, recorri aos meus dois infalíveis livros de expressões em russo e consegui pedir um jantar delicioso de ensopado de peixe, cavalinha fresca, com um toque de limão e bastante azeitona, um delicado esturjão grelhado com molho em conserva, além de pão, vinho branco e até uma xícara de chá. Tudo isso foi possível graças à minha grande determinação e ousadia, e à paciência de um garçom sorridente e prestativo que chamou um dos cozinheiros para ajudá-lo a decifrar meus pedidos.

||

Faz muito frio em Moscou. No dia em que cheguei, tinha nevado de manhã e voltou a nevar hoje, 16 de setembro. Minha guia, Helen, fez um comentário muito preciso sobre isso. Ela disse que a vida em Moscou é uma batalha constante contra o tempo gelado, e que viver não passa de uma vitória contra a morte por congelamento. Talvez por causa do frio, ou da escassez de comida durante os anos de guerra, todo mundo come porções enormes aqui. Hoje, por causa de um pequeno engano da garçonete, Helen recebeu dois pratos no jantar e comeu os dois sem pestanejar. E ninguém é muito gordo, mas acho que isso tem a ver com o clima. Hoje tomamos vinho no jantar, e parece que as pessoas estão acostumadas a usar o vinho para soltar a língua. É quase uma prescrição. Em todo jantar são colocados uma taça para o vinho, outra para a água e um copo para a vodca, que flui como água e, aparentemente, tem pouco efeito sobre os russos.

Hoje um grupo de participantes da conferência saiu para um passeio guiado da Intourist. É difícil acreditar que é domingo, porque a cidade inteira parece tão cheia da vida dos dias úteis, tão concentrada em seus propósitos, que a semana parece ganhar um dia a mais. Vimos o Museu e Convento Novodevichy e as vistosas agulhas douradas no topo dos domos, que me despertaram mais uma vez da sensação de estar em Manhattan. Fomos ver a universidade e, é claro, havia muitas placas em homenagem a muitos heróis, mas nenhuma delas me comoveu tanto quanto a senhora determinada que viajou comigo no avião. E o Teatro Bolshoi. Estava chuvoso, cinza e nublado – um dia de dezembro em Nova York –, e o teatro pareceu tão imponente quanto o cruzamento da Grand Concourse com a Rua 161 no Bronx, ou o Columbus Circle[5] em meados de dezembro. Os domos dourados das torres de alguns dos edifícios mais antigos são lindos e reluzem o tempo todo, mesmo com esse clima, o que os faz parecer promessas alegres na paisagem, ou palácios de fadas, e os adoráveis tons de verde, branco, amarelo e laranja, que decoram e contornam as janelas, produzem um contraste maravilhoso com o cinza. Espero ter a chance de ir ao Museu Pushkin.

Fui entrevistada por uma mulher maternal, doce e astuta, integrante da União dos Escritores Soviéticos. Ela estava fazendo uma pesquisa sobre "Políticas Negras", como disse, e estava interessadíssima nas mulheres nos Estados Unidos, é claro. Conversamos por umas boas duas horas, e uma das coisas que comentei com ela foi sobre a senhora cheia de medalhas no avião, e perguntei se ela sabia quem poderia ser. Ela disse que provavelmente era uma velha trabalhadora rural condecorada com o título de "Heroína da República". Esse título era dado, geralmente, a pessoas que haviam trabalhado muito, ela explicou. Foi interessante porque mais cedo, durante o almoço,

---

[5] A Grand Concourse é uma avenida importante do Bronx, onde fica o Yankee Stadium. O Columbus Circle é uma famosa praça próxima ao Central Park, na qual se dá a interseção da Broadway com a Central Park West, a Central Park South e a Eighth Avenue. (N.T.)

eu tinha visto um lado de Helen, minha intérprete, que me surpreendeu. Ela perdeu a paciência com uma garçonete que demorou a atendê-la, mas o atendimento aqui demora mesmo. Helen comentou que os trabalhadores comandam o país, e pareceu reagir a esse fato com repulsa, ou no mínimo com desdém. Acho que ela sentiu que estava sendo discriminada, ou que estava em desvantagem por ser "intelectual", uma tradutora e intérprete. Impressionou-me essa estranha arrogância porque Helen trabalhava muito, talvez até mais do que qualquer garçonete, me acompanhando e vivendo tanto a minha vida quanto a dela. Ela estava comigo o tempo inteiro, como unha e carne.

Estávamos na universidade e nossa guia nos contava, em inglês, a história dos prédios, que foram construídos na época de Stalin. O material de construção teve de vir da Ucrânia porque Moscou, ao contrário de Nova York, não foi erguida sobre um leito de rocha. Acho estranho o fato de uma cidade repleta de imensos edifícios de rocha não ter sido construída sobre um leito de rocha. É como se fosse sustentada pela vontade humana. Enquanto conversávamos sobre isso diante do espelho d'água, um menino de cabelo louro bem claro, de uns dez anos de idade no máximo, se aproximou de mim discretamente, com um jeito de quem não quer nada, depois parou na minha frente e, num gesto de soslaio, estendeu a mão aberta. No centro da mãozinha havia um bóton de uma estrela vermelha com um soldado no meio. Fiquei completamente surpresa, pois não sabia o que o menino queria, então perguntei a Helen, que não quis ouvi-lo e o afastou tão rápido que não tive a chance de impedi-la. Depois ela me disse que ele queria trocar por bótons americanos. O garotinho tinha ficado ali perto, observando aquelas pessoas negras diferentes, e conseguiu me identificar como americana porque, é claro, os americanos são os únicos que usam um monte de bótons, e ele queria trocar o dele com uma estrela vermelha. Fiquei comovida com aquela criança também porque não consegui parar de pensar que era domingo e que ele provavelmente estava percorrendo todos os pontos turísticos. Tenho certeza de que seus pais não sabiam onde ele estava, e fiquei me perguntando o que a mãe dele faria se soubesse.

A mulher da União dos Escritores que estava escrevendo um livro sobre políticas negras era um pouco mais velha do que eu – talvez tenha pouco mais de cinquenta anos, eu diria –, e seu marido havia sido morto na guerra. Ela não tinha filhos. E me contou esses fatos sobre si assim que nos sentamos, falando abertamente sobre a própria vida, como aparentemente todos fazem aqui. Digo "aparentemente" porque foi assim até agora. E ela, assim como a minha guia e a maioria das mulheres aqui, tanto as jovens quanto as mais velhas, parecem lamentar a falta de homens. Ao mesmo tempo, parecem ter se livrado de muitas das representações tradicionais associadas aos homens. Quase todo mundo que conheci perdeu alguém na "Grande Guerra Patriótica", que é como eles chamam a Segunda Guerra Mundial.

Hoje à tarde fui entrevistada por Oleg, um dos representantes da União dos Escritores Soviéticos – união que me convidou para vir à Rússia e que está arcando com as despesas. Durante a entrevista, descobri que o hotel onde estamos hospedados era originalmente um albergue da juventude, e Oleg se desculpou porque não era "civilizado", nas palavras dele, como outros hotéis em Moscou. Já havia me deparado com o termo "civilizado", e me perguntei se era usado ao falar com americanos ou para se referir aos padrões americanos. Cada vez mais tenho a sensação de que os padrões americanos são uma norma tácita – sua importância é inegável, quer as pessoas resistam a eles, quer os adotem. Isso é um tanto decepcionante. Ao voltar para o hotel, porém, notei que a mobília é um pouco surrada, mas serve, e que as camas do estúdio têm o tamanho ideal para adolescentes, mas são confortáveis. Para um albergue da juventude, é melhor do que eu poderia esperar. É claro, não consigo deixar de me perguntar por que os convidados da Conferência Afro-Asiática foram alojados em um albergue da juventude, especialmente em um "não civilizado", mas imagino que nunca conseguirei uma resposta. Todas as diárias de hotel custam o mesmo na União Soviética. Da conversa que tive com Helen enquanto pegávamos o metrô para mandar um telegrama, concluí que os serviços básicos são muito baratos. O gás de cozinha custa dezesseis copeques por mês, o que é menos de um rublo (por volta de três dólares), e o máximo de eletricidade que Helen diz usar, quando passa o dia inteiro traduzindo durante o inverno, custa três rublos por mês. Ela diz que é muito caro. O apartamento de dois quartos que divide com a mãe custa oito rublos por mês.

Oleg não fala inglês, ou não consegue conversar em inglês. Como muitas outras pessoas que conheci durante minha estada na Rússia, ele entende inglês, embora não demonstre. Por meio de Helen, Oleg disse que gostaria que eu soubesse o quanto era importante para nós conhecermos outros escritores e que o objetivo da conferência era nos reunir. Agradeci a ele pelos 25 rublos que recebi ao chegar a Moscou, que me disseram ser uma cortesia da União dos Escritores Soviéticos para as despesas do dia a dia. Falei sobre as pessoas oprimidas no mundo inteiro, sobre nos encontrarmos para estimularmos uns aos outros e compartilhar, falei da África do Sul e da luta deles. Oleg disse algo muito curioso: "Sim, a África do Sul está muito mal. Parece uma ferida no corpo que não cicatriza". Isso me pareceu ao mesmo tempo distante e confidencial. Obscuro. Willy, meu amigo poeta sul-africano, mora agora na Tanzânia e talvez esteja aqui, o que me deixa muito animada.

III

Viajamos rumo ao sul, para o Uzbequistão, para a conferência, uma jornada de cinco horas que se tornaram sete por causa de atrasos. Chegamos a Tashkent depois do anoitecer, após uma viagem de avião longa e exaustiva. Como eu disse, os aviões russos são muito espremidos, cada centímetro é tomado por assentos. Eles utilizam absolutamente todo o espaço da aeronave. Mesmo vindo de Nova York para Moscou, a sensação era de estar em um transporte público abarrotado. Claro que de Moscou para Tashkent também foi assim, pois havia 150 delegados da Conferência de Escritores Afro-Asiáticos, eu, uma observadora, intérpretes e o pessoal da imprensa. Ao todo, éramos cerca de 250 pessoas viajando juntas, um grupo bem grande se deslocando por um país pelo menos quatro ou cinco vezes maior que os Estados Unidos (e em uma aeronave padrão, não em um avião de grande porte).

Quando aterrissamos em Tashkent, fazia um calor delicioso e o ar tinha o cheiro de Acra, em Gana. Ao menos me pareceu assim durante o curto trajeto do aeroporto para o hotel. No caminho até a cidade, havia muita madeira e mármore ao redor de largas avenidas muito bem iluminadas. Toda a cidade de Tashkent foi reconstruída depois do terremoto de 1966. Chegamos cansados e sentindo calor, e nos deparamos com uma recepção que faria seu coração se acalmar e depois cantar. Imagine duzentas e cinquenta pessoas cansadas, doloridas, famintas, desorientadas, com a boca seca de tanto falar e mal alimentadas... Isso à noite. Saímos do avião e nos deparamos com mais de cem pessoas, luzes e câmeras de TV, e algo como duzentas a trezentas criancinhas vestidas com roupas típicas e trazendo montes de flores que cada um de nós foi obrigado a aceitar ao sair da rampa do avião. "Surpresa!" Bem, sim, foi uma surpresa. Pura e simples, e fui mesmo pega de surpresa. Fiquei surpresa pelo gesto, artificial ou não, e pela participação geral das pessoas. Mais do que tudo, fui surpreendida pela minha reação; eu me senti genuinamente bem-recebida.

Então partimos para o hotel, e aqui eu tive a nítida sensação, pela primeira vez na Rússia, de que me encontrava com pessoas acolhedoras; no sentido do contato que não se evita, de desejos e emoções possíveis, no sentido de que havia algo de assombroso e particularmente familiar – não na paisagem, porque a cidade não se parecia com nada que eu já tivesse visto, com seus minaretes à noite –, mas o ritmo da vida parecia mais caloroso, mais dinâmico do que em Moscou; e em vez da amabilidade quase forçada das pessoas de lá, a gente daqui mostrava um entusiasmo muito convidativo. Eles são um povo asiático que vive em Tashkent. Uzbeques. Parecem descendentes de Gengis Khan, alguns deles tenho certeza de que são. São asiáticos e são russos. Pelo que vi, pensam e falam em russo, se consideram russos sob todos os aspectos e em todos os sentidos, e eu realmente me pergunto como eles conseguem conciliar isso.

Por outro lado, quanto mais tempo passo aqui, mais percebo que algumas das tensões pessoais entre os russos do norte e os uzbeques são de cunho nacionalista e, às vezes, racial.

Há apenas quatro irmãs[6] na conferência inteira. No avião a caminho de Tashkent, me sentei com as três mulheres africanas e jogamos conversa fora por quase cinco horas e meia, falando dos nossos filhos, dos homens do nosso passado, tudo muito, muito heterocétera.[7]

IV

Tashkent é dividida em duas partes: uma parte antiga, que resistiu ao enorme terremoto de 1966, e uma parte mais nova, que são os arredores da Tashkent antiga. Esta é muito recente e muito moderna, reconstruída em pouco tempo logo após o terremoto que praticamente destruiu a região. Foi reerguida com a força de trabalho de toda a União Soviética. Vieram pessoas da Ucrânia, da Bielorrússia, de todos os cantos, para reconstruir a cidade. Há diversos estilos arquitetônicos na parte nova porque cada grupo que chegou construiu à sua maneira. A cidade é praticamente um monumento ao que pode ser feito quando um grande grupo de pessoas trabalha em conjunto. Foi uma das coisas que mais me impressionou enquanto estive em Tashkent. A parte antiga, que na verdade é o centro, lembra muito alguma cidade em Gana ou no Daomé,[8] como Kumasi ou Cotonou. À luz do dia a cidade é bastante semelhante a algumas regiões da África Ocidental,

---

[6] Nos Estados Unidos é comum que pessoas negras se tratem por "irmão" e "irmã", seguindo a lógica de que a experiência de ser um negro em diáspora os une como uma família. (N.T.)

[7] O termo "heterocétera" é uma criação de Audre Lorde e aparece uma vez em sua obra (<bit.ly/2IDERL1>). Audre aglutina *hetero* (como redução de heterossexual) com *et cetera* (e outras coisas) para indicar, aparentemente, que referências comuns (filhos, ex-maridos e outros assuntos desse tipo) tornavam possível a interação entre as mulheres. (N.E.)

[8] O Daomé foi um reino próspero da África Ocidental colonizado pelos franceses no início do século XX que, ao conquistar a independência em

de formas que eu jamais poderia imaginar. Na verdade, se Moscou é Nova York em outro plano e com outras cores – porque Nova York e Moscou têm populações com um pouco mais de oito milhões de pessoas e deveriam, aparentemente, ter vários dos mesmos problemas, mas Moscou parece ter lidado com eles de forma bem diferente –, Tashkent é Acra. É africana em muitos aspectos: as barracas, a mistura entre o novo e o antigo, os telhados de zinco sobre as casas de adobe. O cheiro de milho na praça, ainda que as praças sejam mais modernas do que na África Ocidental. Até algumas árvores e flores, como copos-de-leite. Mas o cheiro de laterito na terra vermelha era diferente.

O povo aqui em Tashkent, que é bem próxima da fronteira com o Irã, é muito diverso, e fico impressionada com a aparente harmonia entre eles, com a maneira como russos e asiáticos parecem ser capazes de atuar em uma atmosfera multinacional que exige a boa convivência, independentemente de eles gostarem ou não uns dos outros. E não é que não haja indivíduos nacionalistas, ou racistas, mas a forma como o Estado se posiciona contra o nacionalismo, contra o racismo, é o que possibilita o funcionamento de uma sociedade como essa. E é claro que o próximo passo nesse processo deve ser o individual. No entanto, não vejo ninguém tentando ou sugerindo essa fase, o que é preocupante, porque, sem esse passo, o socialismo continua sob o domínio de uma visão parcial, imposta de fora. Nossos desejos são intrínsecos, mas os controles são externos. Pelo menos o clima daqui parece incentivar essas questões. Perguntei a Helen sobre os judeus e achei que ela foi bem evasiva, respondendo apenas que há judeus no governo. O posicionamento básico parece ser a presunção da igualdade, ainda que em alguns momentos a distância entre expectativa e realidade seja considerável.

Visitamos um estúdio de cinema e assistimos a vários desenhos animados infantis que tratavam dessas questões de maneira bela, profunda, com muito humor e, o mais impressionante, sem a

---

1960, se tornou a República do Daomé. Desde 1975, o país foi rebatizado como Benim. (N.T.)

violência que costumamos associar a desenhos animados. Eles eram realmente maravilhosos.

Depois de dois dias muito intensos, cheios de compromissos em Tashkent, partimos às 7h30 da manhã, de ônibus, para Samarcanda, a fabulosa cidade de Tamerlão, o Grande.[9] Após um cochilo rápido no ônibus, comecei a me sentir um pouco mais humana, a observar os meus arredores e a paisagem. Seguíamos na direção sudeste de Tashkent, que, por sua vez, fica a sudeste de Moscou. A área rural é muito bonita. Dá a sensação de ser estranha e familiar ao mesmo tempo. Este é um país algodoeiro. Quilômetros e quilômetros de plantações de algodão, trens carregados de estudantes vindos do sul de Moscou para passar quinze dias de férias, quando se divertem e colhem algodão. Havia uma atmosfera festiva em todo lugar. Passamos por pequenas vilas nas quais vi mercadinhos com mulheres sentadas de pernas cruzadas na terra batida, vendendo uns poucos repolhos ou pequenas bandejas de frutas. E muros que abrigavam casas de adobe. Até os muros me lembravam muito a África Ocidental, feitos de uma argila que racha formando os mesmos padrões que vimos tantas vezes em Kumasi e no sul de Acra. Só que aqui a argila não é vermelha, mas um bege claro, e é isso que me lembra que estamos na União Soviética, e não em Gana ou Daomé. É claro, os rostos são brancos. Existem outras diferenças que se revelam aos poucos também. As cidades menores e as vilas estão muito bem conservadas, e há uma ferrovia enorme correndo em paralelo com a estrada que pegamos. Trens longos e aparentemente eficientes, vagões-tanques e trens de passageiros com dez vagões passam por nós, cruzando com casinhas de comutação da ferrovia, revestidas de azulejos brancos e azuis e telhados pintados, sempre comandados por mulheres. Tudo parece imenso, maior, na

---

[9] Também conhecido como Timur, o Conquistador (1336-1405), foi um líder do povo Barla que estabeleceu o Império Timúrida, com a capital Samarcanda, onde está o seu túmulo. Dominou diversas regiões da Ásia Central, partes da Índia, do Uzbequistão e do Azerbaijão. No Oriente Médio, ocupou territórios no Iraque, no Irã e na Síria; e, no sul da Europa, partes da Armênia e da Geórgia. (N.T.)

Rússia. As estradas são mais largas, os trens mais compridos, os prédios maiores. Os tetos são mais altos. Tudo parece estar em maior escala.

Paramos para almoçar numa fazenda coletiva onde acontecia um festival da colheita, complementado por uma apresentação cultural obrigatória na ocasião, mas não por isso menos envolvente, e com a vodca fluindo. Depois, dançamos e cantamos junto com os estudantes que lotaram os ônibus e vieram ajudar a colher algodão. Mais tarde, ao longo das estradas, vimos montanhas e montanhas de algodão sendo colocadas nos trens.

Em todas as cidades por onde passamos tem um café onde as pessoas podem passar a noite, ou conversar, ou assistir TV, ou ouvir a programação do governo ou qualquer outra coisa, enfim, um lugar onde podem se reunir. E em todo lugar, em meio às vilas que aparentam ser muito antigas, há também prédios novos de quatro andares sendo construídos, fábricas, novos prédios residenciais. Trens cheios de vigas e outros materiais de construção, de carvão e pedras e tratores, cruzam nosso caminho, até um trem com vagões e vagões cheios de pequenos automóveis. Existem três tipos de automóveis russos. Esse é o mais barato e popular – centenas e centenas de carros empilhados, todos da mesma cor, amarelo-limão. Naquele mês, obviamente, a fábrica estava produzindo os amarelos.

Observei toda essa indústria passar e me dei conta, durante a viagem de ônibus para Samarcanda, que essa terra não era tão industrializada quanto era industriosa. Havia aquele clima de quem dá duro no trabalho, o que era bem interessante. Além disso, descobri que essa região entre Tashkent e Samarcanda já foi conhecida como "Deserto da Fome": por mais que a região fosse fértil, nunca chovia por ali, e a terra era coberta por uma camada de sal. Com a tecnologia usada para remover o sal e uma quantidade notável de mão de obra e engenharia, eles fizeram a região inteira florescer, e deu certo. Ela tem sido cultivada, na maior parte, com algodão. As pessoas vivem aqui e há enormes valas de irrigação e encanamento que sustentam as árvores onde há cidades e fazendas coletivas. Por todo o Uzbequistão, era constante a sensação de um deserto recuperado que rendia ótimos frutos. Mais tarde, enquanto seguíamos para o sul depois do grande banquete, paramos em um oásis, e peguei algumas flores do deserto que cresciam ali – pequeninos arbustos com flores que cresciam na areia. Então, sem motivo aparente, coloquei uma na boca, e o quanto as madressilvas têm de doce, essas flores têm de salgado. Era como se a própria terra ainda estivesse produzindo sal ou despejando sal no que brotava dela.

Existem mármores muito belos por todo o Uzbequistão. As escadas dos hotéis e às vezes as ruas têm um lindo mármore verde e rosa. Isso em Tashkent, que significa "Cidade de Pedra". No entanto, no caminho de Tashkent para Samarcanda, não vi nenhum tipo de rocha ou pedra perto da estrada. Não sei o motivo, só sei que era uma região de deserto ocupada. As estradas me pareciam muito boas, e elas eram muito largas porque, é claro, sempre havia maquinário pesado e caminhões indo de um lado para o outro.

Tivemos outra recepção calorosa em Gulistan, que significa "Deserto da Fome". E agora era uma vila de rosas. Visitamos uma fazenda coletiva, entramos em uma casa, vimos a escola infantil. A casa da mulher na qual entramos era muito impressionante. Mais tarde, durante o almoço, uma pessoa me perguntou o que eu tinha achado. "Ela vive melhor do que eu", comentei, e em alguns aspectos isso era verdade. A fazenda coletiva em Gulistan, chamada Coletivo Leningrado, é uma das mais prósperas da região. Nunca saberei o nome da jovem muito gentil que abriu sua casa para mim, mas jamais a esquecerei. Ela me ofereceu a hospitalidade de sua casa, e, ainda que não falássemos a mesma língua, senti que era uma mulher como eu, que desejava que todos os nossos filhos pudessem viver em paz em sua própria terra e, de alguma forma, fazendo algo produtivo com a força das próprias mãos. Por intermédio de Helen, ela falou sobre seus três filhos, um deles ainda pequeno, uma criança de colo, e eu falei dos meus dois. Eu falei em inglês e ela falou em russo, mas senti profundamente que nosso coração falava a mesma língua.

Lembrei-me dela uns dias depois em Samarcanda, quando eu e Fikre, um estudante etíope da Universidade Patrice Lumumba, fomos ao mercado fazer compras. Uma mulher muçulmana se aproximou de mim com o filho pequeno, mostrando-o para mim e perguntando a Fikre se eu também tinha um menino. Ela disse que nunca tinha visto uma mulher negra antes, que tinha visto homens negros, mas nunca tinha visto uma mulher negra, e que tinha apreciado tanto a minha aparência que gostaria que seu filho me visse, e queria saber se eu também tinha um filhinho. Então desejamos felicidades uma à outra, trocamos umas boas palavras e ela seguiu seu caminho.

Havia essa jovem asiática muito eloquente e habilidosa, que nos disse ser estudante de antropologia, que fazia o papel de nossa guia pelos museus de Samarcanda, compartilhando conosco todo seu conhecimento histórico. Na noite em que chegamos a Samarcanda, e novamente no dia seguinte, ao visitarmos os museus, tive a sensação de que havia muitas coisas que não víamos. Por exemplo, passamos por uma vitrine que continha várias moedas antigas que reconheci como chinesas, porque costumava usá-las para consultar o *I Ching*. Perguntei à nossa guia se elas eram da China. Ela agiu como se eu tivesse dito um palavrão. E respondeu: "Não, essas são daqui mesmo, de Samarcanda". Era óbvio que tinham sido trocadas entre os povos, e esse era o ponto, mas é claro, eu não era capaz de ler a explicação em russo abaixo das moedas, e ela evidentemente ficou muito ofendida com a minha menção à China. Em todas as mulheres que encontro aqui, sinto um ar de segurança e de consciência de seu próprio poder enquanto mulheres, como pessoas que produzem e como seres humanos, que é muito animador. No entanto, também sinto uma rigidez casmurra, uma resistência a questionamentos que me assusta, me entristece, porque me parece uma ameaça ao progresso como um processo.

Chegamos a Samarcanda por volta de 21h30, bastante cansados depois de um dia cheio. Alcançamos a praça principal bem a tempo de pegarmos o último show de luzes no mausoléu de Tamerlão. Quanto menos se disser sobre isso, melhor. No dia seguinte, Helen, Fikre e eu escapamos da visita oficial a um mausoléu, fugimos para o outro lado da rua e entramos num mercado. Foi ótimo e reconfortante, como sempre. As pessoas nos mercados encontram maneiras de chegar à essência do comércio: eu tenho, você quer; você quer, eu tenho.

As tumbas azulejadas e as midrasas (escolas antigas) de Samarcanda são de fato bonitas e complexas, e inertes. Hoje elas passam por um processo meticuloso de restauração. Ao caminhar por esses lugares, sabendo que havia tanta história sepultada ali, praticamente senti nos ossos toda aquela inércia. Encontrei duas penas na tumba de Bebe, a esposa favorita de Tamerlão, e era quase como se eu tivesse ido até lá para achá-las. A tumba de Bebe tinha belos minaretes, mas o túmulo mesmo nunca tinha sido usado. A mesquita nunca foi usada. Conta-se que Bebe era a esposa favorita de Tamerlão, e que ele "a amava de todo coração". No entanto, como ele estava sempre fora, de campanha em campanha, e a deixava para trás, ela acabou morrendo de desgosto. Ao retornar e descobrir que a esposa estava morta, ele ficou transtornado, porque a amava demais, e prometeu construir, em homenagem a ela, o maior mausoléu do mundo, a mesquita mais decorada do mundo, e foi o que fez. Até que, pouco antes de ficar pronto, tudo desabou. Dizem que foi por causa de um erro do arquiteto, e nada ali nunca foi usado. Vingança da falecida.

Os azulejos do mausoléu e as midrasas eram fascinantes, mas foi o mercado que roubou meu coração. Naquele dia, no fim da tarde, fomos a outra reunião em solidariedade aos oprimidos de Qualquer Lugar. Minha única certeza era a de que o encontro não era pelo povo negro oprimido dos Estados Unidos, algo que, é claro, eu havia questionado vários dias antes e sobre o qual ainda aguardava uma resposta. Ficamos de pé sob o sol quente na fábrica de porcelana, o que quase fritou meus miolos, e pensei sobre uma série de coisas. Os povos da União Soviética, sob vários aspectos, me dão a impressão de serem pessoas que ainda não podem se dar ao luxo de serem honestas. Quando conseguem ser, ou se tornam pessoas admiráveis ou se afundam na decadência. O que me irrita nos Estados Unidos é que o país tem a pretensão de ser honesto, então sobra pouco espaço para progredir rumo à esperança. Penso que os Estados Unidos têm problemas específicos, que a Rússia tem problemas específicos, mas, basicamente, quando encontramos pessoas que partem de uma postura centrada no ser humano, e não no lucro, as soluções podem ser bem diferentes. Fico me perguntando como problemas humanos similares serão resolvidos. No entanto, não estou convencida por completo de que os seres humanos sejam prioridade aqui também, embora aqui se fale muito mais em prol dessa ideia do que nos Estados Unidos.

No dia seguinte, tive uma reunião com Madame Izbalkhan, a líder da Sociedade Uzbeque da Amizade. Esse encontro aconteceu porque pedi que me esclarecessem qual seria o meu papel na conferência. No final das contas, por que não houve um encontro em prol dos povos oprimidos da América negra? Bastou-me dizer isso. Madame Izbalkhan falou durante duas horas e basicamente disse: "Bem, aqui está o que a nossa revolução fez por nós". E senti que o que ela insinuava era: se quer fazer sua revolução, daremos o maior apoio, mas não espere que nos envolvamos na sua luta.

Entretanto, ela falou de forma muito comovente sobre a história das mulheres do Uzbequistão, uma história que merece mais palavras do que as que posso oferecer aqui. Falou de como as mulheres dessa região lutaram, desde 1924, para sair de trás do véu que as escondia, sair da clausura muçulmana e entrar no século XX. Falou também de como elas deram a vida para mostrar o rosto, para aprender a ler. Muitas lutaram e muitas tiveram mortes horríveis nessa batalha, assassinadas pelos próprios pais e irmãos. É uma verdadeira história de heroísmo e persistência das mulheres. Pensei nas mulheres da África do Sul que, em 1956, se manifestaram e morreram para não carregar cadernetas.[10] Para as mulheres uzbeques, revolução significava mostrar o rosto e ir à escola, e elas morreram em nome disso. Há uma estátua de bronze numa praça em Samarcanda em homenagem

---

[10] Entre 1948 e 1994, enquanto o apartheid vigorava na África do Sul, pessoas negras eram obrigadas a carregar documentos de identificação e permissão para circular conhecidos como *passbooks* ou cadernetas. (N.T.)

às mulheres mortas e sua bravura. Madame Izbalkhan continuou falando sobre as mulheres no Uzbequistão moderno e sobre como hoje existe plena igualdade entre os sexos. Há tantas mulheres que atualmente lideram fazendas coletivas, tantas ministras. Ela disse que as mulheres podiam exercer lideranças de diversas maneiras, que não havia diferenças entre homens e mulheres na União das Repúblicas Socialistas Soviéticas. Fiquei emocionada com as estatísticas, é claro, mas também senti que ali havia algo suspeito. Soava fácil demais, conveniente demais. Madame Izbalkhan falou das creches, de escolas infantis onde as crianças eram cuidadas em fazendas coletivas. As pré-escolas são gratuitas em cidades grandes como Moscou e Tashkent. No entanto, em Samarcanda existe uma tarifa mínima de dois rublos por mês, o que é bem pouco, ela explicou. Fiz a ela uma pergunta: "Os homens são incentivados a trabalhar nas escolas infantis para que as crianças tenham contato desde cedo uma figura masculina amável?". Ela hesitou por um instante. "Não", respondeu. "Nós acreditamos que, ao entrarem na educação infantil, as crianças ganham uma segunda mãe."

Madame Izbalkhan era uma mulher muito direta, forte e bonita, muito a par dos fatos, de presença marcante, e voltei do meu encontro com ela quase empanturrada de emoções e de uvas.

As uvas no Uzbequistão são frutas incríveis, parecem ter vida própria. Elas são chamadas de "dedinho de madrinha de casamento" por causa do tamanho. São compridas, muito verdes, as mais deliciosas de todas.

Saí de lá pensando nas mulheres revolucionárias. Contudo, sinto com muita clareza que nós, americanas negras, ainda estamos sozinhas na boca do dragão. Como sempre desconfiei, para além da retórica e das manifestações de solidariedade, o único apoio que temos é o que damos a nós mesmas. Quando perguntei diretamente a respeito do *posicionamento* da União Soviética em relação ao racismo nos Estados Unidos, Madame Izbalkhan me disse, em tom reativo, que a URSS jamais poderia interferir nas questões internas de outro país. Gostaria de ter perguntado a ela sobre os judeus russos.

Em Samarcanda, Helen e eu fomos procurar uma feira. Ela pediu informações para um homem que passou por nós com a filha pequena, ou neta, mas sinto que era filha, porque muitos adultos aqui no Uzbequistão parecem ser bem mais velhos do que são. Deve ser por causa do ar seco. Enfim, Helen parou para pedir instruções de como chegar à feira e isso bastou para que ele sentisse uma abertura, como costuma acontecer na Rússia, para falar de qualquer assunto. Ele perguntou a Helen se eu era africana e, quando entendeu que sou americana, quis muito conversar sobre as pessoas negras dos Estados Unidos. Parece haver um considerável interesse pelos americanos negros por parte do povo russo, um interesse relativamente subestimado. Eu ouvia o tempo todo as pessoas questionarem Fikre, meu colega etíope que estudava na universidade, a meu respeito, em russo. Eu percebia porque tinha desenvolvido meu ouvido para a língua. Não era sempre que Fikre dizia que eu era dos Estados Unidos. A maioria das pessoas que conheci em Tashkent e Samarcanda achava que eu era africana ou cubana, e todo mundo tem muita curiosidade sobre Cuba também. Esse fascínio por tudo que é dos Estados Unidos aparece o tempo todo.

Esse homem quis saber se pessoas negras na América tinham permissão para frequentar a escola. Eu disse que sim, Helen disse a ele que sim, e então ele perguntou se era permitido a nós lecionar. Respondi que sim, que eu era professora na City University of New York, e ele ficou surpreso. Disse que uma vez assistiu a um programa de TV sobre negros americanos que dizia que não tínhamos emprego. Quando Helen começou a responder, ele a interrompeu. Furiosa, ela disse que seria melhor que eu falasse, porque ele olharia para o meu rosto e assim veria minha resposta. Pedi para Helen dizer a ele que o problema não era que não podíamos entrar na universidade, mas que, muitas vezes, ainda que pessoas negras fizessem faculdade, não encontrávamos emprego ao sair. Que é mais difícil para pessoas negras conseguirem emprego e se sustentarem, e que o percentual de desemprego nos Estados Unidos é, de longe, muito mais alto entre as pessoas negras do que entre as brancas.

Ele refletiu por um momento e em seguida perguntou se as pessoas negras também precisavam pagar para ir ao médico. Porque os programas de TV diziam que sim. Isso me fez sorrir, e expliquei que, nos Estados Unidos, todos precisam pagar por atendimento e cuidados médicos, não só as pessoas negras. "Ah!", disse ele. "E se vocês não tiverem dinheiro para pagar?" "Bem", disse eu, "geralmente, a gente morre." E não havia dúvida no meu gesto, ainda que ele tenha esperado a tradução da intérprete. Saímos e o deixamos absolutamente desconcertado – de boca aberta, no meio da praça, com a mão no queixo e me acompanhando com o olhar, parecendo extremamente surpreso com a possibilidade de seres humanos morrerem por falta de tratamento médico. São momentos como esse que ainda me fazem sonhar com a Rússia tanto tempo depois de ter voltado de lá.

Penso que há muitas coisas na Rússia que as pessoas, agora, consideram normais. Penso que acham normal que serviços médicos e hospitalares sejam gratuitos. Acham normal que as escolas e as universidades sejam gratuitas, assim como o pão de cada dia, até mesmo acompanhado de uma rosa ou duas, ainda que sem carne.[11] Todos nós somos mais cegos relativamente ao que temos do que ao que não temos.

Numa ocasião, depois da meia-noite, eu e Fikre caminhávamos por um parque em Tashkent quando fomos abordados por um homem russo. Fikre teve uma conversa rápida e ríspida com ele, que fez uma reverência e foi embora. Fikre não me contou sobre o que eles conversaram, mas tive a impressão de que ele queria fazer sexo com um de nós, comigo ou com Fikre. Tashkent é, em alguns aspectos, o parquinho de diversões da Rússia. Perguntei a Fikre qual

---

[11] A autora faz uma referência ao poema "Bread and Roses", de James Oppenheim, publicado em 1911 na *The American Magazine*. O poema é uma homenagem ao movimento pelos direitos das mulheres nos Estados Unidos no início do século XX e foi musicado e interpretado por cantoras folk como Joan Baez e Judy Collins. (N.T.)

era o posicionamento soviético em relação à homossexualidade, e ele respondeu que não havia um oficialmente porque essa não era uma questão pública. Eu já deveria saber que ele responderia assim, é claro, mas tenho muito poucas maneiras de descobrir a verdade, e Helen é pudica demais para conversar sobre qualquer coisa ligada a sexo.

V

Alguns dias depois de voltarmos a Moscou, fui apresentada a uma mulher que eu havia observado durante toda a conferência. Ela era esquimó, se chamava Toni e era chukchi. Os chukchis são de uma parte da Rússia próxima do Alasca, a parte que não foi vendida pelos russos, do outro lado do Estreito de Bering. Toni não falava inglês e eu não falo russo, mas, na noite passada, tive a sensação de que fizemos amor por meio das nossas intérpretes. Ainda não sei se ela sabia o que estava acontecendo, mas desconfio que sim.

Eu havia ficado muitíssimo emocionada com a apresentação dela naquele dia. Nós nos sentamos para jantar, cerca de dez pessoas, e Toni começou a falar comigo com a ajuda de nossas intérpretes. Ela disse que havia procurado meus olhos na plateia durante toda sua fala porque sentia que estava falando ao meu coração. E disse que, ao cantar aquela breve canção, sua esperança era a de que todos nós pudéssemos ter um começo. E veja bem, essa mulher lançou um feitiço muito poderoso. Restam apenas 1.400 chukchis no mundo. "É muito triste quando um povo inteiro deixa de existir", disse ela em determinado momento de sua apresentação. E depois cantou essa breve canção que, segundo ela, seu povo canta sempre que algo novo acontece. Seus olhos redondos e escuros e seus pesados cabelos negros cintilavam e se moviam ao ritmo da música. Senti no mesmo instante um arrepio me descer pela nuca, porque embora existam 21 milhões de pessoas negras nos Estados Unidos, sinto como se também fôssemos uma espécie ameaçada, e como é triste que nossas culturas morram. Parecia que somente eu e Toni, entre todas as pessoas naquela conferência, compartilhávamos da mesma certeza e da mesma ameaça. Durante o jantar, Toni me disse várias vezes como eu era bonita e como ela levaria consigo não apenas minha beleza, mas também minhas palavras, e que deveríamos dividir nossas alegrias, assim como nossas dores, e talvez um dia nossos filhos seriam capazes de falar francamente entre si. Tudo isso foi dito por meio das nossas intérpretes. Eu tentava decidir o que fazer de tudo aquilo quando Toni se levantou, se aproximou e sentou ao meu lado. Ela tocou meu joelho e me beijou, e então nos sentamos juntas durante todo o jantar. Ficamos de mãos dadas e nos beijamos, mas sempre que falávamos uma com a outra precisávamos das nossas intérpretes, meninas russas louras que sorriam amarelo enquanto traduziam nossas palavras. Imagino que eu e Toni nos conectamos em algum ponto no meio das Ilhas Aleutas.[12]

Antes de se levantar, ela beijou minha foto no meu livro, nos agradeceu pelo jantar e foi embora com o representante da Letônia, que veio de Riga.

VI

Mais uma vez de volta a Moscou, onde ainda está frio e chuvoso. Moscou repleta de telhados molhados parece tão desoladora quanto Nova York, a única diferença é que o horizonte é interrompido por enormes guindastes de construção. Aparentemente, há uma quantidade incrível de construções acontecendo em Moscou o tempo todo. Em Nova York também, mas não é tão evidente no horizonte. Os edifícios não são construídos de modo a formar blocos compactos como em Nova York. Em Moscou talvez encontremos dois prédios grandes por quarteirão, dispostos em ângulos diferentes, com vários canteiros e até parques entre eles. Em outras palavras, parece que foi feito um planejamento urbano bastante cuidadoso, pensando em como as pessoas gostam ou precisam se locomover por aqui. Tanto

---

[12] As ilhas Aleutas ficam no Mar de Bering, entre os litorais do Alasca e da Rússia. (N.T.)

em Nova York quanto em Moscou, a população é de quase oito milhões de pessoas, mas em Moscou é possível e agradável caminhar pelas ruas depois do anoitecer sem sentir medo. A criminalidade nas ruas não parece ser um problema. O motivo oficial e a razão real para isso podem ser muito diferentes, mas ainda assim é um fato. Fiquei impactada ao ver tantas pessoas, até mesmo crianças, caminhando pelos parques depois que o sol se põe.

Inicialmente, chegando a Moscou pela primeira vez, vindo do aeroporto, percebi um trânsito intenso e constante, mas não parecia haver um engarrafamento nem ser um grande inconveniente, ainda que fosse o horário no qual a maioria das pessoas voltava para casa do trabalho. Dava a impressão de ser uma conquista e tanto para uma cidade de oito milhões de habitantes, e pensei que Moscou devia lidar com seus problemas de transporte urbano de uma maneira nova e criativa. É claro que, quando vi o metrô, entendi tudo. Não só as estações são muito limpas como os trens são rápidos e confortáveis, e eu jamais pensei que seria uma verdadeira alegria usar o metrô.

VII

Será necessário algum tempo e muitos sonhos para metabolizar tudo o que vi e senti nessas duas semanas frenéticas. Eu nem sequer discorri sobre a estreita conexão que senti com alguns dos escritores africanos e sobre como foi difícil me aproximar de outros. Eu não tenho motivos para acreditar que a Rússia seja uma sociedade livre. Eu não tenho motivos para crer que a Rússia seja uma sociedade sem divisão de classes. A Rússia nem sequer parece ser uma sociedade igualitária de fato. No entanto, o pão custa poucos copeques, e todos que vi pareciam ter pão suficiente. É claro, eu não vi nem a Sibéria, nem um campo de trabalhos forçados, nem um hospital psiquiátrico. Contudo, em um mundo no qual a maioria das pessoas – certamente a maioria das pessoas negras – está preocupada em ter o que comer, isso significa muito para mim. Se você resolve a questão do pão de cada dia, isso te dá, no mínimo, a chance de olhar para os outros ao seu redor.

Então, apesar de todas as mensagens ambíguas que recebi (e foram muitas – por causa dos lugares onde fiquei, por causa tanto da deferência quanto da antipatia com que me trataram por eu ser americana, e porque, no fim das contas, os Estados Unidos ainda parecem exercer certa magia sobre vários países), independentemente dos inconvenientes, há um entusiasmo nas pessoas que conheci na Rússia, especialmente as que conheci no Uzbequistão. E reconheço algumas das contradições e dos problemas que eles têm. Desconfio profundamente das mensagens ambíguas constantes e do fato de que, quando eles acabam com você (e por "eles", quero dizer o governo), quando você não lhes interessa mais, eles o abandonam, e a queda pode ser bem dolorosa. Então, qual é a novidade? Intriga-me também a ideia de que lá existem escritores que são pagos para escrever, e eles sobrevivem e exercem um poder considerável. Também estou bem ciente de que, caso o que eles escrevam não seja considerado aceitável, isso jamais será lido ou jamais será impresso. Então, qual é a novidade?

No entanto, você tem um país com a maior população de leitores do mundo, que publica livros de poesia com tiragens de 250 mil exemplares que se esgotam em três meses. Em todos os lugares em que você for, mesmo entre aqueles milhares de quilômetros de algodão sendo colhido sob o sol do Uzbequistão, haverá pessoas lendo, e não importa o que se diga sobre a censura, eles ainda leem, e leem muito. Alguns livros são pirateados do Ocidente porque a Rússia não respeita leis internacionais de direitos autorais. Em Samarcanda, o romance *The Autobiography of Miss Jane Pittman*, de Ernest Gaines,[13] era o best-seller mais recente. Agora, quantos romances russos traduzidos você leu no último ano?

---

[13] Ernest Gaines (1933-2019) foi um escritor negro nascido na Louisiana que retratou em suas obras a vida das pessoas negras no Sul dos Estados Unidos, mas jamais se engajou em movimentos políticos como a luta pelos direitos civis nos anos 1960. O romance *The Autobiography of Miss Jane Pittman* foi lançado em 1971, e a visita de Audre Lorde à URSS foi em 1976.

A POESIA NÃO É UM LUXO[1]

O TIPO DE LUZ sob a qual examinamos nossas vidas influencia diretamente o modo como vivemos, os resultados que obtemos e as mudanças que esperamos promover através dessas vidas. É nos limites dessa luz que formamos aquelas ideias pelas quais vamos em busca de nossa mágica e a tornamos realidade. Trata-se da poesia como iluminação, pois é através da poesia que damos nome àquelas ideias que – antes do poema – não têm nome nem forma, que estão para nascer, mas já são sentidas. Essa destilação da experiência da qual brota a verdadeira poesia faz nascer o pensamento, tal como o sonho faz nascer o conceito, tal como a sensação faz nascer a ideia, tal como o conhecimento faz nascer (antecede) a compreensão.

Na medida em que aprendemos a suportar a intimidade da investigação e a florescer dentro dela, na medida em que aprendemos a usar o resultado dessa investigação para dar poder à nossa vida, os medos que dominam nossa existência e moldam nossos silêncios começam a perder seu controle sobre nós.

---

[1] Publicado pela primeira vez em *Chrysalis: A Magazine of Female Culture*, n. 3 (1977).

Dentro de cada uma de nós, mulheres, existe um lugar sombrio onde cresce, oculto, e de onde emerge nosso verdadeiro espírito, "belo/ e resistente como castanha/ pilares se opondo ao (seu) nosso pesadelo de fraqueza"[2] e de impotência.

Esse nosso lugar interior de possibilidades é escuro porque antigo e oculto; sobreviveu e se fortaleceu com essa escuridão. Dentro desse local profundo, cada uma de nós mantém uma reserva incrível de criatividade e de poder, de emoções e de sentimentos que ainda não foram examinados e registrados. O lugar de poder da mulher dentro de cada uma de nós não é claro nem superficial; é escuro, é antigo e é profundo.

Quando olhamos a vida ao modo europeu como apenas um problema a ser resolvido, confiamos exclusivamente em nossas ideias para nos libertar, pois elas, segundo nos disseram os patriarcas brancos, são o que temos de valioso.

No entanto, quando entramos em contato com nossa ancestralidade, com a consciência não europeia de vida como situação a ser experimentada e com a qual se interage, aprendemos cada vez mais a apreciar nossos sentimentos e a respeitar essas fontes ocultas do nosso poder – é delas que surge o verdadeiro conhecimento e, com ele, as atitudes duradouras.

Neste momento, acredito que as mulheres carregamos dentro de nós a possibilidade de fundirmos essas duas abordagens tão necessárias à sobrevivência, e é na poesia que nos aproximamos ao máximo dessa fusão. Falo aqui da poesia como destilação reveladora da experiência, não do estéril jogo de palavras que, tão frequentemente e de modo distorcido, os patriarcas brancos chamam de *poesia* – a fim de disfarçar um desejo desesperado de imaginação sem discernimento.

---

[2] Versos do poema "Black Mother Woman", de Audre Lorde, publicado em *From a Land Where Other People Live* (Detroit: Broadside Press, 1973) e parte da coletânea *Chosen Poems: Old and New* (Nova York: W.W. Norton and Company, 1982). [No original: "*beautiful/ tough as chestnut/ stanchion against (y)our nightmare of weakness*".]

Para as mulheres, então, a poesia não é um luxo. É uma necessidade vital da nossa existência. Ela cria o tipo de luz sob a qual baseamos nossas esperanças e nossos sonhos de sobrevivência e mudança, primeiro como linguagem, depois como ideia, e então como ação mais tangível. É da poesia que nos valemos para nomear o que ainda não tem nome, e que só então pode ser pensado. Os horizontes mais longínquos das nossas esperanças e dos nossos medos são pavimentados pelos nossos poemas, esculpidos nas rochas que são nossas experiências diárias.

À medida que os conhecemos e os aceitamos, nossos sentimentos, e o ato de explorá-los com honestidade, se tornam santuários e campos férteis para as ideias mais radicais e ousadas. Eles se tornam um abrigo para aquela divergência tão necessária à mudança e à formulação de qualquer ação significativa. Agora mesmo, eu poderia citar dez ideias que consideraria intoleráveis ou incompreensíveis e assustadoras a menos que viessem de sonhos e de poemas. Isso não é mero devaneio, mas sim um olhar atento ao verdadeiro significado de "isso me cai bem". Podemos nos condicionar a respeitar nossos sentimentos e transpô-los em linguagem para que sejam compartilhados. E, onde não existe ainda essa linguagem, é a poesia que ajuda a moldá-la. A poesia não é apenas sonho e imaginação; ela é o esqueleto que estrutura nossa vida. Ela estabelece os alicerces para um futuro de mudanças, uma ponte que atravessa o medo que sentimos daquilo que nunca existiu.

A possibilidade não é nem eterna nem instantânea. Não é fácil manter a crença em sua eficácia. Às vezes, podemos fazer um grande esforço para fundar uma verdadeira linha de frente de resistência às mortes que esperam que tenhamos, simplesmente para que essa linha de frente seja atacada ou ameaçada pelas farsas que fomos socializadas para temer, ou pela batida em retirada das aprovações que fomos orientadas a buscar por segurança. As mulheres nos vemos diminuídas ou amansadas por acusações pretensamente inofensivas de infantilidade, de falta de universalidade, de inconstância, de sensualidade. E quem é que pergunta: "Estou alterando sua aura, suas ideias, seus sonhos, ou estou simplesmente levando-as a tomar uma atitude temporária e reativa?". E ainda que uma atitude reativa não seja de todo mal, é preciso analisá-la no contexto da necessidade de uma verdadeira mudança nos próprios alicerces da nossa vida.

Os patriarcas brancos nos disseram: "Penso, logo existo". A mãe negra dentro de cada uma de nós – a poeta – sussurra em nossos sonhos: "Sinto, logo posso ser livre". A poesia cria a linguagem para expressar e registrar essa demanda revolucionária, a implementação da liberdade.

De qualquer maneira, a experiência nos ensinou que a ação no presente também é necessária, sempre. Nossas crianças não podem sonhar a menos que vivam, não podem viver a menos que sejam cuidadas, e quem mais daria a elas o verdadeiro alimento sem o qual seus sonhos não seriam diferentes dos nossos? "Se vocês querem que mudemos o mundo um dia, precisamos pelo menos viver o suficiente para crescer!", grita a criança.

Às vezes nos drogamos com sonhos de novas ideias. A cabeça vai nos salvar. O cérebro sozinho vai nos libertar. Mas não há ideias novas aguardando nos bastidores o momento de nos salvar como mulheres, como seres humanos. Existem apenas ideias velhas e esquecidas, novas combinações, extrapolações e constatações dentro de nós mesmas – junto da coragem renovada de as colocarmos à prova. E devemos encorajar constantemente umas às outras a nos aventurar nas ações hereges que nossos sonhos sugerem e que são desmerecidas por tantas das nossas ideias antigas. Na linha de frente da nossa passagem à mudança existe apenas a poesia para aludir à possibilidade tornada real. Nossos poemas articulam as implicações de nós mesmas, aquilo que sentimos internamente e ousamos trazer à realidade (ou com o qual conformamos nossa ação), nossos medos, nossas esperanças, nossos mais íntimos terrores.

Por vivermos dentro de estruturas definidas pelo lucro, por relações de poder unilaterais, pela desumanização institucional, nossos sentimentos não estariam destinados a sobreviver. Mantidos por perto como apêndices inevitáveis ou agradáveis passatempos, esperava-se que os sentimentos se submetessem ao pensamento assim como era esperado das mulheres que se submetessem aos homens. Mas as mulheres sobreviveram. Como poetas. E não existem novas dores. Já as sentimos antes. E escondemos esse fato no mesmo lugar onde temos escondido nosso poder. As dores emergem dos nossos sonhos, e são os nossos sonhos que apontam o caminho para a liberdade. Aqueles sonhos que se tornam realizáveis por meio dos nossos poemas, que nos dão a força e a coragem para ver, sentir, falar e ousar.

Se aquilo de que precisamos para sonhar, para conduzir nosso espírito de maneira mais direta e profunda rumo à esperança, for desprezado como sendo um luxo, vamos abrir mão do cerne – da fonte – do nosso poder, da nossa condição de mulher; vamos abrir mão do futuro dos nossos mundos.

Pois novas ideias não existem. Há apenas novas formas de fazê-las serem sentidas – de investigar como são sentidas quando vividas às sete da manhã de um domingo, depois do almoço, durante o amor selvagem, na guerra, no parto, velando nossos mortos – enquanto sofremos os velhos anseios, combatemos as velhas advertências e os velhos medos de ficarmos em silêncio, impotentes e sozinhas, enquanto experimentamos novas possibilidades e potências.

A TRANSFORMAÇÃO DO SILÊNCIO EM LINGUAGEM E EM AÇÃO[1]

PASSEI A ACREDITAR, com uma convicção cada vez maior, que o que me é mais importante deve ser dito, verbalizado e compartilhado, mesmo que eu corra o risco de ser ferida ou incompreendida. A fala me recompensa, para além de quaisquer outras consequências. Estou aqui de pé, uma poeta lésbica negra, e o significado de tudo isso se reflete no fato de que ainda estou viva, e poderia não estar. Há menos de dois meses ouvi de dois médicos, uma mulher e um homem, que eu deveria fazer uma cirurgia nos seios, e havia 60% a 80% de chance de o tumor ser maligno. Entre receber a notícia e a cirurgia em si, vivi três semanas na agonia de reorganizar involuntariamente a minha vida inteira. A cirurgia foi um sucesso, e o tumor era benigno.

No entanto, durante essas três semanas, fui obrigada a olhar para mim e a refletir sobre minha vida com uma lucidez, penosa e urgente, que me deixou ainda abalada, mas muito mais forte. Muitas mulheres encaram essa mesma situação, inclusive algumas de vocês que hoje estão aqui. Parte da minha experiência durante esse

---

[1] Artigo apresentado em 28 de dezembro de 1977 no Lesbian and Literature Panel, na Modern Language Association, em Chicago, Illinois. Publicado pela primeira vez no periódico *Sinister Wisdom 6* (1978) e no livro *The Cancer Journals* (São Francisco: Spinsters, Ink, 1980).

período me ajudou a compreender melhor o que sinto em relação à transformação do silêncio em linguagem e em ação.

Ao tomar uma obrigatória e fundamental consciência da minha mortalidade, e do que eu desejava e queria para a minha vida, por mais curta que ela pudesse ser, prioridades e omissões ganharam relevância sob uma luz impiedosa, e o que mais me trouxe arrependimento foram os meus silêncios. Do que é que eu tinha medo? Eu temia que questionar ou me manifestar de acordo com as minhas crenças resultasse em dor ou morte. Mas todas somos feridas de tantas maneiras, o tempo todo, e a dor ou se modifica ou passa. A morte, por outro lado, é o silêncio definitivo. E ela pode estar se aproximando rapidamente, agora, sem considerar se eu falei tudo o que precisava, ou se me traí em pequenos silêncios enquanto planejava falar um dia, ou enquanto esperava pelas palavras de outra pessoa. E comecei a reconhecer dentro de mim um poder cuja fonte é a compreensão de que, por mais desejável que seja não ter medo, aprender a vê-lo de maneira objetiva me deu uma força enorme.

Eu ia morrer, mais cedo ou mais tarde, tendo ou não me manifestado. Meus silêncios não me protegeram. Seu silêncio não vai proteger você. Mas a cada palavra verdadeira dita, a cada tentativa que fiz de falar as verdades das quais ainda estou em busca, tive contato com outras mulheres enquanto analisávamos as palavras adequadas a um mundo no qual todas nós acreditávamos, superando nossas diferenças. E foi a preocupação e o cuidado dessas mulheres que me deram força e me permitiram esmiuçar aspectos essenciais da minha vida.

As mulheres que me apoiaram durante esse período eram brancas e negras, velhas e jovens, lésbicas, bissexuais e heterossexuais, e todas nós travamos, juntas, uma guerra contra as tiranias do silêncio. Todas me deram a força e o acolhimento sem os quais eu não sobreviveria intacta. Durante essas semanas de medo intenso veio a compreensão – dentro da guerra, todas lutamos com as forças da morte, de maneira sutil ou não, conscientemente ou não – de que não sou apenas uma baixa, sou também uma guerreira.

Quais são as palavras que você ainda não tem? O que você precisa dizer? Quais são as tiranias que você engole dia após dia e tenta tomar para si, até adoecer e morrer por causa delas, ainda em silêncio? Para algumas de vocês que estão aqui hoje, talvez eu seja a expressão de um dos seus medos. Porque sou mulher, sou negra, sou lésbica, porque sou quem eu sou – uma poeta negra guerreira fazendo o meu trabalho –, então pergunto: vocês têm feito o trabalho de vocês?

E é claro que tenho medo, porque a transformação do silêncio em linguagem e em ação é um ato de revelação individual, algo que parece estar sempre carregado de perigo. Mas minha filha, quando contei para ela qual era o nosso tema e falei da minha dificuldade com ele, me respondeu: "Fale para elas sobre como você jamais é realmente inteira se ficar em silêncio, porque sempre há aquele pedacinho dentro de você que quer ser posto para fora, e quanto mais você o ignora, mais ele se irrita e enlouquece, e se você não desembucha, um dia ele se revolta e dá um soco na sua cara, por dentro".

Em nome do silêncio, cada uma de nós evoca a expressão de seu próprio medo – o medo do desprezo, da censura ou de algum julgamento, do reconhecimento, do desafio, da aniquilação. Mas, acima de tudo, penso que tememos a visibilidade sem a qual não vivemos verdadeiramente. Neste país, onde diferenças raciais criam uma constante, ainda que velada, distorção de visões, as mulheres negras, por um lado, sempre foram altamente visíveis, assim como, por outro lado, foram invisibilizadas pela despersonalização do racismo. Mesmo dentro do movimento social das mulheres, nós tivemos que lutar, e ainda lutamos, por essa visibilidade, que é também o que nos torna mais vulneráveis – a nossa negritude. Para sobrevivermos na boca desse dragão que chamamos de américa,[2] tivemos de aprender

---

[2] Em entrevista concedida em 1991 ao jornalista William Steif, da revista *The Progressive*, Audre Lorde explica que usa "américa" com inicial minúscula por sentir raiva de um país que finge ser o que não é, que ocupa "o lado errado de todas as lutas por libertação do planeta". (N.T.)

esta primeira lição, a mais vital: que a nossa sobrevivência nunca fez parte dos planos. Não como seres humanos. Incluindo a sobrevivência da maioria de vocês aqui hoje, negras ou não. E essa visibilidade que nos torna mais vulneráveis é também a fonte de nossa maior força. Porque a máquina vai tentar nos reduzir a pó de qualquer maneira, quer falemos, quer não. Podemos ficar eternamente caladas pelos cantos enquanto nossas irmãs e nós somos diminuídas, enquanto nossos filhos são corrompidos e destruídos, enquanto nossa terra é envenenada; podemos ficar caladas a salvo nos nossos cantos, de bico fechado, e ainda assim nosso medo não será menor.

Na minha casa este ano estamos celebrando o Kwanzaa, festival afro-americano da colheita, que começa um dia depois do Natal e dura uma semana. O Kwanzaa tem sete princípios, um para cada dia. O primeiro é Umoja, que significa "unidade", a decisão de se esforçar para alcançar e preservar a integridade individual e a união da comunidade. O princípio de ontem, o segundo dia, foi Kujichagulia, "autodeterminação", a decisão de definirmos quem somos, nos darmos um nome, falarmos por nós, em vez de nos deixarmos definir pelos outros ou deixar que os outros falem por nós. Este é o terceiro dia do Kwanzaa, e o princípio de hoje é Ujima, "trabalho coletivo e responsabilidade", a decisão de nos erguermos e nos mantermos unidas, a nós e à nossa comunidade, e de reconhecer e resolver nossos problemas juntas.

Cada uma de nós está aqui hoje porque, de uma forma ou de outra, compartilhamos um compromisso com a linguagem, com o poder da linguagem e com o ato de ressignificar essa linguagem que foi criada para operar contra nós. Na transformação do silêncio em linguagem e em ação, é essencial que cada uma de nós estabeleça ou analise seu papel nessa transformação e reconheça que seu papel é vital nesse processo.

Para aquelas entre nós que escrevem, é necessário esmiuçar não apenas a verdade do que dizemos, mas a verdade da própria linguagem que usamos. Para as demais, é necessário compartilhar e espalhar também as palavras que nos são significativas. Mas o mais importante para todas nós é a necessidade de ensinarmos a partir da vivência, de falarmos as verdades nas quais acreditamos e as quais conhecemos, para além daquilo que compreendemos. Porque somente assim podemos sobreviver, participando de um processo de vida criativo e contínuo, que é o crescimento.

E nunca é sem medo – da visibilidade, da crua luz do escrutínio e talvez do julgamento, da dor, da morte. Mas já passamos por tudo isso, em silêncio, exceto pela morte. E o tempo todo eu me lembro disto: se eu tivesse nascido muda, ou feito um voto de silêncio durante a vida toda em nome da minha segurança, eu ainda sofreria, ainda morreria. Isso é muito bom para colocar as coisas em perspectiva.

E nos lugares em que as palavras das mulheres clamam para ser ouvidas, cada uma de nós devemos reconhecer a nossa responsabilidade de buscar essas palavras, de lê-las, de compartilhá-las e de analisar a pertinência delas na nossa vida. Que não nos escondamos por detrás das farsas de separação que nos foram impostas e que frequentemente aceitamos como se fossem invenção nossa. Por exemplo: "Provavelmente eu não posso ensinar literatura feita por mulheres negras – a experiência delas é diferente demais da minha". E, no entanto, quantos anos vocês passaram ensinando Platão, Shakespeare e Proust? Outra: "Ela é uma mulher branca, o que teria para me dizer?". Ou: "Ela é lésbica, o que meu marido, ou meu chefe, diria?". Ou ainda: "Essa mulher escreve sobre os filhos e eu não tenho filhos". E todas as outras incontáveis maneiras de nos privarmos de nós mesmas e umas das outras.

Podemos aprender a agir e falar quando temos medo da mesma maneira como aprendemos a agir e falar quando estamos cansadas. Fomos socializadas a respeitar mais o medo do que nossas necessidades de linguagem e significação, e enquanto esperarmos em silêncio pelo luxo supremo do destemor, o peso desse silêncio nos sufocará.

O fato de estarmos aqui e de eu falar essas palavras é uma tentativa de quebrar o silêncio e de atenuar algumas das diferenças entre nós, pois não são elas que nos imobilizam, mas sim o silêncio. E há muitos silêncios a serem quebrados.

PARA COMEÇO DE CONVERSA: ALGUNS APONTAMENTOS SOBRE AS BARREIRAS ENTRE AS MULHERES E O AMOR[1]

Racismo: *A crença na superioridade inerente a uma raça sobre todas as outras, o que implicaria seu direito à dominância.*

Machismo: *A crença na superioridade inerente a um sexo, o que implicaria seu direito à dominância.*

Heteronormatividade: *A crença na superioridade inerente a um padrão de amor, o que implicaria seu direito à dominância.*

Homofobia: *O medo de sentimentos amorosos por membros do próprio sexo, o que se reflete em ódio por esses sentimentos em outras pessoas.*

AS FORMAS DE CEGUEIRA humana mencionadas acima brotam da mesma raiz – a inabilidade de reconhecer o conceito de diferença como uma força humana dinâmica, que é mais enriquecedora do que ameaçadora para a definição do indivíduo quando existem objetivos em comum.

Em grande medida, pelo menos verbalmente, a comunidade negra ultrapassou, no que se refere às relações sexuais, o conceito de "dois passos atrás de seu homem", defendido algumas vezes como o

---
[1] Publicado pela primeira vez no periódico *The Black Scholar*, v. 9, n. 7 (1978).

desejável durante os anos 1960. Essa era uma época em que o mito do matriarcado negro como uma doença venérea era apresentado pelas forças racistas para desviar as nossas atenções para longe das verdadeiras origens da opressão dos negros.

Para as mulheres negras, assim como para os homens negros, é evidente que, se nós não nos definirmos, seremos definidos pelos outros – para proveito deles e nosso prejuízo. O avanço de mulheres negras que se definem sob seus próprias condições, prontas para explorar e buscar o nosso poder e os nossos interesses dentro das nossas comunidades, é um componente vital na guerra pela libertação dos negros. A imagem da mulher angolana com um bebê em uma mão e uma arma na outra não é romântica nem fantasiosa. Quando as mulheres negras neste país se unirem para examinar nossas forças e nossas alianças, e para reconhecer os interesses sociais, culturais, emocionais e políticos que temos em comum, ocorrerá um avanço que só tem a contribuir para o poder da comunidade negra como um todo. Certamente, nunca nos diminuiria. Pois é por meio da união de indivíduos autorrealizados, mulheres e homens, que quaisquer progressos reais podem ser feitos. As antigas relações sexuais baseadas em poder, no modelo dominante/subordinado entre desiguais, não nos serviram nem como povo nem como indivíduos.

Mulheres negras que definimos a nós mesmas e a nossos objetivos para além da esfera do relacionamento sexual temos a capacidade de levar a qualquer empreendimento a determinação aguçada de indivíduos íntegros e, portanto, empoderados. Mulheres negras e homens negros que reconhecem que o desenvolvimento de suas forças e seus interesses particulares não diminui os demais não precisam gastar energia na luta pelo controle uns dos outros. Podemos concentrar nossas atenções na luta contra as verdadeiras forças econômicas, políticas e sociais que estão no coração dessa sociedade e que nos destroem, destroem nossas crianças e nossos mundos.

Cada vez mais, apesar da oposição, as mulheres negras estão se unindo numa tentativa de explorar e modificar aquelas manifestações da sociedade que nos fazem sofrer uma opressão diferente da que sofrem os homens negros. E isso não é uma ameaça para os homens negros. A não ser para aqueles que optam por reproduzir as práticas que oprimem as mulheres. Por exemplo, nenhum homem negro jamais foi forçado a ter filhos que não desejava ou não podia sustentar. A esterilização forçada e a impossibilidade de realizar abortos são ferramentas de opressão de mulheres negras, assim como o estupro. É apenas para os homens negros que estão confusos quanto aos caminhos para a sua autodefinição que a autorrealização das mulheres negras e os vínculos de autopreservação que estabelecemos são considerados avanços ameaçadores.

As lésbicas são, hoje, usadas como isca de uma falsa ameaça na comunidade negra, numa manobra cuja intenção é nos distrair da verdadeira face do racismo/machismo. Mulheres negras que compartilham laços estreitos entre si não são as inimigas dos homens negros. É bastante frequente, no entanto, que alguns homens negros tentem dominar pelo medo as mulheres negras que são, na verdade, mais suas aliadas do que inimigas. E essas táticas são expressas em forma de ameaças de rejeição emocional: "Até que a poesia delas não era ruim, mas eu não consigo suportar essas fanchas". O homem negro que diz isso está enviando um alerta cifrado para todas as mulheres negras presentes ali que estão interessadas em um relacionamento com um homem – ou seja, a maioria delas: (1) se ela deseja que ele respeite seu trabalho, ela deve evitar qualquer aliança que não seja com ele, e (2) qualquer mulher que deseje preservar a amizade e/ou o apoio dele é melhor não ser "corrompida" por interesses que priorizam mulheres.[2]

---

[2] No original: "*woman-identified interests*", vem da expressão "*woman-identified-woman*", criada a partir do racha entre as lésbicas e o movimento de libertação das mulheres nos anos 1960. Depois de o movimento invisibilizar as lésbicas, o termo passou a ser usado para se referir a mulheres que, independentemente de sua orientação sexual, priorizam as pautas feministas interseccionais, os interesses e as lutas das mulheres. Ao longo deste livro, usei "mulheres-que-se-identificam-com-mulheres" como tradução para "*woman-identified-woman*". (N.T.)

Se tais ameaças de serem rotuladas, tratadas como vilãs e/ou alienadas não forem suficientes para trazer as mulheres negras docilmente de volta ao rebanho como uma ovelha, ou para nos persuadir a evitar umas às outras política e emocionalmente, então o domínio por meio do terror pode ser expresso fisicamente. Foi o que aconteceu no campus da State University of New York no final da década de 1970, quando mulheres negras foram perseguidas por se reunirem para debater questões de seu interesse. As mulheres negras que ousaram explorar as possibilidades de uma conexão feminista com mulheres não negras receberam ligações com ameaças de violência. Algumas dessas mulheres, intimidadas pelas ameaças e pela perda da aprovação dos homens negros, se viraram contra suas irmãs. As ameaças, no entanto, não conseguiram evitar a tentativa de união entre as feministas, e a histeria que isso provocou no campus fez com que algumas mulheres negras fossem espancadas e estupradas. Pouco importa se as ameaças dos homens negros realmente desencadearam os ataques ou se apenas estimularam o clima de hostilidade que os favoreceu; as consequências para essas mulheres foram as mesmas.

Guerras, o encarceramento e "as ruas" dizimaram fileiras de homens negros em idade de se casarem. A fúria de muitas mulheres negras heterossexuais contra mulheres brancas que se relacionam com homens negros está enraizada nessa desequilibrada equação sexual na comunidade negra, uma vez que tudo que ameaça ampliar esse desequilíbrio desperta rancores profundos e evidentes. No entanto, esse rancor é essencialmente prejudicial, porque se manifesta apenas de um lado. Jamais resultará em verdadeiro progresso porque não aborda as relações verticais de poder e autoridade nem os pressupostos machistas que ditam as condições dessa competição. E o racismo das mulheres brancas poderia ser mais bem abordado em outras situações, nas quais não houvesse a complicação da opressão sexual que elas também sofrem. Não são as mulheres não negras que têm o controle dessa situação, mas os homens negros que se afastam do que há de si em suas irmãs ou que, tomando emprestado o medo dos homens brancos, leem a força das mulheres negras não como uma riqueza, mas como um desafio.

É muito frequente, e dado em alto e bom som, o recado dos homens negros para as mulheres negras: "Eu sou o único prêmio que vale a pena ganhar e não existem muitos como eu, e lembre-se de que sempre terei para onde ir. Então, se você me quer, é melhor se colocar no seu lugar, que é longe das outras; do contrário, vou te chamar de 'lésbica' e acabar contigo". Mulheres negras somos programadas para nos definirmos de acordo com a atenção masculina e para competirmos umas com as outras por ela, em vez de reconhecermos nossos interesses comuns e nos mobilizarmos em prol deles.

A tática de incentivar a hostilidade horizontal para encobrir problemas mais sérios de opressão não é, de modo algum, nova nem se restringe às relações entre mulheres. A mesma tática é usada para incentivar a separação entre mulheres negras e homens negros. Em discussões sobre contratar e demitir docentes negros nas universidades, ouvimos a recorrente acusação de que mulheres negras são contratadas com mais facilidade do que homens negros. Assim, os problemas das mulheres negras quanto a promoções e estabilidade no emprego não são considerados importantes, pois elas estão apenas "tirando os empregos dos homens negros". Aqui, mais uma vez, desperdiçamos energia lutando uns contra os outros pelas míseras migalhas que nos dispensam, em vez de nos empenharmos, numa confluência de forças, na luta por uma proporção mais realista de pessoas negras nos corpos docentes. A prioridade deveria ser uma batalha vertical contra as políticas racistas da estrutura acadêmica, algo que resultasse em verdadeiro poder e verdadeira mudança. Quem está no topo dessa estrutura é que deseja o imobilismo e que se beneficia dessas aparentemente intermináveis guerras na cozinha.

Em vez de voltarmos nossas atenções para nossas reais necessidades, uma quantidade enorme de energia é desperdiçada hoje pela comunidade negra na histeria contra lésbicas. No entanto, as mulheres-que-se-identificam-com-mulheres – aquelas que correram atrás e tentaram a própria sorte na ausência de apoio masculino – estão presentes em todas as nossas comunidades há muito tempo. Como Yvonne Flowers, da York College, destacou em um debate recente, a tia solteira, com ou sem filhos, cuja casa e cujos recursos eram frequentemente um grato refúgio para vários membros da família, foi uma figura habitual na infância de muitos de nós. E dentro dos lares de nossas comunidades negras hoje, não é a lésbica negra que agride e estupra nossas meninas menores de idade em nome de uma doentia e descabida frustração.

A lésbica negra tem sofrido crescentes ataques tanto de homens negros quanto de mulheres negras heterossexuais. Da mesma forma que a existência da mulher negra que se autodefine não é uma ameaça para o homem negro que se autodefine, a lésbica negra é uma ameaça emocional apenas para as mulheres negras cujos sentimentos de afinidade e amor com relação a outras mulheres negras são, de alguma maneira, problemáticos. Por muitos anos, fomos incentivadas a olhar umas para as outras com desconfiança, como se fôssemos eternas rivais ou a face óbvia de nossa autorrejeição.

Ainda assim, tradicionalmente, mulheres negras sempre criaram vínculos de união e apoio mútuos, ainda que de maneira conturbada e apesar de quaisquer outras alianças que militassem contra esses vínculos. Nos juntamos umas às outras por sabedoria, força e apoio, mesmo que apenas sob a circunstância de um relacionamento com um mesmo homem. Basta observarmos os estreitos laços, ainda que altamente complexos e intrincados, entre as coesposas africanas, ou entre as guerreiras amazonas do antigo Daomé que lutavam juntas e eram as mais importantes e ferozes guarda-costas do rei. Basta observarmos o poder promissor demonstrado atualmente pelas Associações Comerciais de Mulheres da África Ocidental e os governos que foram eleitos e derrubados por vontade delas.

Em suas memórias, Efik-Ibibio, uma mulher nigeriana de 92 anos, recorda seu amor por outra mulher:

Eu tinha uma amiga a quem revelava os meus segredos. Ela gostava muito de guardar segredos. Nós agíamos como marido e mulher. Éramos como carne e unha, e tanto o meu marido quanto o dela sabiam do nosso relacionamento. O povo do vilarejo nos apelidou de irmãs gêmeas. Quando eu me desentendia com o meu marido, era ela quem reestabelecia a paz. Eu mandava meus filhos irem trabalhar para ela frequentemente, como retribuição pela gentileza dela comigo. Meu marido teve a sorte de conseguir mais pedaços de terra do que o marido dela, e permitia que ela usasse parte do terreno, ainda que ela não fosse minha coesposa.[3]

Na costa da África Ocidental, entre os Fon do Daomé, há ainda doze tipos diferentes de casamento. Em um deles, conhecido como "dar a cabra ao bode", uma mulher que dispõe de autonomia se casa com outra mulher, a qual pode ou não ter filhos, e todas as crianças farão parte da linha sucessória da primeira mulher. Alguns casamentos desse tipo são arranjados para garantir que mulheres abastadas que desejam se manter "livres" tenham herdeiros, e outros são relacionamentos lésbicos. Casamentos como esse são realizados por toda a África, em diversos lugares e entre povos distintos.[4] É comum que as mulheres envolvidas sejam integrantes reconhecidas de suas comunidades, avaliadas não por sua sexualidade, mas pelos papéis que exercem.

Enquanto há, em cada mulher negra, aquela parte que se lembra dos antigos modos e de um outro lugar – quando apreciávamos umas às outras em uma irmandade de trabalho e diversão e poder –, outras partes de nós, menos práticas, nos fazem encarar umas às outras com desconfiança. Com o objetivo de nos separar, mulheres negras foram ensinadas a ver umas às outras sempre como suspeitas,

---

[3] Iris Andreski, *Old Wives Tales: Life-Stories of African Women* (Nova York: Schocken Books, 1970), p. 131.

[4] Melville Herskovits, *Dahomey*, 2 volumes (Evanston: Northwestern University Press, 1967), v. 1, p. 320-322.

competindo sem misericórdia pelos poucos homens disponíveis, o prêmio decisivo para que tenhamos nossa existência legitimada. Essa negação desumanizante do eu não é menos letal do que a desumanização do racismo, à qual está intimamente ligada.

Se os recentes ataques a lésbicas na comunidade negra são baseados exclusivamente na aversão à ideia de contato sexual entre pessoas do mesmo sexo (um contato que existe há eras na maioria dos espaços de convivência entre mulheres por todo o continente africano), por que então a ideia de relações sexuais entre homens negros é aceita tão mais facilmente ou chama menos atenção? É tão ameaçadora a simples hipótese da existência de uma mulher negra com motivações próprias, capaz de definir a si mesma, que não tema nem sofra terríveis retaliações dos deuses por não buscar necessariamente a sua face nos olhos de um homem, mesmo que ele seja o pai dos seus filhos? Famílias chefiadas por mulheres nas comunidades negras nem sempre são a configuração padrão.

A distorção do relacionamento que afirma "Eu discordo de você, então devo destruí-la" nos deixa, enquanto povo negro, com vitórias que basicamente não trazem mudanças, derrotados em qualquer luta pelo bem comum. Essa psicologia perversa se baseia na falácia de que a sua assertividade ou a afirmação do seu eu é um ataque contra o meu eu – ou de que o ato de eu me definir vai, de alguma forma, impedir ou atrasar seu processo de definição. A suposição de que um sexo precisa do consentimento do outro para existir impede que ambos avancem juntos, enquanto pessoas autodefinidas, em direção a um objetivo em comum.

Esse tipo de atitude é um erro predominante entre povos oprimidos. Está embasado em uma falsa noção de que existe uma quantidade limitada e específica de liberdade que deve ser dividida entre nós, e os maiores e mais suculentos bocados de liberdade são espólios destinados ao vencedor ou ao mais forte. Então, em vez de nos unirmos para lutar por mais, disputamos entre nós a maior fatia de uma única torta. Mulheres negras brigamos umas com as outras pelos homens, em vez de irmos em busca de quem somos e usarmos nossas forças em prol de uma mudança duradoura; mulheres negras e homens negros brigamos uns com os outros sobre quem teria mais direito à liberdade, em vez de vermos a luta de cada um também como nossa e como vital a nossos objetivos comuns; mulheres negras e brancas brigamos umas com as outras para determinar quem é a mais oprimida, em vez de enxergarmos as áreas em que nossas causas são as mesmas. (É claro, essa última separação é agravada pela intransigência do racismo que as mulheres brancas geralmente falham em identificar – ou não conseguem identificar – em si mesmas.)

Em uma recente conferência literária de autores negros, uma mulher negra heterossexual declarou que apoiar publicamente o lesbianismo era defender a morte da nossa raça. Essa postura reflete um temor mordaz ou uma falha de raciocínio, pois mais uma vez atribui um falso poder à diferença. Para o racista, pessoas negras são tão poderosas que a presença de uma pode contaminar toda uma linhagem; para os defensores da heterossexualidade, lésbicas são tão poderosas que a presença de uma pode contaminar todo o sexo. Essa postura presume que, se não erradicarmos o lesbianismo das comunidades negras, todas as mulheres negras vão se tornar lésbicas. Também presume que lésbicas não têm filhos. As duas hipóteses são claramente falsas.

Como mulheres negras, devemos lidar com todas aquelas realidades de nossa vida que nos colocam em risco por sermos mulheres negras – homossexuais ou heterossexuais. Em 1977, em Detroit, uma jovem atriz negra, Patricia Cowan, foi convidada para fazer um teste para uma peça chamada *Martelo* e foi morta a golpes de martelo pelo jovem dramaturgo negro. Patricia Cowan não foi morta por ser uma pessoa negra. Ela foi morta por ser uma mulher negra, e a causa dela pertence a todas nós. A história não registra se ela era ou não lésbica, apenas que tinha um filho de quatro anos.

Dos quatro grupos, mulheres negras e brancas, homens negros e brancos, as mulheres negras recebem, em média, os salários mais baixos. Essa é uma preocupação vital para todas, não importa com quem dormimos.

Como mulheres negras, temos o direito e a responsabilidade de definirmos quem somos e de buscarmos nossos aliados em causas em comum: com homens negros contra o racismo, entre nós e com as mulheres brancas contra o machismo. Mas, acima de tudo, como mulheres negras, temos o direito e a responsabilidade de nos reconhecermos umas nas outras sem medo e de amarmos conforme nossa escolha. Mulheres negras lésbicas e heterossexuais hoje compartilham uma história de vínculos e de forças, e não podemos permitir que nossa orientação sexual e nossas outras diferenças nos ceguem em relação a ela.

USOS DO ERÓTICO: O ERÓTICO COMO PODER[1]

EXISTEM MUITOS TIPOS de poder, reconhecidos ou ignorados, utilizados ou não. O erótico é um recurso intrínseco a cada uma de nós, localizado em um plano profundamente feminino e espiritual, e que tem firmes raízes no poder de nossos sentimentos reprimidos e desconsiderados. Para se perpetuar, toda opressão precisa corromper ou deturpar as várias fontes de poder na cultura do oprimido que podem fornecer a energia necessária à mudança. No caso das mulheres, isso significou a supressão do erótico como fonte considerável de poder e de informação ao longo de nossas vidas.

Fomos ensinadas a suspeitar desse recurso, demonizado, maltratado e desvalorizado na cultura ocidental. Por um lado, o erotismo superficial tem sido estimulado como um sinal da inferioridade feminina; por outro, as mulheres têm sido submetidas ao sofrimento por se sentirem ao mesmo tempo indignas de respeito e culpadas pela existência desse erotismo.

Num pulo, podemos passar dessa ideia para a falsa crença de que apenas com a supressão do erótico em nossa vida e nossa

---

[1] Artigo apresentado na Fourth Berkshire Conference on the History of Women, na Mount Holyoke College, em 25 de agosto de 1978. Publicado pela primeira vez como um panfleto pela Out & Out Books. Atualmente, é publicado como um panfleto pela Kore Press.

consciência é que as mulheres podem ser verdadeiramente fortes. No entanto, essa força é ilusória, pois é criada de acordo com os modelos masculinos de poder.

Como mulheres, acabamos desconfiando do poder que emana de nossos conhecimentos mais profundos e irracionais. Temos sido advertidas contra eles durante a vida inteira pelo mundo masculino, que valoriza essa profundidade de sentimento o suficiente para manter as mulheres por perto a fim de empregá-los a serviço dos homens, mas os temem a ponto de não refletirem sobre as possibilidades desses sentimentos para eles mesmos. Então, as mulheres são mantidas em uma posição distante/inferior para serem ordenhadas psiquicamente, de maneira bastante parecida com as formigas, que mantêm colônias de pulgões que fornecem uma substância nutritiva para seus líderes.

Contudo, o erótico oferece uma fonte de energia revigorante e provocativa para as mulheres que não temem sua revelação nem sucumbem à crença de que as sensações são o bastante.

O erótico é frequentemente deturpado pelos homens e usado contra as mulheres. Foi transformado em uma sensação confusa, trivial, psicótica, plastificada. Por essa razão, é comum nos recusarmos a explorar o erótico e a considerá-lo como uma fonte de poder e informação, confundindo-o com o seu oposto, o pornográfico. Mas a pornografia é uma negação direta do poder do erótico, pois representa a supressão do verdadeiro sentimento. A pornografia enfatiza sensações sem sentimento.

O erótico é uma dimensão entre as origens da nossa autoconsciência e o caos dos nossos sentimentos mais intensos. É um sentimento íntimo de satisfação, e, uma vez que o experimentamos, sabemos que é possível almejá-lo. Uma vez que experimentamos a plenitude dessa profundidade de sentimento e reconhecemos o seu poder, em nome de nossa honra e de nosso respeito próprio, esse é o mínimo que podemos exigir de nós mesmas.

Nunca é fácil demandarmos o máximo de nós, de nossas vidas, de nosso trabalho. Encorajar a excelência é ir além da mediocridade estimulada pela sociedade. No entanto, sucumbir ao medo de sentir e de trabalhar no limite de nossas capacidades é um luxo ao qual apenas os sem-propósitos podem se dar, e os sem-propósitos são aqueles que não desejam guiar seus próprios destinos.

Essa demanda interna pela excelência que aprendemos com o erótico não deve ser confundida com exigir o impossível de nós e das outras. Tal exigência incapacita a todas no processo. Porque o erótico não diz respeito apenas ao que fazemos; ele diz respeito à intensidade e à completude do que sentimos no fazer. Uma vez que conhecemos a extensão do que somos capazes de experimentar, desse sentimento de satisfação e completude, podemos constatar quais dos nossos vários esforços de vida nos colocam mais perto dessa plenitude.

O objetivo de cada coisa que fazemos é tornar nossas vidas e as vidas de nossos filhos mais ricas e mais razoáveis. Com a celebração do erótico em todos os nossos esforços, meu trabalho passa a ser uma decisão consciente – uma cama tão desejada, na qual me deito com gratidão e da qual me levanto empoderada.

É claro, mulheres tão empoderadas são perigosas. Então somos ensinadas a dissociar a demanda erótica da maioria das áreas vitais das nossas vidas, com exceção do sexo. E a falta de preocupação com as bases e as gratificações eróticas do nosso trabalho repercute em nossa insatisfação com muito do que fazemos. Por exemplo, com que frequência realmente amamos o nosso trabalho, inclusive nos momentos mais difíceis?

O horror maior de qualquer sistema que define o que é bom com relação ao lucro, e não a necessidades humanas, ou que define as necessidades humanas a partir da exclusão dos componentes psíquicos e emocionais dessas necessidades – o horror maior de um sistema como esse é que ele rouba do nosso trabalho o seu valor erótico, o seu poder erótico e o encanto pela vida e pela realização. Um sistema como esse reduz o trabalho a um arremedo de necessidades, um dever pelo qual ganhamos o pão ou o esquecimento de quem somos e daqueles que amamos. No entanto, isso equivale a cegar uma pintora e em seguida dizer a ela que aprimore sua obra e aprecie o ato de pintar. Não só é algo praticamente impossível, mas também profundamente cruel.

Como mulheres, precisamos examinar de que maneiras nosso mundo pode ser de fato diferente. Estou falando aqui da necessidade de reavaliarmos a qualidade de todos os aspectos de nossa vida e nosso trabalho, e de como nos movemos neles e até eles.

A própria palavra "erótico" vem do grego *eros*, a personificação do amor em todos os seus aspectos – nascido de Caos[2] e representando o poder criativo e a harmonia. Quando falo do erótico, então, falo dele como uma afirmação da força vital das mulheres; daquela energia criativa fortalecida, cujo conhecimento e cuja aplicação agora reivindicamos em nossa linguagem, nossa história, nossa dança, nossos amores, nosso trabalho, nossas vidas.

Existem tentativas constantes de igualar pornografia e erotismo, dois usos diametralmente opostos do sexual. Por causa dessas tentativas, virou moda separar o espiritual (psíquico e emocional) do político, vê-los como contraditórios ou antagônicos. "O que você quer dizer com uma revolucionária poética, uma contrabandista de armas reflexiva?" Da mesma maneira, tentamos separar o espiritual do erótico, o que resulta na redução do espiritual a um mundo de afetos rasos, um mundo de ascetas que desejam sentir nada. Mas nada está mais distante da verdade. Pois a postura ascética é de grandioso temor, de extrema imobilidade. A abstinência severa do ascetismo se torna a obsessão vigente. E ela não é fundamentada em autodisciplina, mas em abnegação.

A dicotomia entre o espiritual e o político também é falsa, já que resulta de uma atenção incompleta ao nosso conhecimento erótico. Pois a ponte que os conecta é formada pelo erótico – o sensual –, aquelas expressões físicas, emocionais e psíquicas do que é mais profundo e mais forte e mais precioso dentro de cada uma de nós quando compartilhado: as paixões do amor, em seus significados mais profundos.

---

[2] Em algumas versões dos mitos gregos sobre a origem de tudo, Caos é uma deusa primordial que ocupava todo o espaço entre a terra e o éter e que deu origem a Eros, que traz princípios da formação e separação dos elementos que dão início à criação. (N.T.)

Para além do superficial, a estimada expressão "me faz sentir bem" atesta a força do erótico como um conhecimento genuíno, pois o que ele representa é a primeira e a mais poderosa luz que nos guia em direção a qualquer compreensão. E a compreensão é uma serva a quem resta apenas esperar por esse conhecimento nascido das profundezas, ou esclarecê-lo. O erótico é o que estimula e vela pelo nosso mais profundo conhecimento.

O erótico, para mim, opera de várias formas, e a primeira delas consiste em fornecer o poder que vem de compartilhar intimamente alguma atividade com outra pessoa. Compartilhar o gozo, seja ele físico, emocional, psíquico ou intelectual, cria uma ponte entre as pessoas que dele compartilham que pode ser a base para a compreensão de grande parte daquilo que elas não têm em comum, e ameniza a ameaça das suas diferenças.

Outra maneira importante por meio da qual a conexão com o erótico opera é ressaltar de forma franca e destemida a minha capacidade para o gozo. No modo como o meu corpo se alonga com a música e se abre em resposta, ouvindo atentamente seus ritmos mais profundos, de maneira que todos os níveis da minha percepção também se abrem à experiência eroticamente satisfatória, seja dançando, montando uma estante, escrevendo um poema, examinando uma ideia.

Essa autoconexão compartilhada é uma extensão do gozo que me sei capaz de sentir, um lembrete da minha capacidade de sentir. E esse saber profundo e insubstituível da minha capacidade para o gozo acaba por exigir que minha vida inteira seja vivida com a compreensão de que tal satisfação é possível, e de que ela não precisa ser chamada de *casamento*, nem de *deus*, nem de *vida eterna*.

Essa é uma das razões de o erótico ser tão temido e tão frequentemente restrito ao quarto, isso quando é reconhecido. Pois uma vez que começamos a sentir com intensidade todos os aspectos das nossas vidas, começamos a exigir de nós, e do que buscamos em nossas vidas, que estejamos de acordo com aquele gozo do qual nos sabemos capazes. Nosso conhecimento erótico nos empodera, torna-se uma lente através da qual esmiuçamos todos os aspectos da nossa existência, forçando-nos a avaliar cada um deles com honestidade, de acordo com seu significado relativo em nossa vida. E é uma grande responsabilidade, projetada do interior de cada uma de nós, não nos conformarmos com o conveniente, com o fajuto, com o que já é esperado ou o meramente seguro.

Durante a Segunda Guerra Mundial, comprávamos uma margarina branca, descorada, que vinha em embalagens de plástico lacradas. Havia uma minúscula cápsula de corante amarelo, como um topázio, aninhada dentro do plástico transparente da embalagem. Deixávamos a margarina fora da geladeira por um tempo, para amolecer, e então apertávamos aquela capsulazinha para que ela se rompesse dentro do pacote, liberando o intenso amarelo na massa macia e pálida da margarina. Então, pegando a embalagem com cuidado entre os dedos, apertávamos o pacote gentilmente para a frente e para trás, várias vezes, até que a cor se espalhasse por todo o saco, colorindo a margarina por inteiro.

Penso que o erótico é como esse núcleo dentro de mim. Quando liberado de sua vigorosa e restritiva cápsula, ele flui e colore a minha vida com uma energia que eleva, sensibiliza e fortalece todas as minhas experiências.

Fomos educadas para temer o "sim" dentro de nós, nossos mais profundos desejos. No entanto, uma vez identificados, aqueles que não aprimoram nosso futuro perdem sua força, e podem ser modificados. Temer nossos desejos os mantêm suspeitos e indiscriminadamente poderosos, uma vez que reprimir qualquer verdade é dotá-la de uma força além do limite. O medo de não sermos capazes de superar quaisquer distorções que possamos encontrar dentro de nós nos mantém dóceis e leais e obedientes, definidas pelos outros, e nos leva a aceitar várias facetas de nossa opressão por sermos mulheres.

Quando vivemos fora de nós mesmas, e com isso quero dizer por diretivas externas apenas, e não pelo nosso conhecimento e nossas necessidades internas, quando vivemos distantes desses guias eróticos de dentro de nós, nossa vida é limitada por modelos externos e alheios, e nos conformamos com os requisitos de uma estrutura que não é baseada em necessidades humanas, muito menos nas individuais. No entanto, quando passamos a viver de dentro para fora, em contato com o poder erótico que existe dentro de nós, e permitindo que esse poder oriente e ilumine nossas ações no mundo ao nosso redor, é que começamos a ser responsáveis por nós mesmas no sentido mais intenso. Pois conforme passamos a reconhecer nossos sentimentos mais profundos, é inevitável que passemos também a não mais nos satisfazer com o sofrimento e a autonegação, e com o torpor que frequentemente faz parecer que essas são as únicas alternativas na nossa sociedade. Nossos atos contra a opressão se tornam parte integral do nosso ser, motivado e empoderado desde dentro.

Em contato com o erótico, eu me torno menos disposta a aceitar a impotência, ou aqueles outros estados do ser que nos são impostos e que não são inerentes a mim, tais como a resignação, o desespero, o autoapagamento, a depressão e a autonegação.

E sim, existe uma hierarquia. Existe uma diferença entre pintar uma cerca dos fundos e escrever um poema, mas é apenas quantitativa. E não existe, para mim, nenhuma diferença entre escrever um bom poema e caminhar sob o sol junto ao corpo de uma mulher que eu amo.

Isso me traz a última consideração a respeito do erótico. Compartilhar o poder dos sentimentos umas com as outras é diferente de usar os sentimentos das outras como se fosse um lenço de papel. Quando negligenciamos nossa experiência, erótica ou não, nós usamos, em vez de compartilhar, os sentimentos daquelas que participam dessa experiência conosco. E o uso sem o consentimento da envolvida é abuso.

Para serem utilizados, nossos sentimentos eróticos devem ser reconhecidos. A necessidade de compartilhar sentimentos profundos é uma necessidade humana. Mas, na tradição europeia/americana, ela é satisfeita por certos encontros eróticos proscritos. Ocasiões que são quase sempre caracterizadas por uma negligência recíproca, por uma pretensão de chamá-las de outra coisa, seja uma religião, um impulso repentino, vandalismo ou mesmo brincar de médico. E isso de deturpar a necessidade e o ato leva à distorção que resulta em pornografia e obscenidade – o abuso dos sentimentos.

Quando ignoramos a importância do erótico no desenvolvimento e na manutenção do nosso poder, ou quando ignoramos a nós mesmas ao satisfazermos nossas necessidades eróticas na interação com outras pessoas, estamos usando umas às outras como objetos de satisfação em vez de compartilharmos o gozo no satisfazer, em vez de nos conectarmos através de nossas semelhanças e nossas diferenças. Recusarmo-nos a ser conscientes daquilo que sentimos a qualquer momento, por mais cômodo que pareça, é rejeitar grande parte da nossa experiência, é permitir que sejamos reduzidas ao pornográfico, ao papel de abusadas e ao absurdo.

O erótico não pode ser sentido de segunda mão. Como uma lésbica negra feminista, tenho um sentimento, um conhecimento e um entendimento específicos em relação às irmãs com quem dancei muito, brinquei ou mesmo briguei. Essa intensa comunhão tem frequentemente precedido a articulação de ações conjuntas antes impossíveis.

No entanto, essa carga erótica não é compartilhada facilmente entre as mulheres que continuam a operar sob uma tradição masculina exclusivamente europeia/americana. Sei que ela não me era acessível enquanto eu ainda tentava adaptar minha consciência a esse modo de viver e sentir.

Só agora eu encontro mais e mais mulheres-que-se-identificam-com-mulheres corajosas o suficiente para se arriscar a compartilhar a carga elétrica do erótico sem ter que desviar o olhar, e sem distorcer a extremamente poderosa e criativa natureza dessa troca. Reconhecer o poder do erótico nas nossas vidas pode nos dar a energia necessária para lutarmos por mudanças genuínas em nosso mundo, em vez de apenas nos conformarmos com trocas de personagens no mesmo drama batido.

Pois não apenas entramos em contato com as fontes da nossa mais intensa criatividade, como também com o que é feminino e autoafirmativo diante de uma sociedade racista, patriarcal e antierótica.

MACHISMO: UMA DOENÇA AMERICANA DE *BLACKFACE*[1]

O FEMINISMO NEGRO não é o feminismo branco de *blackface*.[2] Mulheres negras temos problemas específicos e legítimos que afetam as nossas vidas por sermos quem somos, e apontar essas questões não nos faz menos negras. Tentar abrir um diálogo entre mulheres negras e homens negros por meio de ataques às feministas negras parece pouco sensato e autodestrutivo. No entanto, é o que sociólogo negro Robert Staples[3] fez em *The Black Scholar*.[4]

---

[1] Publicado pela primeira vez como "The Great American Disease" no periódico *The Black Scholar*, v. 10, n. 9 (maio-junho 1979), em resposta a "The Myth of Black Macho: A Response to Angry Black Feminists", de Robert Staples, em *The Black Scholar*, v. 10, n. 8 (março-abril 1979).

[2] *Blackface* é uma prática do teatro, relativamente popular até o século XX, na qual atores brancos pintavam a pele de marrom ou preto para interpretar personagens negros, reforçando estereótipos racistas. (N.T.)

[3] Robert Staples é professor emérito na Universidade da Califórnia, onde lecionou Sociologia. É autor de *The Lower-Income Negro Family in Saint Paul* (1967), *The Black Woman in America* (1973), *Introduction to Black Sociology* (1976) e *The World of Black Singles* (1981). (N.T.)

[4] *The Black Scholar* é uma revista fundada em 1969, na Califórnia, na qual acadêmicos, ativistas e artistas abordavam temas ligados à vida dos americanos afrodescendentes. (N.T.)

Apesar de nossos recentes ganhos econômicos, as mulheres negras ainda são o grupo que recebe os menores salários do país quando observado o recorte de sexo e raça. Isso nos dá uma ideia da desigualdade que encaramos de saída. De acordo com Staples, em 1979, as mulheres negras apenas "*ameaçam* ultrapassar os homens negros" [grifos meus] em educação, trabalho e renda no "próximo século". Em outras palavras, a desigualdade é óbvia, mas de que maneira ela é justificável?

Feministas negras falam como mulheres porque somos mulheres e não precisamos que os outros falem por nós. São os homens negros que devem se manifestar e nos dizer por que e como a masculinidade deles está tão ameaçada a ponto de as mulheres negras serem o principal alvo de sua justificável ira. Que análise correta desse dragão capitalista em que vivemos pode legitimar o estupro de mulheres negras por homens negros?

Ao menos as feministas negras e outras mulheres negras começamos esse diálogo tão necessário, por mais amargas que sejam nossas palavras. Ao menos não estamos ceifando nossos irmãos nas ruas, nem os espancando até a morte com martelos. Ainda. Nós reconhecemos as falácias das soluções separatistas.[5]

Staples defende sua causa dizendo que o capitalismo só deixou para os homens negros, como forma de se realizarem, seu pênis, além de uma "fúria curiosa". Será essa fúria mais legítima do que a raiva das mulheres negras? E por que se espera que as mulheres negras absorvam a fúria masculina em silêncio? Por que a fúria masculina não se volta contra as forças que limitam a sua realização, ou seja, o capitalismo? Staples vê na peça *Para meninas de cor*,[6] de Ntozake Shange, "um apetite coletivo pelo sangue do homem negro". E, no entanto,

---

[5] O Separatismo é uma corrente do feminismo radical que defende o afastamento entre homens e mulheres em várias instâncias: afetivas, econômicas, acadêmicas. (N.T.)

[6] *For Colored Girls Who Have Considered Suicide/ When the Rainbow is Enuf* é uma peça de 1975 que se tornou um sucesso na Broadway ao misturar poesia,

são meninas e minhas irmãs negras que caem sangrando ao meu redor, vítimas do apetite de nossos irmãos.

Em qual análise teórica Staples encaixaria Patricia Cowan? Ela respondeu a um anúncio em Detroit que procurava uma atriz negra para fazer um teste para uma peça chamada *Martelo*. Ela encenava uma discussão, com seu filho de quatro anos e o irmão do dramaturgo assistindo na plateia, quando o dramaturgo, um homem negro, pegou uma marreta e a golpeou até a morte. Será que a "compaixão por homens negros desencaminhados" de Staples trará essa jovem mãe de volta ou tornará mais aceitável o absurdo de sua morte?

O apagamento que os homens negros sentem, seus ressentimentos e seu medo da vulnerabilidade devem ser tema de conversa, mas não entre as mulheres negras quando o sacrifício é a nossa própria "fúria curiosa".

Se a sociedade atribui a homens negros papéis que eles não são autorizados a cumprir, são as mulheres negras quem devemos nos curvar e alterar nossas vidas como forma de compensação ou é a sociedade que precisa mudar? E por que os homens negros deveriam aceitar esses papéis como corretos, em vez de considerá-los uma promessa entorpecente que estimula a aceitação de outros aspectos de sua opressão?

Uma ferramenta do Grande-Duplipensar-Americano[7] é culpar a vítima por sua vitimização: pessoas negras são acusadas de provocar linchamentos por não saberem se comportar; mulheres negras são acusadas de provocar estupro, assédio e assassinato por não serem submissas o bastante ou por serem sedutoras demais, ou muito...

---

música, dança e drama. O elenco de atrizes negras interpreta poemas e canções que tratam de relacionamentos, amizades, aborto e assassinato. (N.T.)

[7] "Duplipensar" é um conceito criado por George Orwell, em 1949, no livro *1984*. Segundo esse conceito, é possível que indivíduo tenha simultaneamente duas crenças opostas, aceitando ambas. Seria como acreditar que a moral corrompe o homem e que, ao mesmo tempo, o homem corrompe a moral. (N.E.)

O "fato", apontado por Staples, de que as mulheres negras se sentem realizadas ao terem filhos somente é um fato quando sai da boca de homens negros, e qualquer pessoa negra neste país, mesmo uma mulher "bem casada", que não tenha "frustrações reprimidas a serem liberadas" (!), ou é idiota ou é maluca. Isso cheira à velha falácia machista de que tudo o que uma mulher precisa para "se acalmar" é de um "bom homem". Coloque esta junto de "Alguns dos meus melhores amigos são...".

Em vez de iniciar o imprescindível diálogo entre homens negros e mulheres negras, Staples recua para uma postura defensiva que lembra os liberais brancos dos anos 1960, muitos dos quais viam quaisquer declarações de orgulho negro e autoafirmação como ameaça às suas identidades e uma tentativa de dizimá-los. Temos aqui um homem negro inteligente que acredita – ou ao menos diz – que qualquer convite para que as mulheres negras se amem (e ninguém disse exclusivamente) é uma negação ou uma ameaça à sua identidade de homem negro!

Neste país, é tradição que mulheres negras tenham compaixão por todos, exceto por nós mesmas. Cuidamos dos brancos porque precisávamos do dinheiro ou por sobrevivência; cuidamos de nossas crianças e de nossos pais e de nossos irmãos e de nossos amantes. A história e a cultura popular, assim como a nossa vida pessoal, estão cheias de narrativas de mulheres negras que tiveram "compaixão por homens negros desencaminhados". Nossas filhas e irmãs feridas, traumatizadas, espancadas e mortas são um silencioso testemunho dessa realidade. Precisamos aprender a ter cuidado e compaixão por nós mesmas também.

Considerando o que mulheres negras geralmente sacrificam de boa vontade por nossos filhos e nossos homens, esse é um chamado imprescindível, não importa que uso ilegítimo a mídia branca faça dele. Essa convocação a se autovalorizar e se amar é bem diferente do narcisismo, como Staples certamente compreende. O narcisismo não surge do amor próprio, mas do ódio de si.

A falta de um ponto de vista sensato e articulado dos homens negros em relação a essas questões não é responsabilidade das mulheres negras. É comum demais esperarem que sejamos todas as coisas para todas as pessoas e que nos manifestemos em defesa de todo mundo, menos de nós mesmas. Homens negros não são tão passivos a ponto de precisarem que as mulheres negras falem por eles. Até meu filho de catorze anos sabe disso. São os próprios homens negros que devem explorar e articular seus desejos e seus posicionamentos, e defender as conclusões a que chegaram. Não há benefício algum em um profissional, um homem negro, ficar choramingando sobre a ausência de seus pontos de vista nas obras de mulheres negras. Os opressores sempre esperam que os oprimidos lhes ofereçam a compreensão que eles mesmos não têm.

Staples sugere, por exemplo, que os homens negros abandonem suas famílias como forma de protesto masculino contra as mulheres que tomam decisões em casa, o que é uma contradição direta de suas próprias observações em "The Myth of the Black Matriarchy".[8]

Tenho certeza de que alguns homens negros ainda se casam com mulheres brancas porque sentem que elas podem se adequar melhor ao modelo de "feminilidade" estabelecido neste país. No entanto, Staples justifica esse ato utilizando-se do próprio motivo que o causa e coloca a responsabilidade na mulher negra, o que não é apenas mais um erro de lógica; é como justificar as ações de um lêmingue que segue seus companheiros para o precipício em direção à morte certa. As coisas acontecerem assim não significa que elas devam acontecer assim, nem que sirvam para o bem-estar do indivíduo ou do grupo.

Não é o destino da américa negra repetir os erros da américa branca. Mas faremos isso, se considerarmos as armadilhas do sucesso em uma sociedade doentia como sinais de uma vida relevante. Se os homens negros continuarem a definir o que é a "feminilidade" em vez de seus próprios desejos, e a fazer isso com base em arcaicos padrões europeus, eles restringirão nosso acesso às energias uns dos

---

[8] O texto "The Myth of the Black Matriarchy", de Robert Staples, foi publicado em *The Black Scholar*, v. 1, n. 3-4 (janeiro-fevereiro 1970).

outros. A liberdade e o futuro dos negros não implica assimilar a dominante doença do machismo do homem branco.

Como mulheres e homens negros, não podemos ter a esperança de começar um diálogo se negarmos a natureza opressora do privilégio masculino. E se os homens negros, por algum motivo, decidem se apropriar desse privilégio – estuprando, agredindo e matando mulheres negras –, ignorar esses atos de opressão em nossas comunidades só servirá aos que querem nos destruir. Uma opressão não justifica a outra.

Diz-se que não se pode negar ao homem negro sua escolha individual por uma mulher que atenda à necessidade dele de dominar. Nesse caso, as mulheres negras também não podemos ter nossas escolhas individuais negadas, e essas escolhas têm se tornado cada vez mais autoafirmativas e direcionadas às mulheres.

Como um povo, é certo que devemos trabalhar juntos. Seria pouco sensato acreditar que os homens negros sozinhos são os culpados pelas situações aqui descritas em uma sociedade dominada pelo privilégio do homem branco. No entanto, é preciso despertar a consciência do homem negro para a compreensão de que o machismo e o ódio contra as mulheres são altamente ineficientes para a sua libertação como homem negro, porque emergem da mesma constelação que dá origem ao racismo e à homofobia. Até que essa consciência seja desenvolvida, homens negros verão o machismo e a destruição das mulheres negras como análogos à libertação dos negros, e não como centrais a essa luta. Enquanto a realidade for essa, nunca seremos capazes de embarcar no diálogo entre mulheres negras e homens negros, tão essencial para a nossa sobrevivência enquanto povo. Essa contínua falta de perspectiva entre nós só pode servir ao sistema opressor em que vivemos.

Homens se esquivam do que é apontado pelas mulheres por nos considerarem "viscerais" demais. Mas não importa o quanto se compreenda as raízes do ódio contra a mulher negra, nada vai trazer Patricia Cowan de volta ou calar a perda da família dela. A dor é muito visceral, particularmente para as pessoas que estão feridas.

Como disse a poeta Mary McAnally, "A dor nos ensina a TIRAR os dedos da porra do fogo".⁹

Se os problemas das mulheres negras são apenas oriundos de uma grande contradição entre o capital e o trabalho, o racismo também o é, e ambos precisam ser combatidos por todos nós. A estrutura capitalista é um monstro de muitas cabeças. Poderia acrescentar aqui que nenhum país socialista que visitei estava livre do racismo e do machismo, então a erradicação dessas duas doenças parece requerer mais do que a abolição do capitalismo como instituição.

Nenhum homem negro sensato pode considerar aceitável o estupro e o assassinato de mulheres negras por homens negros como uma resposta adequada à opressão capitalista. A destruição das mulheres negras pelas mãos dos homens negros claramente ultrapassa todos os limites.

Quaisquer que sejam as "bases estruturais" do machismo na comunidade negra, é obviamente a mulher negra que carrega o fardo desse machismo, então é do nosso maior interesse aboli-lo. Convidamos os nossos irmãos negros a se juntarem a nós, uma vez que, em última instância, essa abolição também é do interesse deles. Pois os homens negros também são diminuídos pelo machismo, que os impede de estabelecer conexões significativas com as mulheres negras e as nossas lutas. Uma vez que, de qualquer maneira, são as mulheres negras que estão sendo abusadas e que é nosso sangue que está sendo derramado, cabe a nós decidir se o machismo na comunidade negra é patológico ou não. E não abordamos essa discussão de maneira teórica. Os "relacionamentos criativos" na comunidade negra, sobre os quais Staples discorre, são quase sempre aqueles que operam em benefício dos homens negros, dada a proporção de homens negros/ mulheres negras e o equilíbrio de poder subentendido numa situação de oferta e demanda. A poligamia é vista como "criativa", mas um

---

⁹ Em *We Will Make a River*, poemas de Mary McAnally (Cambridge: West End Press, 1979), p. 27. [No original: *"Pain teaches us to take our fingers OUT the fucking fire"*.]

relacionamento lésbico não. Da mesma maneira que os "relacionamentos criativos" entre o senhor e o escravo eram sempre aqueles que beneficiavam o senhor.

O ódio contra as mulheres na comunidade negra acarreta tragédias que prejudicam todo o povo negro. Esses atos devem ser vistos em um contexto de desvalorização sistemática das mulheres negras nessa sociedade. É nesse contexto que nos tornamos alvos sancionados e aceitáveis da fúria dos homens negros, tão aceitáveis que até mesmo um cientista social negro minimiza e justifica esse abuso desumanizante.

Esse abuso não é mais aceitável para as mulheres negras, seja em nome da solidariedade, seja em nome da libertação do povo negro. Qualquer diálogo entre mulheres negras e homens negros deve partir daí, não importa onde termine.

CARTA ABERTA A MARY DALY

A carta a seguir foi escrita para Mary Daly, autora de *Gyn/Ecology*,¹ em 6 de maio de 1979. Após quatro meses sem receber uma resposta, decidi compartilhá-la com a comunidade das mulheres.²

CARA MARY,

Em um momento de trégua nesta primavera selvagem e sangrenta,³ quero compartilhar algumas palavras que me ocorreram pensando em você. Eu esperava que nossos caminhos se cruzassem e que pudéssemos nos sentar e conversar com calma, mas isso não aconteceu.

Desejo-lhe força e alegria em sua eventual vitória sobre as forças repressoras da Universidade de Boston. Fico feliz que tantas mulheres tenham participado da manifestação, e espero que essa demonstração de poder coletivo crie mais espaço para vocês crescerem e se integrarem.

Muito obrigada por providenciar o envio de *Gyn/Ecology* para mim. Ele está recheado de substância, de ideias úteis, férteis

---

¹ *Gyn/Ecology: The Metaethics of Radical Feminism* (Boston: Beacon Press, 1978).

² Mary Daly chegou a responder a carta de Audre Lorde. É possível ler a resposta aqui: <bit.ly/2KOAj67>. (N.E.)

³ Na primavera de 1979, doze mulheres negras foram assassinadas na região de Boston.

e provocativas. Como em *Beyond God the Father*,[4] muitas de suas análises me fortalecem e me são muito úteis. Portanto, é pelo que você me proporcionou na obra anterior que escrevo esta carta agora, na esperança de dividir com você os frutos das minhas reflexões, como você dividiu os seus comigo.

Adiei esta carta dada a minha séria relutância em entrar em contato com você, pois desejo que reflitamos aqui sobre algo que não é fácil nem simples. A história de mulheres brancas incapazes de ouvir as palavras das mulheres negras, ou de manter um diálogo conosco, é longa e desanimadora. Contudo, pressupor que você não vai me ouvir talvez tenha base não apenas na história, mas também num antigo padrão de relacionamento, ora defensivo, ora conflituoso, o qual, uma vez que somos mulheres atuando para construir nosso futuro, estamos em processo de destruir e ultrapassar, assim espero.

Acredito em sua boa-fé para com todas as mulheres, em sua visão de um futuro no qual todas poderemos florescer e em seu compromisso com o trabalho árduo, muitas vezes dolorido, mas necessário para promover a mudança. É nesse espírito que a convido a se juntar a mim para esclarecermos algumas das diferenças que existem entre nós nas qualidades de mulher negra e mulher branca.

Quando comecei a ler *Gyn/Ecology*, estava realmente animada com a intenção por trás das suas palavras e concordei com o que você falava, na "Primeira Passagem",[5] sobre mito e mistificação. Suas palavras sobre a natureza e a função da Deusa, assim como as formas como o rosto dela tem sido obscurecido, correspondem a descobertas semelhantes que fiz em minhas pesquisas em mitos/lendas/religiões africanas sobre a verdadeira natureza do poder feminino ancestral.

---

[4] *Beyond God the Father: Toward a Philosophy of Women's Liberation* (Boston: Beacon Press, 1973). (N.E.)

[5] *Gyn/Ecology* é dividido em três partes, às quais a autora se refere como "The First", "The Second" e "The Third Passage". (N.T.)

Então me perguntei: por que Mary não usa Afrekête[6] como exemplo? Por que suas imagens de deusas são apenas brancas, da Europa ocidental, judaico-cristãs? Onde estavam Afrekête, Iemanjá, Oyá[7] e Mawu-Lisa?[8] Onde estão as deusas guerreiras do Vodum, as amazonas do Daomé[9] e as mulheres guerreiras de Dan?[10] Bem, pensei, Mary fez a escolha consciente de restringir seu escopo e lidar apenas com a ecologia das mulheres da Europa ocidental.

Então cheguei aos três primeiros capítulos da "Segunda Passagem" e ficou óbvio que você estava lidando com mulheres não-europeias, mas apenas no papel de vítimas ou de predadoras umas das outras. Comecei a sentir minha história e minhas origens míticas sendo deturpadas pela ausência de quaisquer imagens das minhas ancestrais no poder. Você incluiu a mutilação genital realizada na África, parte importante e necessária de qualquer estudo sobre a ecologia feminina. Entretanto, sugerir que todas as mulheres sofrem a mesma opressão simplesmente porque somos mulheres é perder de vista as muitas e variadas ferramentas do patriarcado. É ignorar

---

[6] Afrekête, ou Avlekete, é uma ancestral reverenciada como vodum no Daomé, e também no candomblé brasileiro pela Nação Xambá, em Pernambuco. É uma entidade guerreira com tributos femininos e masculinos, associada também à caça. Seu elemento é a água e ela às vezes é confundida com o orixá Logun Edé, cultuado pelos nagôs. (N.T.)

[7] Também conhecida como Iansã, Oyá é uma orixá guerreira reverenciada pelo império Iorubá de Oyo, na África Ocidental, que se estendeu entre parte dos territórios atuais de Gana e da Nigéria. (N.T.)

[8] Mawu-Lisa é uma divindade do povo Fon, do Benin. Mawu é uma deusa criadora, que corresponde ao Sol, e Lisa é seu irmão gêmeo, a Lua. A união dos dois dá origem à figura andrógina Mawu-Lisa, que criou o mundo e deu origem a outros deuses, seus filhos. (N.T.)

[9] Ver nota 8, p. 30.

[10] Dan é um vodum do Daomé representado por uma cobra. Seu culto envolve a organização de casas dedicadas só a mulheres iniciadas que desempenham diversas funções, de sacerdotisas a guerreiras. (N.T.)

como essas ferramentas são usadas pelas mulheres, inconscientemente, umas contra as outras.

Menosprezar nossas ancestrais negras pode muito bem ser o mesmo que menosprezar como as mulheres europeias aprenderam a amar. Como uma mulher afrodescendente em um patriarcado branco, estou acostumada a ter minha experiência arquetípica deturpada e banalizada, mas é doloroso demais ver isso sendo feito por uma mulher cujo conhecimento tem tantos pontos em comum com o meu.

Quando falo de conhecimento, como você sabe, estou falando dessa genuína e obscura profundidade a qual a compreensão serve, espera e torna acessível, para nós e para os outros, por meio da linguagem. É essa profundidade em cada uma de nós que nutre a visão.

O que você excluiu de *Gyn/Ecology* menospreza a minha herança e a de todas as outras mulheres não-europeias, e nega as reais conexões que existem entre todas nós.

É óbvio que você teve um trabalho tremendo com esse livro. Mas é justamente por existir tão pouco material sobre o poder e as representações de mulheres não-brancas nas obras de feministas brancas de perspectiva radical que excluir esse aspecto de conexão e nem sequer mencioná-lo no seu trabalho é negar a fonte de poder e força das mulheres não-europeias que nutre a visão de cada uma de nós. É adotar uma postura por opção.

Então, perceber que você só usou citações de obras de mulheres negras para introduzir seu capítulo sobre a mutilação genital na África me fez questionar por que você precisava usá-las em absoluto. De minha parte, senti que você de fato abusou das minhas palavras, utilizando-as apenas para declarar-se contra mim enquanto mulher de cor. Visto que as minhas palavras utilizadas por você não foram nem mais nem menos ilustrativas desse capítulo que "A poesia não é um luxo",[11] ou que quaisquer outros poemas meus seriam de várias outras partes de *Gyn/Ecology*.

---

[11] Neste livro, página 45.

Então surge a pergunta em minha mente: Mary, você realmente lê obras de mulheres negras? Você realmente leu as minhas palavras ou apenas folheou meus livros em busca de citações que pudessem convenientemente sustentar uma ideia pré-concebida a respeito de uma obsoleta e deturpada conexão entre nós? Essa não é uma pergunta retórica.

Isso me parece mais um exemplo da guetificação do conhecimento, da croneologia[12] e do trabalho de mulheres de cor por uma mulher branca que lida apenas com o referencial patriarcal da Europa ocidental. Mesmo as suas palavras na página 49 de *Gyn/Ecology*, "A força que as mulheres autocentradas encontram, ao descobrirmos nossas origens, é a *nossa própria* força, que devolvemos ao nosso Eu", soam diferentes conforme nos lembramos das antigas tradições de poder e força e amparo encontradas nas relações entre mulheres africanas. Essa força está aí para ser desfrutada por todas aquelas que não temem a revelação da conexão consigo mesmas.

Você leu o meu trabalho, e o trabalho de outras mulheres negras, pelo que ele poderia lhe acrescentar? Ou você apenas caçou as palavras que legitimariam seu capítulo sobre mutilação genital na África aos olhos de outras mulheres negras? E se for esse o caso, então por que não usar as nossas palavras para legitimar ou ilustrar as outras situações em que estamos conectadas em nosso ser e em nosso vir a ser? Se, por outro lado, não era com as mulheres negras que você estava tentando se comunicar, de que maneira nossas palavras ilustraram o seu ponto de vista para as mulheres brancas?

Mary, peço que esteja ciente de como isso serve às forças destrutivas do racismo e da desunião entre as mulheres – o pressuposto de que somente a história e a mitologia das mulheres brancas são legítimas e de que é a elas que todas as mulheres devem recorrer em

---

[12] No original, "*croneology*". Aqui existe um trocadilho, que se perde na tradução, com a palavra inglesa "*crone*", que significa "mulher velha e asquerosa", e o prefixo "*chrono-*", relativo a tempo. Geralmente as crones são bruxas ou velhas sábias que despertam medo/repulsa. (N.T.)

busca de poder e de suas origens, e que as mulheres não-brancas e nossas histórias só são dignas de nota como ornamento ou como exemplo da vitimização feminina. Peço que esteja ciente do possível efeito desse menosprezo sobre a comunidade de mulheres negras e sobre outras mulheres de cor, e de como isso desvaloriza as nossas palavras. Esse menosprezo não se difere, em essência, das desvalorizações especializadas que transformam as mulheres negras em alvo dos assassinatos que estão acontecendo na sua cidade neste instante, por exemplo. Quando o patriarcado nos menospreza, ele encoraja os nossos assassinos. Quando a teoria feminista lésbica radical nos menospreza, ela encoraja sua própria extinção.

Esse menosprezo se coloca como um bloqueio real na comunicação entre nós. Esse bloqueio faz com que seja muito mais fácil dar as costas para você por completo em vez de tentar compreender o raciocínio por trás das suas escolhas. Deveria o próximo passo ser a guerra entre nós, ou a separação? A assimilação[13] dentro dos limites de uma história feminina exclusivamente europeia e ocidental não é aceitável.

Mary, peço que relembre o que há de obscuro, antigo e divino dentro de você e que a ajude em seu discurso. Como *outsiders*, precisamos umas das outras, precisamos nos amparar e estabelecer conexões para satisfazer todas as necessidades que temos por vivermos à margem. No entanto, para nos unirmos, devemos reconhecer umas às outras. E sinto que, uma vez que você me "irreconheceu" completamente, talvez eu tenha cometido um erro em relação a você e não a reconheça mais.

Sinto mesmo que você celebra as diferenças entre as mulheres brancas como uma força criativa favorável à mudança, em vez de

---

[13] Nos Estados Unidos, o termo "assimilação" está também relacionado ao apagamento. Com o fim da segregação e a ampliação das escolas e universidades mistas, os currículos passaram a ser definidos por pessoas brancas, e aulas de história do ponto de vista da resistência e da luta abolicionista perderam força. A diluição dos chamados Estudos Negros nos currículos e a descontextualização da cultura negra é chamada de assimilação. (N.T.)

considerá-las motivos de desentendimento e desunião. Mas você falha em reconhecer que, enquanto mulheres, essas diferenças nos tornam, todas, vulneráveis a diversos tipos e a diferentes níveis de opressão patriarcal; alguns são compartilhados, outros não. Por exemplo, você certamente sabe que entre as mulheres não-brancas deste país existe uma taxa de mortalidade de 80% nos casos de câncer de mama e o triplo de retiradas desnecessárias de órgãos, histerectomias e esterilizações em comparação com as mulheres brancas; temos também o triplo de chances de sermos estupradas, assassinadas ou agredidas em comparação com as mulheres brancas. Esses são dados estatísticos, não são coincidências nem fantasias paranoicas.

Na comunidade das mulheres, o racismo é uma força da realidade na minha vida, mas não é na sua. As mulheres brancas com capuzes nas ruas de Ohio distribuindo folhetos da Ku Klux Klan podem não gostar do que você tem a dizer, mas em mim elas atirariam sem questionar. (Se você e eu entrássemos em uma sala de aula de mulheres em Dismal Gulch, Alabama, e tudo o que elas soubessem sobre nós é que somos lésbicas/radicais/feministas, você veria exatamente do que estou falando.)

A opressão de mulheres não conhece limites étnicos ou raciais, é verdade, mas isso não significa que ela seja idêntica diante dessas diferenças. As fontes de nossos poderes ancestrais também não conhecem esses limites. Lidar com umas sem sequer mencionar as outras é deturpar tanto o que temos em comum quanto o que temos de diferente.

Porque para além da irmandade ainda existe o racismo.

Nós nos conhecemos em uma mesa-redonda, "A transformação do silêncio em linguagem e em ação", na Modern Language Association (MLA). Esta carta tenta quebrar um silêncio que eu tinha me imposto, brevemente, antes daquele encontro. Eu tinha decidido nunca mais falar sobre racismo com mulheres brancas. Sentia que era um desperdício de energia, por causa do destrutivo sentimento de culpa e da atitude defensiva que causava, e porque qualquer coisa que eu tivesse a dizer poderia ser dita por uma mulher branca, que teria um custo emocional muito menor e provavelmente seria ouvida com mais atenção. Mas eu gostaria de não obliterar você na minha consciência, gostaria de não ter que fazer isso. Então, como uma irmã Hag,[14] peço que você dialogue com as minhas percepções.

Decida você por se manifestar ou não, Mary, e mais uma vez a agradeço pelo que aprendi com você.

Esta carta é uma retribuição.

Nas mãos de Afrekête,
Audre Lorde

---

[14] "*Hag*" é um termo usado para se referir a deusas velhas, de aparência ameaçadora e consideradas bruxas. É uma figura recorrente em contos de fada e mitologias europeias, como a deusa Cailleach e a Baba Yaga. Há aqui um diálogo com a crone mencionada anteriormente, pois a Hag seria a representação do aspecto divino dessas mulheres velhas e feias e sábias. (N.T.)

O FILHO HOMEM: REFLEXÕES DE UMA LÉSBICA NEGRA E FEMINISTA[1]

ESTE ENSAIO NÃO é uma discussão teórica sobre as mães lésbicas e seus filhos, nem um manual de instruções. É uma tentativa de analisar e compartilhar certas partes desta história comum que pertence a mim e ao meu filho. Tenho duas crianças: Beth, minha filha de quinze anos meio, e Jonathan, meu filho de catorze anos. Eis aqui como foi/é comigo e com Jonathan, e deixo a teoria para outro momento e outra pessoa. Eis aqui o relato de uma mulher.

Não tenho uma mensagem preciosa sobre a criação de meninos para outras mães lésbicas, nenhum segredo que coloque suas questões sob determinada luz. Tenho minhas próprias maneiras de reformular essas mesmas questões, na esperança de que todas nós falemos delas e de partes das nossas vidas que precisamos compartilhar. Somos mulheres nos comunicando com aquilo que há dentro de nós e umas com as outras, por meio das limitações da página impressa, dobrada conforme usamos o nosso conhecimento e o conhecimento de cada uma.

A diretriz mais verdadeira vem de dentro. Dou mais força aos meus filhos quando estou disposta a olhar bem dentro de mim e quando sou honesta com eles sobre o que encontro lá, sem esperar

---

[1] Publicado pela primeira vez na revista *Conditions: Four* (1979).

uma resposta avançada para a idade deles. Dessa forma, eles começam a aprender a ver além dos próprios medos.

Todos os nossos filhos são a vanguarda de um reinado de mulheres que ainda não foi estabelecido.

O desenvolvimento da sexualidade do meu filho adolescente é uma dinâmica consciente entre Jonathan e eu. Seria presunçoso de minha parte discutir a sexualidade dele aqui, exceto para declarar minha crença de que, não importa com quem ele decida explorar essa área, suas escolhas não serão opressoras, serão alegres e sentidas de dentro, com intensidade; elas serão espaços de crescimento.

Uma das dificuldades de escrever este ensaio é temporal; este é o verão em que Jonathan está se tornando um homem, fisicamente. E nossos filhos têm de se tornar homens – os homens com quem esperamos que nossas filhas, nascidas e por nascer, terão o prazer de conviver. Nossos filhos não vão crescer e se tornar mulheres. O caminho deles é mais difícil que o das nossas filhas, pois eles têm de se afastar de nós, de avançar sem nós. Com sorte, eles têm o que aprenderam conosco, e a capacidade de forjar essas lições aos seus próprios moldes.

Nossas filhas têm em nós alguém com quem se comparar, contra quem se rebelar, em quem se inspirar ou com quem sonhar; mas os filhos de lésbicas precisam criar as próprias definições de quem são como homens. O que é, ao mesmo tempo, poder e vulnerabilidade. Os filhos de lésbicas têm a vantagem do acesso aos nossos planos de sobrevivência, mas eles precisam tomar o que sabemos e transpor isso para sua masculinidade. Que a deusa seja gentil com o meu filho Jonathan.

Alegro-me em dizer que recentemente conheci jovens homens negros cujo futuro e cujos ideais, além de suas preocupações com o presente, correspondem mais aos de Jonathan do que aos meus. Compartilhei com esses homens ideais e estratégias de curto prazo para nossa sobrevivência, e sou grata aos espaços que pudemos compartilhar. Conheci alguns deles na Primeira Conferência Anual de Lésbicas e Gays do Terceiro Mundo, realizada em Washington, D.C., em outubro de 1979. Conheci outros, em lugares diferentes, e não sei que nome dão para sua sexualidade. Alguns desses homens estão criando filhos sozinhos. Alguns têm filhos adotivos. Eles são homens negros que sonham e agem e assumem seus sentimentos, eles questionam. É emocionante saber que nossos filhos não caminham sozinhos.

Quando Jonathan me tira do sério, sempre digo que ele está trazendo à tona a testosterona que há em mim. O que quero dizer é que ele está provocando um lado meu que, enquanto mulher, reluto em reconhecer ou explorar. Por exemplo, o que significa "agir feito um homem"? Para mim, é o que eu rejeito? Para Jonathan, é o que ele está tentando redefinir?

Criar crianças negras – meninas e meninos – na boca de um dragão racista, machista e suicida é perigoso e arriscado. Se eles não puderem amar e resistir ao mesmo tempo, provavelmente não vão sobreviver. E, para que sobrevivam, precisam se desprender. É isto o que as mães ensinam – amor, sobrevivência –, ou seja, definição de si e desprendimento. Para cada uma dessas lições, a capacidade de sentir intensamente e de reconhecer esses sentimentos é central: como sentir amor, como não desconsiderar o medo nem ser dominado por ele, como experimentar a alegria de sentir profundamente.

Desejo criar um homem negro que não vai se acomodar nem vai ser destruído pelas corrupções chamadas de "poder" pelos patriarcas brancos, que querem a destruição dele com a mesma certeza que querem a minha. Desejo criar um homem negro que vai reconhecer que os verdadeiros objetos de sua hostilidade não são as mulheres, mas sim os elementos de uma estrutura que o programou para temer e desprezar as mulheres, assim como a sua própria identidade negra.

Para mim, essa tarefa começa por ensinar ao meu filho que eu não existo para lidar com os sentimentos dele por ele.

Homens que têm medo de sentir necessitam que haja mulheres por perto para que sintam por eles, ao mesmo tempo que nos menosprezam exatamente pela capacidade, supostamente "inferior", de sentir profundamente. Mas assim também os homens renunciam a sua humanidade básica, caindo numa armadilha de dependência e medo.

Como uma mulher negra comprometida com um futuro tolerável, e como uma mãe que ama e educa um menino que vai se tornar um homem, eu devo analisar todas as minhas possibilidades de existir dentro de um sistema tão destrutivo.

Jonathan tinha três anos e meio quando eu e Frances, minha mulher, nos conhecemos; ele tinha sete quando todos passamos a viver juntos definitivamente. Desde o início, a insistência, minha e de Frances, para que não houvesse segredos em nossa casa sobre sermos lésbicas tem sido fonte de contratempos e de força para as duas crianças. De início essa insistência surgiu da compreensão, de ambas as partes, de que qualquer coisa escondida por medo poderia sempre ser usada contra as crianças ou contra nós – um argumento imperfeito, mas útil, em favor da honestidade. Compreender o medo pode nos ajudar a nos libertar.

> para os combatentes
> não há lugar
> que não possa ser
> um lar
> nem que seja.[2]

Para sobreviver, crianças negras nos Estados Unidos têm de ser educadas para ser guerreiras. Para sobreviver, elas também têm de ser educadas para reconhecer as muitas faces do inimigo. Filhos negros de casais de lésbicas têm uma vantagem, pois aprendem, muito cedo, que a opressão ocorre de diversas maneiras, e nenhuma delas tem relação com o seu valor como indivíduo.

Para dar um exemplo, me lembro que durante anos, para ofendê-lo na escola, os garotos não gritavam "Sua mãe é uma sapatão" para o Jonathan, mas sim "Sua mãe é uma crioula".

---

[2] Trecho do poema "School Note", publicado no livro *The Black Unicorn* (Nova York: W.W. Norton and Company, 1978), p. 55. [No original: "*for the embattled/ there is no place/ that cannot be/ home/ nor is*".]

Nós nos mudamos quando Jonathan tinha oito anos e estava na terceira série, e ele foi para uma nova escola onde, por ser novato, sua vida era infernal. Ele não gostava de brincadeiras violentas. Ele não gostava de brigar. Ele não gostava de atirar pedras nos cães. E tudo isso logo fez dele um alvo fácil.

Numa tarde Jonathan chegou em casa chorando, e Beth contou como os valentões da esquina o obrigavam a limpar os sapatos deles na volta para casa sempre que ela não estava junto para enfrentá-los. E quando eu soube que o líder era um garotinho da turma do Jonathan, do tamanho dele, algo interessante e bastante perturbador aconteceu comigo.

A fúria que senti pela minha impotência do passado e dor do presente diante do sofrimento dele me fizeram esquecer tudo o que eu sabia sobre violência e medo, sobre culpar a vítima, e comecei a repreender uma criança que chorava. "A próxima vez que você entrar aqui chorando...", e de repente me peguei horrorizada.

É assim que permitimos que se inicie a destruição dos nossos filhos – em nome da proteção e para amenizar nossas próprias dores. *Meu* filho apanha? Eu estava prestes a exigir que ele comprasse a primeira ideia da corrupção pelo poder: a da lei do mais forte. Eu era capaz de me ouvir começando a perpetuar as antiquadas e distorcidas ideias sobre o que é ser forte e corajoso.

E não, Jonathan não tinha que brigar se não quisesse, mas, de alguma maneira, ele tinha, sim, que se sentir melhor sobre não brigar. Um horror antigo se abateu sobre mim, de ser a criança gorda que fugia, morrendo de medo que quebrassem seus óculos.

Naquela época, uma mulher muito sábia me disse: "Você já disse ao Jonathan que você também foi medrosa um dia?".

A ideia me pareceu extrema na ocasião, mas quando ele entrou em casa chorando, suado por ter fugido correndo mais uma vez, pude ver que se sentia envergonhado de ter falhado comigo, ou com alguma imagem da mãe/mulher que ele e eu tínhamos criado na cabeça dele. Essa imagem da mulher capaz de lidar com tudo era reforçada pelo fato de que ele vivia em uma casa com três mulheres fortes, suas mães lésbicas e sua sempre direta irmã mais velha. Em casa, para Jonathan, o poder era claramente das mulheres.

E porque a nossa sociedade nos ensina a pensar em extremos – isto ou aquilo, matar ou morrer, dominar ou ser dominado –, isso significava que ele teria de ir além ou seria insuficiente. Eram claras para mim as implicações dessa linha de raciocínio. Considere dois clássicos mitos/modelos ocidentais do relacionamento entre mãe e filho: Jocasta/Édipo, o filho que transa com a mãe, e Clitemnestra/Orestes, o filho que mata a mãe.

Tudo parecia ter conexão comigo.

Sentei-me nos degraus da entrada, peguei Jonathan no colo e sequei as lágrimas dele. "Eu já contei a você sobre como eu era medrosa quando tinha a sua idade?"

Nunca esquecerei o olhar no rosto daquele garotinho enquanto eu contava para ele a história dos meus óculos e das minhas brigas depois da aula. Era um olhar de alívio e de total descrença, tudo ao mesmo tempo.

É tão difícil para as nossas crianças acreditar que não somos onipotentes quanto é para nós, como pais, compreendermos isso. Mas essa compreensão é essencial para darmos o primeiro passo no sentido de reavaliarmos o poder como algo além da força, da idade, do privilégio ou da falta de medo. Esse é um passo importante para um garoto, para quem a ruína social começa quando ele é forçado a acreditar que ele só é forte se não sentir, ou se vencer.

Pensei sobre tudo isso um ano mais tarde, quando Beth e Jonathan, com dez e nove anos, foram entrevistados e lhes perguntaram como eles achavam que haviam sido afetados por serem filhos de uma feminista.

Jonathan disse que ele não achava que havia muito no feminismo para os meninos, ainda que, sem dúvida, fosse bom poder chorar se ele sentisse vontade e não ter que jogar futebol se não quisesse. Penso nisso às vezes agora, quando o vejo praticar por sua faixa marrom no taekwondo.

A lição mais contundente que posso ensinar ao meu filho é a mesma que posso ensinar à minha filha: como ser exatamente quem ele deseja ser. E a melhor maneira de fazer isso é sendo quem eu sou e tendo esperança de que, com isso, ele aprenda não a ser como eu, o que não é possível, mas como ser quem ele é. E isso significa caminhar em direção à voz que vem de dentro, e não em direção às vozes estridentes, persuasivas ou ameaçadoras que vêm de fora, pressionando-o a ser o que o mundo quer que ele seja.

E isso já é difícil o suficiente.

Jonathan está aprendendo a encontrar dentro de si algumas das diferentes faces da coragem e da força, seja lá como ele decida chamá-las. Há dois anos, quando ele tinha doze e estava na sétima série, um de seus amigos da escola que esteve em nossa casa insistia em chamar Frances de "a empregada". Quando Jonathan o corrigiu, o garoto se referiu a ela como "a moça da faxina". Finalmente, Jonathan disse apenas "Frances não é a moça da faxina, ela é a mulher da minha mãe". O curioso é que são os professores da escola que ainda não se recuperaram da franqueza de Jonathan.

Frances e eu estávamos considerando participar de uma conferência lésbica/feminista neste verão, quando fomos avisadas de que não permitiriam a presença de meninos de mais de 10 anos de idade. Isso representou problemas logísticos e filosóficos para nós, e enviamos a seguinte carta:

> Irmãs,
> Dez anos como um casal inter-racial de lésbicas nos ensinou sobre os perigos de uma abordagem simplista da natureza e das possíveis soluções para qualquer opressão, assim como sobre os riscos inerentes a um panorama incompleto.
> Nosso filho de treze anos representa tanta esperança para o nosso mundo futuro quanto a nossa filha de catorze anos, e não estamos dispostas a abandoná-lo pelas letais ruas da cidade de Nova York enquanto seguimos rumo ao oeste para ajudar a construir um ideal de mundo futuro Lésbico-Feminista, no qual possamos todas sobreviver e florescer. Espero que possamos continuar esse diálogo em breve, pois sinto que é algo importante para o nosso ideal e a nossa sobrevivência.

A questão do separatismo não é, de modo algum, simples. Sou grata por um dos meus filhos ser homem, já que isso me ajuda a me manter honesta. Cada linha que escrevo grita que não há soluções fáceis.

Cresci em ambientes predominantemente femininos e sei como isso foi crucial para o meu desenvolvimento. Muitas vezes sinto a necessidade e o desejo de estar na companhia de mulheres, exclusivamente. Reconheço que termos nossos próprios espaços é essencial para evoluirmos e para renovarmos nossas energias.

Como mulher negra, considero necessário, de tempos em tempos, me recolher em grupos compostos apenas de pessoas negras pelas mesmas razões – diferenças em estágios de desenvolvimento e diferenças em níveis de interação. Frequentemente, quando converso com homens e mulheres brancas, lembro-me do quanto é difícil e demorado ter que reinventar o lápis a cada vez que se deseja comunicar algo.

No entanto, isso não significa que a minha responsabilidade pela educação do meu filho termine quando ele completa dez anos, e o mesmo ocorre com a minha filha. De qualquer maneira, para cada um dos dois, essa responsabilidade diminui aos poucos conforme eles se tornam mais mulher e mais homem.

Beth e Jonathan precisam saber o que podem compartilhar e o que não podem, de que maneira eles estão ou não unidos. E Frances e eu, mulheres adultas e lésbicas cada vez mais conectadas com o nosso poder, precisamos reaprender a prática de que diferenças não são necessariamente ameaçadoras.

Quando imagino o futuro, penso no mundo que anseio para minhas filhas e meus filhos. É como pensar na sobrevivência da espécie – pensar em favor da vida.

Muito provavelmente sempre haverá mulheres que caminham com mulheres, mulheres que vivem com homens, homens que escolhem homens. Eu trabalho em prol de um tempo em que mulheres com mulheres, mulheres com homens, homens com homens, todos compartilharão o trabalho num mundo que não nos faça trocar o pão, nem a identidade, pela obediência, nem a beleza nem o amor. E nesse mundo criaremos nossas crianças livres para escolher a melhor maneira de se sentir realizadas. Pois somos coletivamente responsáveis pelo cuidado e pela criação dos jovens, uma vez que criá-los é, enfim, uma função da espécie.

Dentro desse padrão triplo de relacionamento/existência,[3] a criação de crianças será uma responsabilidade conjunta de todos os adultos que escolherem se associar a elas. Obviamente aquelas criadas em cada um desses relacionamentos serão diferentes, dando um sabor especial àquele eterno questionamento sobre qual é a melhor maneira de viver nossas vidas.

Jonathan tinha três anos e meio quando eu e Frances nos conhecemos. Agora ele tem catorze. Sinto nitidamente que ter mães lésbicas trouxe uma valiosa contribuição à sensibilidade humana de Jonathan.

Ele teve a vantagem de crescer em um relacionamento que não é machista, em que os pressupostos pseudonaturais de dominante/dominado são desafiados. E não é só porque eu e Frances somos lésbicas, pois infelizmente existem algumas lésbicas que ainda estão presas a padrões patriarcais de relações de poder desiguais.

Esses pressupostos de relações de poder são questionados porque Frances e eu, muitas vezes dolorosamente e com graus variados de sucesso, procuramos, com frequência, avaliar e medir o que sentimos em relação ao poder, o nosso e o dos outros. E examinamos com cuidado como o poder é usado e expresso entre nós duas e entre nós e as crianças, abertamente ou não. Boa parte de nossas reuniões de família quinzenais é dedicada a essas análises.

Como mães, Frances e eu damos a Jonathan nosso amor, nossa receptividade e nossos sonhos para ajudá-lo a dar forma a suas visões. Acima de tudo, como filho de lésbicas, ele tem um modelo inestimável não só de relacionamento, mas também de como se relacionar.

---

[3] Aqui ela se refere a relacionamentos lésbicos, gays e héteros. (N.T.)

Jonathan tem catorze anos agora. Conversando com ele sobre este ensaio, pedi sua permissão para compartilhar algumas passagens de sua vida e perguntei quais eram os principais aspectos positivos e negativos de ter crescido com mães lésbicas.

Ele disse que achava que o maior ganho era saber bem mais sobre as pessoas do que os garotos e garotas da idade dele, e que ele não tinha muitas das inibições que vários dos outros meninos tinham em relação a homens e mulheres.

E o aspecto mais negativo para Jonathan era ser ridicularizado por filhos de pais héteros.

"Como assim, seus amigos?", questionei.

"Ah, não", ele respondeu prontamente. "Meus amigos são espertos. Estou falando de outros garotos."

UMA ENTREVISTA: AUDRE LORDE E ADRIENNE RICH[1]

ADRIENNE: O QUE VOCÊ quer dizer quando afirma que dois ensaios, "A poesia não é um luxo"[2] e "Usos do erótico",[3] são, na verdade, progressões?

Audre: Eles são parte de algo ainda inacabado. Eu não sei como o restante disso se dará, mas são claramente progressões na exploração de algo relacionado ao primeiro texto em prosa que escrevi. Um fio condutor na minha vida é a batalha para preservar as minhas percepções – prazerosas ou desagradáveis, dolorosas ou o que for...

Adrienne: E não importa o quanto tenham sido desacreditadas.

Audre: E não importa o quanto tenham sido dolorosas. Quando penso em como eu flertava com os castigos... Eu mergulhava de

---

[1] Esta entrevista, realizada em 30 de agosto de 1979, em Montague, Massachusetts, foi editada a partir de três horas de gravação que fizemos juntas. Foi encomendada por Marilyn Hacker, editora convidada de *Woman Poet: The East* (Reno: Woman-In-Literature, 1981), em que parte dela foi publicada. A entrevista, na íntegra, foi publicada pela primeira vez na revista *Signs*, v. 6, n. 4 (verão de 1981).

[2] Neste livro, p. 45.

[3] Neste livro, p. 67.

cabeça: "Se esse é o único modo de vocês lidarem comigo, então pronto, é assim que vocês vão ter que lidar comigo".

Adrienne: Você está falando de quando era criança?

Audre: Estou falando de toda a minha vida. Eu evitava sentir. Eu resistia. E num nível tão obscuro que eu não sabia como falar. Eu me ocupava sondando outras formas de dar e receber informação e o que mais eu pudesse, porque falar não funcionava. As pessoas ao meu redor falavam o tempo todo – e não necessariamente dando ou recebendo algo que fosse útil para elas ou para mim.

Adrienne: E, se você falasse, não ouviam o que você tentava dizer.

Audre: Quando você me perguntou como eu comecei a escrever, contei como a poesia tinha uma função bem específica para mim, desde muito jovem. Quando alguém me perguntava "Como você está?" ou "O que você pensa?" ou qualquer outra pergunta direta, eu recitava um poema, e em alguma parte daquele poema estaria o sentimento, a informação essencial. Podia ser um verso. Podia ser uma imagem. Aquele poema era a minha resposta.

Adrienne: Como se o poema traduzisse algo que você já sabia existir numa forma pré-verbal. E, então, o poema se tornou a sua linguagem?

Audre: Sim. Eu me lembro de ler na seção infantil na biblioteca, não devia ter passado da segunda ou da terceira série, mas me lembro do livro. Era ilustrado por Arthur Rackham, um livro de poemas. Esses livros eram velhos; a biblioteca do Harlem costumava receber os livros mais velhos, em péssimas condições. "The Listeners", de Walter de La Mare[4] – nunca esquecerei esse poema.

Adrienne: Aquele sobre um viajante que cavalga até a porta de uma casa vazia?

Audre: Esse mesmo. Ele bate na porta e ninguém responde. "'Tem alguém aí?', ele disse." Esse poema ficou gravado em mim.

---

[4] Walter de la Mare (1873-1956) foi um poeta britânico associado ao Romantismo, mais conhecido por seus contos para crianças. (N.T.)

E, no final, ele está batendo na porta insistentemente e ninguém responde, e ele tem a sensação de que tem alguém ali, sim. Então ele faz a volta com seu cavalo e diz: "Diga a eles que vim, e ninguém respondeu. Que eu mantive a minha palavra". Eu costumava ler esse poema em voz alta o tempo todo. Era um dos meus favoritos. E se você me perguntasse "Sobre o que ele é?", acho que não saberia dizer. Contudo, essa foi a razão primordial da minha escrita, a necessidade de dizer as coisas que eu não conseguia dizer de outra forma, quando não conseguia achar outros poemas que servissem.

Adrienne: Você teve que fazer os seus.

Audre: Havia muitas emoções complexas para as quais ainda não existiam poemas. Tive que encontrar uma maneira secreta de expressar meus sentimentos. Eu costumava memorizar os meus poemas. Eu os dizia em voz alta; não tinha o hábito de anotá-los. Eu tinha essa grande reserva de poesia na minha cabeça. E me lembro de estar no ensino médio e tentar não pensar em poemas. Eu via a maneira como as outras pessoas pensavam, e era surpreendente para mim: passo a passo, não em bolhas surgidas do caos que você precisava ancorar com palavras... Acredito mesmo que tenha aprendido isso com a minha mãe.

Adrienne: Aprendeu o que com a sua mãe?

Audre: O grande valor da comunicação não verbal, subterrânea à linguagem. Minha vida dependia disso. Ao mesmo tempo, vivendo no mundo, eu não queria ter nada a ver com o jeito como ela usava a linguagem. Minha mãe lidava de um jeito estranho com as palavras: se uma não servisse para ela ou não fosse forte o bastante, ela apenas inventava outra, e então aquele termo entraria permanentemente para o vocabulário da nossa família, e ai de quem o esquecesse. Mas acho que recebi outra mensagem dela... a de que existia todo um mundo de comunicação e de contatos não verbais entre as pessoas que era muito poderoso e absolutamente essencial, e era isso que você tinha que aprender a decifrar e a usar. Um dos motivos de eu ter tido tantos problemas na infância era que os meus pais, especialmente minha mãe, sempre esperavam que eu soubesse o que ela estava sentindo, e o que ela esperava que eu fizesse, sem me dizer nada. E eu achava que isso era natural. Minha mãe esperava que eu soubesse das coisas, tendo ela falado sobre elas ou não...

Adrienne: Não conhecer a lei não era uma desculpa.

Audre: É isso. É muito confuso. Mas acabei aprendendo a obter informações cruciais e benéficas sem precisar de palavras. Minha mãe costumava dizer: "Não escute como uma boba só ao que as pessoas falam com a boca". Mas logo em seguida ela dizia algo que não me parecia certo. Você sempre aprende observando. Você tem que entender por conta própria, porque as pessoas nunca vão te contar aquilo que supostamente você já deveria saber. É preciso entender sozinha, seja lá o que for, quando é algo necessário para sua sobrevivência. E, caso erre, será punida, mas isso não é grande coisa. Você se fortalece fazendo aquilo que exige força de você. É assim que o autêntico aprendizado acontece. É um jeito muito difícil de viver, mas que também me foi muito útil. Foi tanto um bem quanto um risco. Quando entrei no ensino médio, descobri que as pessoas pensavam de maneiras diferentes – assimilavam, conjecturavam, obtinham informações verbalmente. Foi uma fase difícil para mim. Eu nunca estudei; eu literalmente intuía todos os meus professores. Por isso era tão importante que eu tivesse um professor do qual eu gostasse, porque eu nunca estudava, nunca lia os trabalhos de casa, e conseguia apreender tudo – o que eles sentiam, o que eles sabiam –, mas perdia um monte de outras coisas, perdi muito de como eu funcionava originalmente.

Adrienne: Quando você fala que nunca lia, você quer dizer que nunca lia o trabalho de casa, mas você estava lendo outras coisas?

Audre: Se eu fizesse as leituras recomendadas, eu não as lia como o esperado. Tudo era como um poema, com curvas diferentes, camadas diferentes. Então sempre senti que a maneira como eu assimilava as coisas era diferente de como as outras pessoas assimilavam. Eu costumava me treinar a tentar pensar.

Adrienne: Aquilo que as outras pessoas supostamente faziam. Você se lembra de como era?

Audre: Sim. Eu tinha uma imagem de tentar alcançar algo que dobrava uma esquina, algo que me escapava por pouco. A imagem estava constantemente desaparecendo. Tive uma experiência no México, quando me mudei para Cuernavaca...

Adrienne: Você tinha mais ou menos quantos anos?

Audre: Dezenove. Eu viajava diariamente para a Cidade do México para ir à escola. Para chegar a tempo da primeira aula, eu tinha que pegar o ônibus das seis na praça da cidade. Eu saía de casa antes do amanhecer. Você sabe, lá tem dois vulcões, o Popocatépetl e o Iztaccíhuatl. Eu pensei que eram nuvens a primeira vez que os vi pela janela. Estava sempre escuro quando eu saía de casa, e eu via a neve no alto das montanhas e o sol nascendo. E quando o sol atingia o topo das montanhas, num certo ponto, os pássaros começavam a cantar. Como estávamos em um vale, parecia que ainda era noite. Mas havia a luminosidade da neve. E então esse incrível crescendo dos pássaros. Uma manhã subi a colina, e o verde, os cheiros úmidos surgiram. E os pássaros, os sons deles, que eu nunca havia notado na verdade, nunca tinha ouvido os pássaros antes disso. Desci a colina extasiada. Foi muito bonito. Eu não estava escrevendo durante todo esse tempo no México. E a poesia era a coisa que eu tinha com as palavras, isso era tão importante... E, naquela colina, tive o primeiro indício de que uniria as duas novamente. Eu ia poder infundir meus sentimentos nas palavras. Não ia ser necessário criar o mundo sobre o qual eu escrevia. Compreendi que as palavras o revelariam. Que de fato há frases carregadas de sentimentos. Até então, eu criava esses construtos e, em algum lugar neles, haveria um fragmento, como um bolinho chinês, uma porção de alimento, a coisa da qual eu realmente precisava, aquela que eu tinha que criar. Lá naquela colina, fui tomada pelo cheiro e pelas sensações e pela paisagem, tomada por tanta beleza que nem conseguia acreditar... Isso era algo que eu sempre havia idealizado. Eu idealizava árvores e sonhava com florestas. Até começar a usar óculos, aos quatro anos de idade, eu pensava que as árvores eram nuvens verdes. Quando lia Shakespeare no ensino médio, eu vibrava com seus jardins de musgo espanhol e rosas e treliças, com belas mulheres repousando e o sol e tijolos vermelhos. Quando eu estava no México, descobri que isso podia ser uma realidade. E aprendi naquele dia na montanha que as palavras podem se equivaler a isso, "re-criar" isso.

Adrienne: Você acha que no México você via uma realidade tão extraordinária e vívida e sensual como fantasiava que ela poderia ser?

Audre: Acho que sim. Sempre pensei que precisava criá-la na minha imaginação, inventá-la. No México, aprendi que você não consegue nem inventar, a menos que aconteça ou que possa acontecer. Onde isso me aconteceu pela primeira vez eu não sei; me lembro das histórias que minha mãe contava sobre Granada, no Caribe, onde ela nasceu... Mas naquela manhã no México compreendi que eu não precisaria inventar a beleza pelo resto da minha vida. Eu me recordo de tentar contar sobre essa epifania para Eudora,[5] mas me faltaram as palavras. E me lembro dela dizendo: "Escreva um poema". Quando tentei escrever um poema sobre como me senti naquela manhã, não consegui, e tudo o que eu tinha era a lembrança de que devia haver uma maneira. E isso era extremamente importante. Sei que voltei do México muito, muito diferente, e boa parte disso tinha a ver com o que aprendi com Eudora. Mas, mais do que isso, o que aconteceu foi uma espécie de libertação do meu trabalho, uma libertação de mim mesma.

Adrienne: Então você voltou para o Lower East Side, certo?

Audre: Sim, voltei a morar com minha amiga Ruth e comecei a procurar emprego. Fiz um ano de faculdade, mas não conseguia operar no mundo daquelas pessoas. Então pensei que poderia ser enfermeira. Passei por um período difícil tentando arranjar qualquer tipo de trabalho. Eu pensei, bem, arrumo um diploma de enfermagem e volto para o México...

Adrienne: Com meu trabalho.

Audre: Mas, de qualquer maneira, isso não era possível. Eu não tinha dinheiro, e mulheres negras não recebiam bolsas de estudos

---

[5] Eudora, mulher com quem Audre Lorde teve um relacionamento enquanto estava no México. (N.E.)

para o curso profissionalizante de enfermagem. Eu não entendi isso na época, porque a justificativa que me deram foi que eu enxergava muito mal. Mas a primeira coisa que fiz ao voltar foi escrever um texto em prosa sobre o México intitulado "La Llorona". La Llorona é uma lenda daquela parte do país, próxima a Cuernavaca. Você conhece Cuernavaca? Você conhece as grandes *barrancas*? Quando a chuva desce pelas montanhas, faz com que as rochas corram pelas grandes ravinas. O som, o primeiro movimento, começa um ou dois dias antes da chegada das chuvas. Todas aquelas pedras despencando das montanhas criam uma espécie de voz, e os ecos ressoam; é como um barulho de choro, com as águas no rastro. Modesta, uma mulher que vivia na mesma casa que eu, me contou a lenda de La Llorona. Ela tinha três filhos e encontrou seu marido dormindo com outra mulher – é uma história como a de Medeia –, então afogou seus filhos nas *barrancas*, afogou os próprios filhos. E todo ano nessa época ela volta para lamentar as mortes. Juntei essa lenda a uma série de coisas que estava sentindo na época e escrevi uma história chamada "La Llorona". É essencialmente um conto sobre mim e minha mãe. Era como se eu pegasse a minha mãe e a colocasse naquela situação: aqui está essa mulher que mata, que quer algo, a mulher que consome seus filhos, que quer demais, mas não por maldade, e sim porque ela quer ter vida própria, mas agora tudo já está tão fora de controle... Era uma história inacabada muito estranha, mas a dinâmica...

Adrienne: Parece que você estava tentando juntar dois pedaços da sua vida: sua mãe e o que você aprendeu no México.

Audre: Sim. Veja só, eu não tinha encarado a força que a minha mãe exercia sobre mim – e que força! – nem o quanto isso me influenciava. Mas essa história era bonita. Partes dela estão na minha cabeça, bem onde fica o reservatório de poesia, frases inteiras e tal. Eu nunca tinha escrito prosa antes, e não escrevi desde então, até recentemente. Publiquei essa história sob o pseudônimo Rey Domini em uma revista...

Adrienne: Por que você usou um pseudônimo?

Audre: Porque... eu não escrevo contos. Eu escrevo poesia. Então tinha que usar outro nome.

Adrienne: Porque era uma parte diferente de você?

Audre: Isso. Eu só escrevo poemas, e então há esse conto. Mas usei o nome Rey Domini, que é Audre Lorde em latim.

Adrienne: Você realmente não escreveu prosa desde a época desse conto até uns anos atrás, quando escreveu "A poesia não é um luxo"?

Audre: Eu não conseguia. Por alguma razão, quanto mais eu escrevia poesia, menos eu achava que conseguiria escrever prosa. Alguém encomendava uma resenha de um livro, ou, quando eu trabalhava na biblioteca, um resumo dos livros... Não é que eu não tivesse a habilidade. Eu compreendia a construção de frases àquela altura. Eu sabia como construir um parágrafo. Mas comunicar sentimentos profundos de forma linear, em sólidos blocos impressos, era um enigma para mim, um método que não estava ao meu alcance.

Adrienne: Mas você escrevia cartas freneticamente, não?

Audre: Bem, eu não escrevia cartas propriamente ditas. Escrevia fluxos de consciência, e para pessoas bem próximas de mim, então funcionava. Minhas amigas me devolveram as cartas que escrevi do México – estranho, essas são mais estruturadas. Eu me lembro da sensação de não conseguir concentrar em um pensamento por tempo suficiente para concluí-lo, mas era capaz de refletir longamente sobre um poema por dias, acampar em seu mundo.

Adrienne: Você acha que era assim porque ainda tinha essa ideia de que pensar era um processo misterioso, natural para as outras pessoas, mas que você precisava exercitar? Que não era algo que você simplesmente fizesse?

Audre: Era um processo muito misterioso para mim. E do qual passei a suspeitar, por ter visto muitos erros serem cometidos em nome dele, então não o respeitava. Por outro lado, eu também o temia, porque eu havia chegado a conclusões ou convicções implacáveis sobre a minha vida, meus sentimentos, que desafiavam o pensar. E eu não abriria mão delas. Não desistiria delas. Elas eram muito preciosas para mim. Elas eram vida para mim. Mas eu não conseguia analisá-las ou compreendê-las porque elas não faziam aquele sentido que fui ensinada a esperar por meio da compreensão. Havia coisas que eu sabia e não conseguia dizer. E não conseguia compreendê-las.

Adrienne: No sentido de ser capaz de expressá-las, analisá-las e defendê-las?

Audre: ...escrever prosa sobre elas. Isso. Escrevi muitos daqueles poemas através dos quais você me conheceu, aqueles poemas em *The First Cities*,[6] lá na época do ensino médio. Se você tivesse me pedido para falar sobre um desses poemas, eu teria falado da maneira mais banal. Tudo o que eu tinha era a sensação de que devia me agarrar àqueles sentimentos e de que precisava colocá-los para fora de algum jeito.

Adrienne: Mas eles também eram transformados em linguagem.

Audre: É verdade. Quando eu escrevia algo que finalmente funcionava, eu o dizia em voz alta e aquilo ganhava vida, se tornava real. Começava a se repetir e eu sabia: ecoava, era verdadeiro. Como um sino. Algo soava verdadeiro. E ali estavam as palavras.

Adrienne: Como escrever está ligado a ensinar para você?

Audre: Sei que ensinar é uma técnica de sobrevivência. É para mim, e acho que é assim de modo geral; é a única maneira através da qual o verdadeiro aprendizado acontece. Eu mesma estava aprendendo algo de que eu precisava para continuar vivendo. Eu investigava e ensinava ao mesmo tempo em que também aprendia. Eu me ensinava em voz alta. E isso começou em uma oficina de poesia em Tougaloo.

Adrienne: Você estava doente quando foi chamada para Tougaloo?

Audre: Sim, eu sentia... Eu quase morri.

Adrienne: O que estava acontecendo?

Audre: Diane di Prima – isso foi em 1967 – tinha começado a Poets Press.[7] E ela disse: "Você sabe, está na hora de você ter um

---

[6] Primeiro livro de poemas de Audre Lorde, publicado em 1968 pela Poets Press.

[7] Editora independente, fundada em 1967, dedicada à publicação de livros de poesia. Diane di Prima, poeta ligada à geração Beatnik e à Escola de Nova York, foi uma das fundadoras. (N.T.)

livro". E eu respondi: "Bem, quem vai publicar?". Eu ia engavetar aqueles poemas, porque descobri que estava revisando-os demais em vez de escrever novos, e foi assim que aprendi, mais uma vez na prática, que poesia não é massinha. Você não pode pegar um poema e ficar "re-formando" ele. O poema existe, e você precisa saber a hora de parar, e se houver algo mais que você queira dizer, tudo bem. Mas eu estava lapidando e relapidando, e Diane disse: "Você tem que publicá-los. Pôr para fora". E a Poets Press publicou *The First Cities*. Bem, eu trabalhei nesse livro, organizei, e ele seria publicado... Recebi as provas e comecei a lapidar novamente e me dei conta: "Isso vai ser um livro!". Eu me coloquei numa posição vulnerável. Pessoas que eu nem sequer conheço vão ler esses poemas. O que vai acontecer?

Eu estava muito doente e numa fase totalmente frenética porque as coisas estavam bem ruins em casa, financeiramente falando. Arrumei um emprego, ficava com as duas crianças durante o dia e trabalhava na biblioteca à noite. Jonathan chorava toda noite quando eu saía, e eu ouvia os gritos dele ao longo do corredor a caminho dos elevadores. Eu trabalhava à noite, estava aprendendo por conta própria como fazer vitrais, trabalhava no escritório da minha mãe e estava organizando o Natal para os meus amigos, e fiquei muito doente – eu tinha exagerado. Estava doente demais para sair da cama, e o Ed[8] atendeu ao telefone. Era Galen Williams,[9] do Poetry Center, perguntando se eu gostaria de ser poeta residente em Tougaloo, uma universidade tradicionalmente frequentada por negros no Mississipi. Eu tinha sido recomendada para uma bolsa. Foi Ed quem disse: "Você tem que fazer isso". Meu nível de energia estava tão baixo que

---

[8] Edwin Rollins, com quem Lorde foi casada, o pai de Elizabeth e Jonathan. (N.T.)

[9] Galen Williams era diretora do Poetry Center, em Nova York, em 1970. Fundou a iniciativa Poetry & Writers com o apoio do Conselho de Artes do Estado de Nova York para promover a literatura e apoiar escritores, oferecendo oficinas nas quais eles eram professores. (N.T.)

eu não conseguia nem imaginar como isso seria possível. E a ideia de alguém me tratar como poeta era assustadora. Esse livro, veja só, nem tinha sido lançado ainda, entende?

Adrienne: E de repente você já estava sendo levada a sério por desconhecidos por aí.

Audre: Sim. E, o pior, tinham me pedido para ir à público; para falar *como* poeta, não apenas *falar*. Mas, àquela altura, eu sentia como se tivesse voltado dos mortos, então tudo estava em aberto. E pensei, opa, muito bom, vamos ver – não porque achava que era capaz de fazer isso, mas porque sabia que seria novo e diferente. Eu estava apavorada de ir para o sul. Então surgiram ecos de um sonho antigo: eu tinha tido vontade de ir para Tougaloo anos antes. Minha amiga Elaine e eu íamos nos juntar aos Freedom Riders[10] em Jackson quando deixamos a Califórnia, em 1961, para voltar à Nova York; e, em São Francisco, a mãe da Elaine se ajoelhou diante de nós, implorando que não fizéssemos aquilo, que eles iam nos matar, e acabamos desistindo. Então, ir para Tougaloo, em Jackson, fazia parte de toda uma mítica...

Adrienne: Mas parece que antes você tinha uma concepção mais romântica do que ir para o sul significava, e seis anos depois, com dois filhos e tudo o que tinha acontecido no sul nesse tempo...

Audre: Eu estava com medo. Pensei: "Eu vou". De fato, foi a primeira coisa que resistiu à fúria e à dor que eu sentia quando deixava aquele menininho gritando toda noite. Foi assim: tudo bem, se eu consigo sair de casa e ouvir essa criança aos berros para ir para a biblioteca e trabalhar toda noite, então serei capaz de pelo menos fazer algo que eu gostaria de explorar. Então fui.

Adrienne: Você estava com medo em Tougaloo, de ensinar, de encarar sua primeira oficina?

---

[10] Freedom Riders eram ativistas não violentos pelos direitos civis, negros e brancos, que viajavam de ônibus pelos Estados Unidos em atos de desobediência às leis de segregação racial. Foram presos e agredidos em diferentes estados do sul do país. (N.T.)

Audre: Sim, mas era uma atmosfera muito enriquecedora. Morei lá por duas semanas antes de começar a reunir as pessoas de fato, e havia oito estudantes que já escreviam poesia. Como eu estava vulnerável em Tougaloo... Comecei a aprender sobre coragem, comecei a aprender a falar, era um grupo pequeno e nos tornamos muito próximos. Aprendi muito ouvindo as pessoas. Tudo o que eu podia era ser honesta e estar aberta. Por mais apavorada que eu estivesse, conforme nos abríamos uns com os outros, para mim era absolutamente necessário afirmar: "O pai dos meus filhos é branco". E o que isso significava em Tougaloo, para aqueles jovens negros naquele momento, falar sobre mim abertamente e lidar com a hostilidade deles, a decepção deles, superar tudo isso, foi bem difícil.

Adrienne: Deve ter sido especialmente difícil porque você já sabia que o casamento não tinha futuro. É como ter que defender algo indefensável.

Audre: O que eu defendia era necessário defender. Não era "Estou defendendo o Ed porque quero viver com ele", mas sim "Estou defendendo esse relacionamento porque temos o direito de tentar e de explorar essa possibilidade". Então lá está a poeta negra do norte em contato com esses jovens negros do sul que não diziam: "É para tal coisa que precisamos de você"; eles me mostravam, através de quem eram, para que precisavam de mim. No poema "Black Studies"[11] é possível ver muito desse início. Tougaloo estabeleceu as fundações para aquele poema, aquele conhecimento nascido cinco anos depois. Meus alunos precisavam da minha percepção, ainda que a minha percepção daquilo de que precisavam fosse diferente do que me diziam. O que eles diziam em voz alta era: "Precisamos de pessoas negras fortes"; mas eles também diziam que o que entendiam como força tinha vindo dos nossos opressores, e isso de maneira alguma correspondia ao que sentiam.

---

[11] Poema publicado em *The New York Head Shop and Museum* (Detroit: Broadside Press, 1974), p. 52-56.

Foi por meio da poesia que começamos a lidar com isso – formalmente. Eu não sabia de nada. Adrienne, eu nunca tinha lido um livro sobre poesia! Um dia, peguei um livro de Karl Shapiro, um livro fino, branco. Eu abri e algo que ele disse fazia sentido: "A poesia não vende Cadillacs". Era a primeira vez que eu falava sobre escrever; antes disso eu tinha sido apenas ouvinte – parte do meu ser inarticulado, inescrutável; eu não compreendia as coisas no plano verbal, e, mesmo se compreendesse, estava sempre apavorada demais para falar. Mas em Tougaloo falávamos de poesia. Recebi os primeiros exemplares do meu livro lá em Tougaloo.

Eu nunca tinha tido esse tipo de relacionamento com pessoas negras antes. Nunca. Houve um diálogo bastante desconfortável com a Harlem Writers Guild – onde eu me sentia tolerada, mas nunca aceita de verdade. Para eles, eu era louca e transviada, mas tinha potencial para amadurecer e superar tudo isso. Johnny Clarke[12] me adotou porque me amava mesmo, e ele é um homem gentil. E ele me ensinou coisas maravilhosas sobre a África. E me disse: "Você é uma poeta. Você é uma poeta. Eu não entendo a sua poesia, mas você é uma poeta, é sim". Então eu recebia esse tipo de incentivo. "Você não está fazendo o que deveria, mas, sim, você é capaz, e esperamos muito que você o faça. Você é uma luz brilhante e reluzente. Você pegou uma série de desvios errados – mulheres, o Village, gente branca, tudo isso, mas você ainda é jovem. Você vai encontrar seu caminho." Então eu recebia essas mensagens dúbias, de estímulo e de rejeição ao mesmo tempo. Era uma reprodução da minha família, veja só. Na minha família, diziam: "Você é uma Lorde, isso faz de você especial e peculiar e a coloca acima de qualquer pessoa no mundo. Mas você não é o nosso tipo de Lorde, então quando é que você vai se endireitar e agir do jeito certo?".

Adrienne: E você tinha a sensação, lá na Harlem Writers Guild, de que também havia essas leis não escritas que você devia compreender para agir do jeito certo?

---

[12] Lorde se refere, provavelmente, ao Dr. John Henrik Clarke (1915-1998), professor, escritor e um dos fundadores da Harlem Writers Guild. (N.T.)

Audre: Sim, eu levava poemas para ler nas reuniões. E eu esperava, bem, que eles fossem me dizer o que realmente queriam, mas eles nunca foram capazes, nunca disseram.

Adrienne: Havia outras mulheres naquele grupo, mulheres mais velhas?

Audre: Rosa Guy[13] era mais velha do que eu, mas ainda era muito jovem. Eu me lembro apenas de uma outra mulher, Gertrude McBride.[14] Mas ela entrava e saía da oficina tão rápido que nunca a conheci. Em geral, os homens eram o núcleo. Minha amiga Jeannie e eu éramos integrantes, mas em posições ligeiramente diferentes; nós estávamos no ensino médio.

Adrienne: E aí Tougaloo foi uma experiência completamente diferente de trabalhar com outros escritores negros.

Audre: Quando fui para Tougaloo, eu não sabia o que tinha para dar e não sabia de onde viria o que eu poderia dar. Eu sabia que não podia oferecer o que oferecem os professores de poesia comuns, nem queria isso, porque nunca me serviu. Eu não podia oferecer o que professores de inglês oferecem. A única coisa que eu tinha para dar era eu mesma. Me envolvi tanto com aqueles jovens – eu realmente os amava. Eu conhecia a vida emocional de todos aqueles alunos porque fazíamos essas reuniões e isso se tornou inseparável da poesia deles. Eu conversava no grupo sobre a poesia deles de acordo com o que eu sabia sobre a vida deles, e havia uma conexão real entre os dois que era inseparável, mesmo que o contrário lhes tenha sido ensinado.

Quando fui embora de Tougaloo, eu sabia que precisava me dedicar ao ensino, que o trabalho na biblioteca – na época eu era bibliotecária chefe na Town School – não era o suficiente. Ensinar tinha sido muito gratificante para mim. E eu tinha um status que nunca tinha conseguido antes com relação a trabalho. Mas quando

---

[13] Rosa Guy (1922-2012) nasceu em Trinidade e se mudou para os Estados Unidos em 1932. Viveu na região metropolitana de Nova York e escreveu diversos romances que vão de histórias policiais a narrativas inspiradas pela experiência de mulher negra imigrante. (N.T.)

[14] Não foram encontradas referências a uma escritora com esse nome. (N.T.)

fui para Tougaloo e dei aquela oficina, eu soube: não só que sim, sou mesmo uma poeta, como também que era a esse tipo de trabalho que eu ia me dedicar.

Escrevi praticamente todos os poemas de *Cables to Rage*[15] em Tougaloo. Fiquei lá por seis semanas. Voltei sabendo que meu relacionamento com Ed não era o bastante: ou o mudávamos ou terminávamos. Eu não sabia como terminar, porque nunca antes havia passado por um término. Mas eu tinha conhecido Frances em Tougaloo e sabia que ela seria uma presença constante na minha vida. Contudo, eu não sabia como íamos lidar com isso. Deixei um pedaço do meu coração em Tougaloo não só por causa da Frances, mas também pelo que os meus alunos tinham me ensinado.

E eu voltei, e meus alunos me ligaram para contar – todos eles também faziam parte do coral de Tougaloo – que estavam vindo a Nova York para cantar no Carnegie Hall com Duke Ellington, no dia 4 de abril. Fui lá assistir e fazer a cobertura da apresentação para o jornal *Clarion-Ledger*, de Jackson, e, enquanto estávamos lá, Martin Luther King foi assassinado.

Adrienne: Naquela noite?

Audre: Eu estava com o coral de Tougaloo no Carnegie Hall quando ele foi assassinado. Eles estavam cantando "What the World Needs Now is Love".[16] E eles interromperam a apresentação para nos dizer que Martin Luther King tinha sido assassinado.

Adrienne: O que as pessoas fizeram?

Audre: Duke Ellington começou a chorar. Honeywell, líder do coral, disse: "A única coisa que podemos fazer aqui é concluir a apresentação como forma de homenagem". E eles cantaram "What the World Needs Now is Love" mais uma vez. Os meninos choravam. A plateia chorava. E então o coral parou. Interromperam a apresentação e terminaram mais cedo. Mas eles cantaram aquela canção e ela

---

[15] *Cables to Rage* (Londres: Paul Breman, Heritage Series, 1970).

[16] Canção popular de 1965, composta por Hal David e Burt Bacharach, gravada originalmente por Jackie DeShannon. (N.T.)

continuou reverberando. Era mais que dor. O horror, a imensidão do que estava acontecendo. Não apenas a morte de King, mas o que ela representava. Sempre tive essa sensação de fim do mundo, e nesses dias ela foi muito mais intensa, a sensação de viver à beira do caos. Não só pessoalmente, mas num nível mundial. A sensação de que estávamos morrendo, de que estávamos matando o nosso mundo. Essa sensação sempre me acompanhou. E o que quer que eu fizesse, o que quer que nós fizéssemos de criativo e correto serviria para nos segurar diante do abismo. Isso era o máximo que podíamos fazer enquanto construíamos um futuro mais são. No entanto, corremos esse tipo de perigo. E ali estava a realidade, era fato. Alguns dos meus poemas – "Equinox"[17] é um deles – vêm daí. Eu soube então que tinha que largar a biblioteca. E foi também nessa época que Yolanda[18] entregou meu livro, *The First Cities*, para Mina Shaughnessy,[19] que foi sua professora, e acho que ela disse a Mina: "Por que você não a chama para dar aulas?" – porque a Yolanda é assim, você sabe.

Adrienne: E, também, Mina levaria isso em consideração.

Audre: Então Yolanda foi lá em casa e disse: "Ei, a diretora do Departamento de Inglês do SEEK[20] quer te conhecer. Talvez você consiga um trabalho lá". E eu pensei: tenho que encarar. Não era igual a voltar para o sul e tomar um tiro, mas Mina me dizer "Dê aulas" me parecia tão ameaçador quanto. O que senti na época foi: eu não sei

---

[17] Publicado pela primeira vez em *From a Land Where Other People Live* (Detroit: Broadside Press, 1973), e na coletânea *Chosen Poems: Old and New* (Nova York: W.W. Norton and Company, 1982), p. 39-40.

[18] Provavelmente a atriz Yolanda Rios, amiga de Lorde. (N.T.)

[19] Na época, Mina Shaughnessy (1924-1978) era diretora do Programa de Escrita Search for Education, Elevation, and Knowledge (SEEK), da City University of New York.

[20] SEEK é um curso de extensão, oferecido em paralelo com as cadeiras da graduação, com o objetivo de aprimorar as habilidades dos alunos e apresentar conteúdos aos quais eles não tiveram acesso antes de ingressarem na universidade. Vários escritores foram professores do SEEK durante os anos 1960 e o início dos 1970.

como vou fazer isso, mas essa é a minha linha de frente. E conversei com a Frances sobre isso, porque tivemos a experiência de Tougaloo, e eu disse: "Se eu pudesse ir para a guerra, se eu fosse capaz de pegar numa arma para defender as coisas em que acredito, tudo bem – mas o que eu vou fazer em uma sala de aula?". E Frances disse: "Você vai fazer o mesmo que fez em Tougaloo". E a primeira coisa que disse para os meus alunos do SEEK foi: "Eu também estou com medo".

Adrienne: Eu sei que entrei lá aterrorizada. Mas era um terror branco. Pensava: agora que você está se expondo, todo o seu racismo vai se revelar...

Audre: O meu era um terror Audre, um terror negro. Eu pensava: tenho uma responsabilidade perante esses alunos. Como é que vou falar com eles? Como vou dizer a eles o que quero deles – literalmente. Era esse o meu tipo de terror. Eu não sabia como abrir a boca e me fazer entender. E minha comadre, Yolanda, que também era aluna no SEEK, disse: "Acho que você tem que falar com eles do jeito que fala comigo, porque sou um deles, e, para mim, você se faz entender". Aprendi todo tipo de coisa em cada sala de aula. Em toda sala que eu entrava era como se estivesse fazendo aquilo pela primeira vez. Todo dia, toda semana. Mas isso era o mais estimulante.

Adrienne: Você dava o Inglês 1 – aquele curso dois em um em que o professor poderia ser um poeta, ensinar escrita criativa, e não ensinar gramática, e eles tinham professor de inglês para a gramática? Eu só conseguiria começar a lecionar desse jeito também.

Audre: Eu aprendi a ensinar gramática. E então entendi que não dá para separar as duas coisas. Precisamos delas juntas, porque são partes de um todo. Foi aí que aprendi o quão importante é a gramática, que parte do processo de compreensão é gramatical. Foi assim que me ensinei a escrever prosa. Eu continuava aprendendo e aprendendo. Entrava na sala de aula dizendo: "Adivinhem o que descobri ontem à noite? Tempos verbais são uma forma de organizar o caos em torno do tempo". Aprendi que a gramática não é arbitrária, que ela serve a um propósito, que ela ajuda a dar forma às nossas maneiras de pensar, que ela pode ser tão libertadora quanto restritiva. E senti novamente o que é aprender isso quando somos crianças, e por quê. É como dirigir um carro: depois que aprendemos, podemos pôr em prática ou não, mas não tem como saber o quanto um carro pode ser útil ou destrutivo até que você possa dominá-lo. É como o medo: uma vez que você se coloca em contato com ele, pode usá-lo ou rejeitá-lo. Eu dizia essas coisas em sala de aula e lidava com o que estava acontecendo entre Frances e eu, com o que estava acontecendo com aquele homem insano com quem eu vivia, que queria continuar fingindo que a vida podia ser vista de um jeito e vivida de outro. Tudo isso, cada pedacinho disso se afunilava naquela sala de aula. Meus filhos estavam aprendendo a ler na escola, o que também era importante, porque eu podia observar o processo deles. Depois, foi ainda mais pesado quando fui para a Lehman College[21] dar uma aula sobre racismo na educação; ensinar àqueles alunos brancos como era, as relações que havia entre a vida deles e a fúria...

Adrienne: Você deu um curso sobre racismo para alunos brancos na Lehman?

Audre: Eles inauguraram no Departamento de Educação um projeto para jovens brancos que estavam começando a dar aulas nas escolas de Nova York. A Lehman costumava ser 99% branca, e eram esses alunos, saídos do Departamento de Educação, que iam ensinar as crianças negras nas escolas públicas. O curso era chamado de "Raça e o Contexto Urbano". Eu tinha todos esses alunos brancos que queriam saber: "O que nós estamos fazendo de errado? Por que nossos alunos nos odeiam?". Eu não conseguia acreditar que eles não compreendessem os níveis mais básicos de interlocução. Eu dizia: "Quando uma criança branca diz '2 + 2 = 4', você diz 'Certo'. Na mesma aula, quando uma criança negra se levanta e diz '2 + 2 = 4', você lhe dá um tapinha nas costas e diz 'Isso! Maravilha!'. Mas qual é a mensagem que você está passando na verdade? Ou o que acontece quando você caminha pelas ruas até a escola? Quando você entra na

---

[21] A Lehman College é uma das faculdades da City University of New York, está localizada no Bronx. (N.E.)

sala de aula? Vamos fazer uma pequena encenação". E então vêm à tona todo o medo e toda a repulsa que aqueles estudantes brancos universitários sentem; algo que nunca tinha sido abordado.

Adrienne: Era uma maioria de mulheres, não? No Departamento de Educação?

Audre: Sim, a maioria era de mulheres, elas se sentiam como bodes expiatórios. Mas, depois de dois semestres, comecei a achar que uma pessoa branca é que tinha que fazer isso. Era custoso demais para mim emocionalmente. Eu não tinha mais que um ou dois estudantes negros nas minhas aulas. Um deles abandonou a turma dizendo que aquilo não era para ele; e eu pensei: espera um minuto, o racismo não desvirtua apenas as pessoas brancas – e nós? Quais os efeitos do racismo das pessoas brancas sobre a forma como as pessoas negras veem umas às outras? Racismo internalizado? E os professores negros que ensinam nas escolas de guetos? Vi que existiam problemas diferentes, mas igualmente graves, para um professor negro iniciante nas escolas de Nova York depois de uma educação racista, machista.

Adrienne: Você quer dizer em relação a expectativas?

Audre: Não apenas em relação a expectativas, mas também a autoimagem, a confusão de lealdades. Em relação a se identificar com o opressor. E eu pensava: quem vai começar a lidar com isso? O que fazer em relação a isso? Era aí que eu queria usar minhas energias. Enquanto isso, era 1969, e eu pensava: onde me encaixo nisso tudo? Havia duas alunas negras na sala, e eu tentava falar com elas sobre como nós, mulheres negras, precisávamos nos unir. As organizações negras nos *campi* estavam se mobilizando para as ações da primavera. E as mulheres diziam: "Você está louca, nossos homens precisam de nós". Era uma completa rejeição. "Não, não podemos nos unir enquanto mulheres. Somos pessoas negras." Mas eu tinha que continuar tentando estreitar nossos laços, porque eu sabia que, no minuto em que eu parasse de tentar arrumar essa merda, ela ia me sufocar. Então, a única esperança que eu tinha era trabalhar isso, tentar desemaranhar todos os nós. Meu amor pela Frances, pelo Ed, pelas crianças, ensinar aos estudantes negros, às mulheres.

Em 1969, aconteceu a ocupação negra e porto-riquenha na City College. Estudantes negros fora das salas de aula, nas barricadas. Yolanda e eu levávamos sabonetes e cobertores para eles e víamos mulheres negras sendo fodidas em cima de mesas ou debaixo de carteiras. E quando tentávamos falar com elas, tudo o que ouvíamos era: "A revolução é aqui, tá certo?". Ver como as mulheres negras estavam sendo usadas e abusadas – articular essas coisas – era doloroso. Eu disse: "Quero voltar a dar aulas para estudantes negros". Fui até a John Jay College e conversei com o reitor a respeito do curso sobre racismo e contexto urbano, e ele disse: "Venha dar essas aulas". Dei dois cursos, esse e outro que apresentei ao Departamento de Inglês, cuja abordagem era corrigir problemas de escrita através da escrita criativa. Era uma educação provocativa.

Adrienne: John Jay era basicamente uma academia de polícia, certo?

Audre: No início era uma faculdade para policiais, mas eu comecei lá em 1970, quando as matrículas sem restrições foram abertas. John Jay era então uma faculdade de graduação, com cursos de quatro anos, tanto para o público civil quanto para pessoas fardadas vindas da City. Não havia professores negros de inglês e de história. Grande parte dos nossos calouros era negra ou porto-riquenha. E minha conduta era bem inofensiva.

Adrienne: Fui testemunha do seu posicionamento na John Jay e não era inofensivo, mas isso foi um pouco mais tarde...

Audre: ...e, também, eu era uma mulher negra. Então cheguei e comecei esse curso, e era para valer. E as turmas eram bem cheias. Muitos policiais negros e brancos se inscreveram. E eu tinha pavor de armas, literalmente.

Adrienne: Eles iam armados?

Audre: Sim. E desde que abriram as matrículas e tornaram a faculdade acessível a todos que concluíssem o ensino médio, tínhamos policiais e jovens do bairro nas mesmas turmas. Em 1970, os Panteras Negras estavam sendo assassinados em Chicago. Aqui conviviam policiais negros e brancos, e jovens negros e brancos dos conjuntos habitacionais. A maioria das mulheres era jovem, negra, mulheres determinadas que ingressaram na universidade agora por não ter sido possível antes. Algumas foram alunas do SEEK, mas nem todas, e essa era a chance delas. Muitas delas eram mais velhas. Elas tinham a manha das ruas, mas tinham trabalhado muito pouco por si mesmas enquanto mulheres negras. Elas tinham trabalhado apenas em relação aos brancos, contra a branquitude. O inimigo estava sempre do lado de fora. Dei aquele curso como dei todos os outros, aprendendo conforme avançava, fazendo as perguntas difíceis, sem saber o que ia acontecer. Hoje gostaria de ter gravado um pouco daquilo. Por exemplo, o jovem policial branco na sala dizendo: "Sim, mas todo mundo precisa de alguém para tratar como inferior, não?". Nessa época eu tinha aprendido como falar. Não eram todas falas concisas ou refinadas, mas o que os alcançava era suficiente; e o processo deles se iniciava. Vim a entender que há um limite para o que você consegue fazer em um semestre. Existem pessoas que podem dar montes de informação, talvez, mas eu não era assim. O processo de aprendizagem é algo que você pode incitar, literalmente incitar, como uma revolta. E então, possivelmente, com sorte, esse processo chega em casa ou segue adiante.

Naquela época começou uma batalha pelo Departamento de Estudos Negros na John Jay. E, mais uma vez, vi usarem e abusarem das mulheres negras, das pessoas negras, vi como a universidade usava os Estudo Negros de maneira bastante cínica. Um ano depois, voltei para o Departamento de Inglês. Eu tinha feito vários inimigos. Uma das tentativas de me desacreditar entre os alunos negros foi dizer que sou lésbica. Naquela altura eu já me considerava fora do armário, mas nunca havia discutido minha poesia na John Jay, nem minha sexualidade. Eu sabia, como sempre soube, que o único jeito de impedir as pessoas de usarem quem você é contra você é ser honesta e se abrir primeiro, falar de si antes que falem de você. Nem era uma questão de coragem. Falar era um mecanismo de defesa para mim – como publicar "Love Poem" [22] na *Ms. Magazine*, em 1971, e trazer a página e pregá-la na parede do Departamento de Inglês.

---

[22] Nesse poema, Lorde narra uma relação sexual com outra mulher. (N.E.)

Adrienne: Eu me lembro de ouvir você ler "Love Poem" no Upper West Side, num café na Rua 72. Foi a primeira vez que a ouvi lendo esse poema. E pensei que já era a hora, o início dos anos 1970. Como provocação. Foi glorioso.

Audre: Era como eu estava me sentindo, num beco sem saída, porque, por pior que seja agora, a ideia de ser abertamente lésbica na comunidade negra – quer dizer, avançamos quilômetros em pouco tempo – era um horror. Meu editor me ligou e disse literalmente que não tinha entendido as palavras de "Love Poem". Ele disse: "Sobre o que é isso, afinal? Você é um cara aqui?". E ele era um poeta! Eu disse: "Não, sou uma mulher apaixonada".

Adrienne: Bem, não me diga que o seu editor nunca tinha ouvido falar de lésbicas.

Audre: Com certeza ele ouviu, mas a ideia de que eu escrevesse um poema...

Adrienne: ...de que um dos poetas da Broadside Series[23]...

Audre: Isso. E ele era um homem sensível. Era um poeta.

Adrienne: Mas ele publicou o seu trabalho.

Audre: Sim, publicou. Mas não publicou esse poema de primeira. Era para "Love Poem" estar em *From a Land Where Other People Live*.[24]

Adrienne: E ele não foi publicado nesse livro? Você tirou?

Audre: Sim, mas quando você me ouviu ler "Love Poem", eu já tinha colocado na minha cabeça que não ia mais me preocupar com quem sabia ou não que sempre amei mulheres. Uma coisa que sempre me fez seguir em frente – e não é coragem nem valentia, a menos que coragem ou valentia sejam feitas disso – é a percepção de que sou vulnerável de muitas maneiras, e não é algo que eu possa evitar; não me tornarei ainda mais vulnerável colocando as armas do silêncio nas mãos dos meus inimigos. Não é fácil ser uma lésbica assumida na comunidade negra, mas estar no armário é ainda mais difícil.

---

[23] Série da Broadside Press, editora dos Estados Unidos dedicada a publicar poetas negros. (N.E.)

[24] Livro de poemas de Lorde publicado pela Broadside Press em 1973. (N.E.)

Quando um povo compartilha uma mesma opressão, certas habilidades e defesas conjuntas são desenvolvidas. E se você sobrevive é porque essas habilidades e defesas funcionam. Quando surge um conflito por causa de outras diferenças existentes, há uma vulnerabilidade em cada um que é crítica e muito profunda. E é isso o que ocorre entre homens negros e mulheres negras, porque temos determinadas armas que aperfeiçoamos juntos, e que os homens brancos e as mulheres brancas não compartilham. Eu disse isso para uma pessoa, e ela me respondeu, com muita convicção, que o mesmo acontece na comunidade judaica entre os homens judeus e as mulheres judias. Acho que a opressão é diferente, mas o mesmo mecanismo de vulnerabilidade existe. Quando se compartilha uma opressão, acaba-se tendo acesso a mais armas para usar contra os seus, porque vocês as forjaram juntos, em segredo, contra um inimigo comum. É um temor do qual ainda não estou livre e do qual me lembro sempre que lido com outras mulheres negras: o medo da ex-camarada.

Adrienne: Em "A poesia não é um luxo", você escreveu: "Os patriarcas brancos nos disseram: 'Penso, logo existo'. A mãe negra dentro de cada uma de nós – a poeta – sussurra em nossos sonhos: 'Sinto, logo posso ser livre'".[25] Ouvi comentários de que você estava simplesmente reforçando o velho estereótipo do homem branco racional e da mulher negra emotiva. Eu acredito que você estava falando de algo bem diferente, mas você poderia falar um pouco sobre isso?
Audre: Já ouvi essa acusação de que eu estou contribuindo para o estereótipo, de que estou dizendo que os domínios da inteligência e da racionalidade pertencem ao homem branco. Entretanto, se você viaja por uma estrada que começa no nada e termina em lugar nenhum, a quem essa estrada pertence não quer dizer nada. Se não há terra de onde essa estrada parta, se não há um lugar para onde ela vá, geograficamente, nenhum objetivo, então a existência dessa estrada é totalmente sem propósito. Deixar a racionalidade para o homem

---

[25] Neste livro, p. 48.

branco é como deixar para ele um pedaço dessa estrada que vai de nada para lugar nenhum. Quando falo sobre a mãe negra dentro de cada uma de nós, a poeta, não me refiro às mães negras dentro de cada uma de nós que são chamadas de poetas, estou falando da mãe negra...

Adrienne: Quem é a poeta?

Audre: A mãe negra que é a poeta existe em todas nós. Agora, quando os homens ou pensadores patriarcais (que podem ser homens ou mulheres) rejeitam essa combinação, somos então mutiladas. A racionalidade não é desnecessária. Ela serve ao caos do conhecimento. Ela serve ao sentimento. Ela serve para ir deste para aquele lugar. Mas, se você não honrar esses lugares, essa estrada não tem propósito. É isso que acontece, com muita frequência, com o culto à racionalidade e àquele pensamento circular, acadêmico, analítico. Mas, no fim das contas, não vejo pensar/sentir como uma dicotomia. Vejo como uma escolha de caminhos e combinações.

Adrienne: O que fazemos constantemente. Não fazemos escolhas de forma definitiva. Precisamos fazê-las constantemente, dependendo de onde estamos, várias e várias vezes.

Audre: Mas acho mesmo que fomos ensinadas a pensar, a codificar informações, de um jeito antiquado, a aprender, a entender desse jeito. As formas possíveis do que nunca havia sido só existem naquele lugar profundo onde guardamos nossos anônimos e indomados anseios por algo diferente, para além do que agora é chamado possível, e para o qual apenas a nossa compreensão pode construir estradas. Mas fomos ensinadas a rejeitar essas nossas áreas férteis. Eu, pessoalmente, acredito que a mãe negra exista mais nas mulheres; ainda assim, é esse o nome de uma humanidade da qual os homens não estão excluídos. Mas eles adotaram uma postura contra essa parte deles, e é uma postura adotada mundialmente e ao longo da história. E já falei isso para você, Adrienne, sinto que estamos evoluindo. Como espécie...

Adrienne: Que as mulheres estão evoluindo...

Audre: Que a raça humana está evoluindo através das mulheres. Que não é por acaso que existem mais e mais mulheres – isso parece loucura, não parece? – nascendo, sobrevivendo... E temos que levar a sério essa promessa de um novo poder, ou vamos cometer os mesmos erros outra vez. A menos que aprendamos as lições na mãe negra dentro de cada uma de nós, sejamos negras ou não... Acredito que esse poder também exista nos homens, mas eles decidem não lidar com ele; o que é, como aprendi, direito deles. Espero que seja possível influenciar essa decisão, mas não sei. Eu não acredito que essa mudança – dessa etapa de enfrentamento de problemas para a etapa de experimentação da vida – se resolva em uma geração ou de uma única investida. Creio que seja necessário todo um arranjo que se tenta colocar em movimento e para o qual devemos dar nossa contribuição. Mas não estou dizendo que as mulheres não pensam nem analisam. Nem que os brancos não sentem. Estou dizendo que nunca devemos fechar os olhos para o terror, para o caos, que é negro e que é criativo e que é fêmea e que é obscuro e que é rejeitado e que é bagunçado e que é...

Adrienne: Sinistro...

Audre: Sinistro, malcheiroso, erótico, confuso, desconcertante...

Adrienne: Acho que temos que continuar usando e reforçando um vocabulário que tem sido utilizado de forma negativa e pejorativa. E suponho que seja essa a declaração que você fez naquele trecho, e que você faz repetidamente na sua poesia. E está longe de ser simplista como dizer "Negro é lindo".[26]

Audre: Não há nada de bonito numa máquina negra. Quando eu estava no ensino médio, Adrienne, a editora da revista da escola, tentando amenizar o fato de ter rejeitado um poema meu, me disse: "Afinal de contas, Audre, você não quer ser uma poeta sensualista".

Adrienne: Já me disseram que, enquanto poeta, você não deveria ter raiva, você não deveria usar o pessoal.

---

[26] "*Black is beautiful*" no original. Movimento cultural criado por pessoas afrodescendentes nos Estados Unidos, no início dos anos 1960, com a intenção de acabar com a ideia racista de que características físicas típicas de pessoas negras são inerentemente feias. (N.E.)

Audre: Depois que publiquei "Usos do erótico",[27] várias mulheres que leram o ensaio disseram que ele era antifeminista, que o uso do erótico como guia é...

Adrienne: Antifeminista?

Audre: ... é nos reduzir mais uma vez ao invisível, ao inutilizável. Que, naquele texto, eu nos levava de volta a um lugar de absoluta intuição, sem qualquer discernimento.

Adrienne: No entanto, naquele ensaio você fala de trabalho e de poder, sobre duas das coisas mais políticas que existem.

Audre: Sim, mas o que elas veem é... E eu abordo isso logo no início: tento dizer que o erótico foi usado contra nós, até mesmo a palavra, com tanta frequência, que fomos ensinadas a suspeitar daquilo que é mais profundo em nós, e é assim que aprendemos a depor contra nós mesmas, contra os nossos sentimentos. No que diz respeito a nossa vida e a nossa sobrevivência enquanto mulheres, podemos usar o nosso conhecimento do erótico de maneira criativa. Não é lançando mão de táticas policiais e técnicas opressoras que se faz as pessoas se manifestarem contra si mesmas. O que se faz é embutir isso nas pessoas, assim elas aprendem a desconfiar de tudo nelas que não tenha sido sancionado, a rejeitar, de início, aquilo de mais criativo que há nelas; e aí não é necessário reprimir. Uma mulher negra que desvaloriza o trabalho de outra mulher negra. As mulheres negras que compraram um pente alisador e colocaram no meu armário na biblioteca. Não eram nem homens negros; eram mulheres negras se manifestando contra nós mesmas. Essa rejeição do erótico por parte de algumas das nossas melhores mentes, nossas mulheres mais criativas e inteligentes, é muito preocupante e danosa. Porque não podemos combater o velho poder usando apenas as regras do velho poder. A única forma de fazer isso é criar toda uma outra estrutura que abarque todos os aspectos da nossa existência, ao mesmo tempo que resistimos.

---

[27] Neste livro, p. 69.

Adrienne: E assim como você estava falando sobre as disciplinas, Estudos Negros, Estudos das Mulheres, não é apenas uma questão de "permitirem" que nossa história ou literatura ou teoria sejam inseridas na velha estrutura de poder. Cada minuto de nossas vidas é relevante, desde os nossos sonhos, passando pela hora de levantar e escovar os dentes, e quando saímos para dar aula...

Audre: Na vida, são diferentes as opções para as mulheres negras e para as brancas; são distintas e específicas as armadilhas que nos cercam, por causa de nossas experiências, de nossa cor. Não só alguns dos problemas que enfrentamos são diferentes, como também não são as mesmas algumas das arapucas e das armas usadas para nos neutralizar.

Adrienne: Queria que pudéssemos explorar mais isso, entre mim e você, mas também em geral. Acho que é preciso falar mais sobre isso, escrever a respeito: as diferenças nas opções ou nas escolhas oferecidas às mulheres negras e às brancas. É perigoso ver isso como um tudo ou nada. Acho que é algo muito complexo. Para as mulheres brancas é constante a oferta de escolhas ou de uma ilusão de escolhas. Mas também há escolhas reais que são inegáveis. Nem sempre percebemos as diferenças entre as duas.

Audre: Adrienne, nos meus diários, registro várias conversas que tenho com você na minha cabeça. Converso com você e coloco no diário porque, de forma simbólica e estereotipada, esses diálogos acontecem entre uma mulher negra e uma branca, em um espaço que transcende Adrienne e Audre, quase como se fôssemos duas vozes.

Adrienne: Você se refere às conversas que você tem na sua cabeça e no seu diário, ou às conversas que nós temos neste mundo?

Audre: Às conversas que existem na minha cabeça e que eu coloco no diário. Esse trecho, eu acho, é um deles – sobre as diferentes armadilhas. Nunca esqueci a impaciência na sua voz naquela vez ao telefone, quando você disse: "Não basta que você me diga que intui as coisas". Você se lembra? Nunca esquecerei isso. Ao mesmo tempo que entendi o que você estava dizendo, senti um apagamento completo do meu método, da maneira como percebo e articulo as questões.

Adrienne: Sim, mas não é um apagamento do seu método. Porque não penso que meu método rejeite a intuição, entende? E uma das cruzes que carreguei por toda a vida foi ouvir que eu sou racional, lógica, fria – eu não sou fria, e não sou racional e lógica nesse sentido calculista. No entanto, existe um percurso no qual, tentando traduzir a sua experiência para a minha, eu preciso ouvir cada detalhe de tempos em tempos. Temo que tudo se dilua em: "Ah sim, eu entendo você". Você se lembra, aquela conversa pelo telefone tinha a ver com um ensaio que eu estava escrevendo sobre feminismo e racismo. Eu estava tentando dizer a você: não deixemos que isso evolua para "Você não me entende" ou "Não consigo entender você" ou "Sim, claro que nos entendemos porque nos amamos". Isso é bobagem. Então, se peço por uma espécie de relatório, é porque levo a sério os espaços que há entre nós e que foram criados pela diferença, pelo racismo. Há momentos em que simplesmente não posso presumir que sei o que você sabe, a menos que você me mostre do que está falando.

Audre: Mas estou acostumada a associar um pedido de relatório a um questionamento das minhas percepções, uma tentativa de desvalorizar o meu processo de descoberta.

Adrienne: Não é. É algo que me ajuda a perceber o que você percebe. É isso que estou tentando dizer a você.

Audre: Mas o relatório não ajuda na percepção. Na melhor das hipóteses, ele apenas auxilia na análise da percepção. Na pior, fornece uma perspectiva através da qual se evita o foco na revelação-chave, chegando à maneira como a sentimos. Mais uma vez, conhecimento e compreensão. Podem funcionar em harmonia, mas não substituem um ao outro. Mas não estou rejeitando a sua necessidade de um relatório.

Adrienne: E, de fato, sinto que você tem me fornecido isso; nos seus poemas sempre, e, mais recentemente, nessa longa obra em prosa que você está escrevendo.[28] E nas conversas que temos. Não sinto falta do relatório agora.

---

[28] *Zami: A new Spelling of My Name*, livro de memórias publicado originalmente pela Persephone Press em 1982 e relançado pela Crossing Press em 1983.

Audre: Não esqueça que sou bibliotecária. Eu me tornei bibliotecária porque realmente acreditava que ia adquirir as ferramentas necessárias para organizar e analisar informações. Eu não conseguiria saber de tudo no mundo, mas teria as ferramentas para me instruir. Só que a utilidade disso é limitada. Eu posso fazer um relatório do caminho para Abomé[29] para você e, de fato, pode ser que você não chegue lá sem essa informação. Respeito o que você diz. Mas uma vez que você consiga chegar lá, só você sabe por que e para que foi até lá, e enquanto procura talvez você encontre.

Então, em certos estágios, esse pedido de relatório é um antolho, um questionamento das minhas percepções. Alguém uma vez me disse que eu não havia relatado formalmente a deusa na África, o vínculo feminino que percorre todos os poemas de *The Black Unicorn*.[30] Eu tive que rir. Sou poeta, não historiadora. Compartilhei meu conhecimento, eu espero. Agora vá e faça o relatório você, se quiser.

Eu não sei você, Adrienne, mas tenho muita dificuldade de verbalizar minhas percepções, de explorar aquele local profundo, de dar forma àquele domínio, e, nesse ponto, o relatório muitas vezes é inútil. Percepções precedem a análise, assim como a visão precede a ação ou as realizações. É como começar um poema...

Essa é a única coisa com a qual tive que lutar a minha vida inteira: preservar minhas percepções de como as coisas são e, mais tarde, aprender, ao mesmo tempo, a aceitá-las e corrigi-las. E tive que fazer isso diante de uma tremenda oposição e de julgamentos cruéis. Passei muito tempo questionando minhas percepções e meu conhecimento interior, sem lidar com eles, tropeçando neles.

Adrienne: Bem, acho que existe outro elemento em tudo isso entre nós. Ele certamente estava presente naquela conversa ao telefone na qual pedi a você que me desse todos os detalhes. Eu tinha uma

---

[29] Cidade no Benim, era a capital do antigo Reino de Daomé (ver nota 8, p. 30). (N.E.)

[30] *The Black Unicorn* é um livro de poemas de Audre Lorde publicado pela W.W. Norton and Company (Nova York, 1978).

grande resistência a algumas das suas percepções. Algumas delas são muito dolorosas para mim. Percepções sobre o que acontece entre nós, o que acontece entre pessoas negras e brancas, o que se passa entre mulheres negras e brancas. Então, não é como se eu fosse capaz de aceitar as suas percepções sem pestanejar. Algumas delas são muito difíceis para mim. Mas não quero negá-las. Sei que não posso me dar ao luxo de fazer isso. Talvez eu precise fazer uma profunda reflexão e questionar: "Trata-se de algo que eu consiga usar? O que faço com isso?". Devo tentar me distanciar e não submergir nisso que você articula tão vigorosamente. Então, há uma parte de mim que deseja resistir completamente, uma parte que quer mergulhar de cabeça, e há um lugar intermediário em que me encontro e o qual preciso descobrir. O que eu não posso é apagar suas percepções ou fingir que as compreendo quando isso não é verdade. E então, se é uma questão de racismo – e não me refiro aqui apenas à violência explícita, mas também a todas as diferenças nas nossas formas de ver –, existe sempre a pergunta: "Que uso farei disso? O que farei a esse respeito?".

Audre: "Quanto dessa verdade eu suporto ver/ e ainda assim viver/ sem me vendar?/ Quanto dessa dor/ eu posso usar?".[31] O que nos impede de avançar é nossa incapacidade de fazer a pergunta crucial, nossa recusa em dar o passo essencial. Sabe aquele ensaio que escrevi para *The Black Scholar*?[32] O texto é útil, mas limitado, porque não me fiz uma pergunta essencial. E por não ter me feito essa pergunta, por não ter me tocado de que essa era uma questão, acabei desviando muita energia naquele texto. Li e reli várias vezes, pensando: não é bem por aí. Na ocasião, achei que estava me contendo porque seria algo totalmente inaceitável em *The Black Scholar*. Mas não era isso, na verdade. Estava me contendo porque eu não tinha

---

[31] "Need: A Choral of Black Women's Voices", publicado em *Chosen Poems*, p. 115. [No original: *"How much of this truth can I bear to see/ and still live/ unblinded?/ How much of this pain/ can I use?"*.]

[32] "Para começo de conversa: alguns apontamentos sobre as barreiras entre as mulheres e o amor", neste livro, p. 57.

me feito a seguinte pergunta: "Por que mulheres amarem mulheres é tão ameaçador para os homens negros, a menos que eles queiram assumir a posição do homem branco?". Era uma questão de quanto eu conseguiria suportar, e de não ter notado que era mais do que me considerava capaz na época. Também era uma questão de como eu poderia usar essa percepção para além de fúria ou destruição.

Adrienne: Por falar em fúria e destruição, o que você realmente quis dizer com os cinco primeiros versos de "Power"?[33]

Audre: "A diferença entre poesia/ e retórica/ é estar/ pronta para matar a si mesma/ em vez de seus filhos." O que eu estava sentindo? Eu estava muito envolvida com um caso...

Adrienne: O policial branco que atirou em uma criança negra e foi inocentado. Almoçamos juntas naquela época e você estava escrevendo esse poema, estava tomada por ele.

Audre: Eu estava dirigindo e ouvi no rádio a notícia de que o policial havia sido absolvido. Fiquei realmente enjoada de raiva. Decidi encostar o carro e rabiscar algumas coisas no meu caderno para poder atravessar a cidade sem causar um acidente, de tão enjoada e enfurecida que eu estava. E escrevi essas linhas – eu estava apenas escrevendo, e esse poema veio sem trabalho. Provavelmente foi por isso que falei com você sobre ele, porque eu não sentia que fosse um poema, na verdade. Passava pela minha cabeça que o assassino fora aluno na John Jay e que eu poderia tê-lo visto pelos corredores, que poderia vê-lo novamente. Qual seria uma punição justa? O que poderia ter sido feito? Havia uma mulher negra no júri. Podia ter sido eu. Agora estou aqui dando aulas na John Jay College. Eu o mato? Qual é de fato o meu papel? Eu a mataria – a mulher negra no júri – da mesma maneira? Que força teve ela, ou teria eu, no momento de tomar uma decisão...

Adrienne: Contra onze homens brancos...

---

[33] Publicado em *The Black Unicorn*, p. 108-110. [No original: "*The difference between poetry/ and rhetoric/ is being/ ready to kill yourself/ instead of your children*".]

Audre: ...aquele medo atávico de um poder articulado que não funciona de acordo com os seus critérios. Lá está o júri – o poder do homem branco, as estruturas do homem branco: como você se posiciona contra eles? Como alcançar o ponto em que é possível ameaçar uma desavença sem matar ou sem que a matem? Como lidar com suas crenças e vivê-las não como uma teoria, nem mesmo como uma emoção, mas bem ali na linha de ação, com resultados e mudanças? Tudo isso estava se insinuando naquele poema. Mas eu não tinha nenhuma noção, nenhum entendimento dessas conexões naquele momento, só sabia que eu era aquela mulher. E sabia que me colocar numa posição vulnerável para fazer o que tinha que ser feito, em todo lugar, a todo momento, era difícil demais, mas, ainda assim, absolutamente crucial; e não fazer isso seria a pior das mortes. Se expor é como matar uma parte de você, no sentido de que você tem que matar, derrubar, destruir algo familiar e confiável para que o novo possa surgir, em nós mesmas, no nosso mundo. E isso de escrever no limite, por urgência, não por escolha, mas por necessidade, esse senso de sobrevivência – é daí que o poema surge, assim como da dor causada repetidas vezes pela morte do meu filho espiritual. Vivenciar alguma parte do seu ideal a expõe a constantes ataques. Das carências, dos horrores, mas das maravilhas também, das possibilidades.

Adrienne: Eu ia dizer, fale desse outro lado.

Audre: Das maravilhas, maravilhas absolutas, possibilidades, como frequentes chuvas de meteoros, bombardeios, conexões constantes. E, então, tenta-se separar o que é útil para a sobrevivência daquilo que é distorcido, que é destrutivo para o eu.

Adrienne: Há muito com que isso – rejeitar distorções, conservar o que é útil – precisa ser feito. Mesmo no trabalho de pessoas que admiramos intensamente.

Audre: Sim, comprometer-se a estar aberta seletivamente. Tive que fazer isso pela minha sobrevivência física. Como viver com câncer sem sucumbir a ele das mais variadas maneiras? O que tenho que fazer? E ter de enfrentar isso sem que haja alguém que ao menos fale sobre as possibilidades. No hospital, eu ficava pensando: "Vamos ver, deve ter alguém em algum lugar, uma feminista lésbica e negra com câncer, como ela lidaria com isso?". Então me toquei: "Ei, querida, é você, por enquanto". Li um monte de livros e então me dei conta, ninguém pode me dizer como fazer isso. Eu tinha que escolher, ver o que parecia certo para mim. Determinação, poesia – bem, tudo isso é parte do trabalho.

Adrienne: Me lembrei de quando você tinha acabado de fazer a primeira biópsia, em 1977, e nós duas íamos falar em uma mesa-redonda em Chicago, sobre "A transformação do silêncio em linguagem e em ação".[34] E você disse que não ia para a Modern Language Association de jeito nenhum – lembra? Que você não tinha condições, que você não precisava fazer aquilo, que ir lá falar não era nada importante para você. Mas o fato é que você foi e disse o que disse, e você fez isso por você, mas não só.

Audre: Você me disse: "Por que não conta para elas sobre o que você acabou de encarar?". E comecei a responder: "Isso não tem nada a ver com essa mesa". E enquanto dizia isso, senti as palavras "Silêncio", "Transformação". Eu não tinha falado sobre essa experiência... Isso é silêncio... Será que consigo transformar isso? Existe alguma conexão? Acima de tudo, como eu compartilho isso? E foi assim que o artigo foi se tornando claro no papel, como se as conexões se tornassem claras conforme eu as escrevia. Aquele artigo e "A Litany for survival"[35] surgiram na mesma época. Tive a sensação, provavelmente uma consciência corporal, de que a vida nunca mais seria a mesma. Se não agora, eventualmente, e isso era algo que eu teria que encarar. Se não por causa do câncer, então de alguma outra forma; eu teria que analisar as condições, os significados e as razões da minha sobrevivência – e encarar essa mudança. Muito do meu trabalho eu fiz antes de saber conscientemente que tinha câncer. Questões sobre a morte e sobre estar à beira da morte, lidar com poder e força, a ideia de "Pelo quê estou pagando?" sobre a qual escrevi naquele

---

[34] Neste livro, p. 51.

[35] Ensaio publicado em *The Black Unicorn*, p. 31.

artigo – tudo isso foi essencial para mim um ano depois. "Usos do erótico"[36] foi escrito quatro semanas antes de eu descobrir que tinha câncer de mama, em 1978.

Adrienne: Mais uma vez, é como você disse antes, sobre criar os poemas que não existiam, que você precisava que existissem.

Audre: A existência daquele artigo permitiu que eu me reerguesse e fosse para Houston e para a Califórnia; permitiu que eu voltasse a trabalhar. Não sei quando eu teria sido capaz de escrever novamente se não fosse por aquelas palavras. Percebe que demos uma volta completa? Porque é aqui que conhecimento e compreensão se entrelaçam. O que a compreensão começa a fazer é tornar o conhecimento disponível para o uso, e essa é a urgência, esse é o impulso, esse é o estímulo. Não sei como escrevi o longo texto em prosa que acabei de terminar; mas eu sabia que precisava fazer isso.

Adrienne: Você precisava compreender o que sabia e também colocar esse saber à disposição dos outros.

Audre: Isso. Um processo agora inseparável. Mas, para mim, eu tinha que saber que eu já sabia disso antes – tinha que sentir.

---

[36] Neste livro, p. 67.

AS FERRAMENTAS DO SENHOR NUNCA DERRUBARÃO A CASA-GRANDE[1]

ACEITEI PARTICIPAR DE uma conferência do Instituto de Humanidades da Universidade de Nova York há um ano, entendendo que eu comentaria artigos que tratavam do papel da diferença na vida das mulheres americanas: diferenças de raça, sexualidade, classe e idade. A ausência dessas considerações enfraquece qualquer debate feminista sobre o pessoal e o político.

É uma arrogância particularmente acadêmica iniciar qualquer discussão sobre teoria feminista sem examinar nossas muitas diferenças, sem uma contribuição significativa de mulheres pobres, de mulheres negras e do Terceiro Mundo, e de lésbicas. E, ainda assim, aqui estou, uma lésbica negra e feminista, convidada a falar na única mesa-redonda nesta conferência em que as questões das mulheres negras e lésbicas estão representadas. É lamentável o que isso diz sobre a visão dessa conferência, num país onde o racismo, o machismo e a homofobia são inseparáveis. Ler essa programação é presumir que lésbicas e negras nada têm a dizer sobre o existencialismo, o erótico, a cultura e o silêncio das mulheres, sobre o desenvolvimento da teoria feminista ou sobre heterossexualidade e poder. E o que isso significa

---

[1] Fala na mesa-redonda "The Personal and the Political", na Second Sex Conference, realizada em Nova York, em 29 de setembro de 1979.

em termos pessoais e políticos, quando as duas únicas mulheres negras que se apresentaram aqui foram literalmente encontradas de última hora? O que isso significa, quando as ferramentas de um patriarcado racista são usadas para examinar os frutos desse mesmo patriarcado? Significa que há limites restritos para as mudanças possíveis e admissíveis.

A falta de qualquer consideração sobre a consciência lésbica ou a consciência das mulheres do Terceiro Mundo cria uma séria lacuna nesta conferência e nos artigos apresentados nela. Em um artigo sobre relações materiais entre mulheres, por exemplo, ficou claro para mim um modelo dicotômico de cuidado que despreza completamente o meu conhecimento enquanto uma lésbica negra. Nesse artigo não havia uma análise do mutualismo entre as mulheres, nenhum sistema de apoio compartilhado, nenhuma interdependência como a existente entre as lésbicas e as mulheres-que-se-identificam-com-mulheres. No entanto, é apenas no modelo patriarcal de cuidado que as mulheres "que tentam se emancipar pagam um preço talvez alto demais pelas consequências", como afirma o artigo.

Para as mulheres, a necessidade e o desejo de cuidarem umas das outras não são patológicos, mas redentores, e é nesse saber que o nosso verdadeiro poder é redescoberto. É essa conexão real que é tão temida pelo mundo patriarcal. Somente em uma estrutura patriarcal é que a maternidade é o único poder social disponível para as mulheres.

A interdependência entre mulheres é o caminho para uma liberdade que permita que o *Eu seja*, não para ser usado, mas para ser criativo. Essa é a diferença entre um *estar* passivo e um *ser* ativo.

Defender a mera tolerância das diferenças entre mulheres é o mais grosseiro dos reformismos. É uma negação total da função criativa da diferença em nossas vidas. A diferença não deve ser apenas tolerada, mas vista como uma reserva de polaridades necessárias, entre as quais a nossa criatividade pode irradiar como uma dialética. Só então a necessidade de interdependência deixa de ser ameaçadora. Apenas dentro dessa estrutura de interdependência de diferentes forças, reconhecidas e em pé de igualdade, é que o poder para buscar novas formas de ser no mundo pode ser gerado, assim como a coragem e o sustento para agir onde ainda não se tem acesso.

É na interdependência de diferenças mútuas (não dominantes) que se encontra a segurança que nos permite submergir no caos do conhecimento e retornar com as verdadeiras visões do nosso futuro, acompanhadas pelo poder simultâneo de realizar as mudanças capazes de fazer nascer esse futuro. As diferenças são a bruta e poderosa conexão da qual o nosso poder pessoal é forjado.

Como mulheres, fomos ensinadas a ignorar nossas diferenças, ou a vê-las como causas de desunião e desconfiança, em vez de encará-las como potenciais de mudança. Sem comunidade não há libertação, apenas o mais vulnerável e temporário armistício entre uma mulher e sua opressão. No entanto, comunidade não deve implicar um descarte de nossas diferenças, nem o faz de conta patético de que essas diferenças não existem.

Aquelas entre nós que estão fora do círculo do que a sociedade julga como mulheres aceitáveis; aquelas de nós forjadas nos cadinhos da diferença – aquelas de nós que são pobres, que são lésbicas, que são negras, que são mais velhas – sabem que *a sobrevivência não é uma habilidade acadêmica*. É aprender a estar só, a ser impopular e às vezes hostilizada, e a unir forças com outras que também se identifiquem como estando de fora das estruturas vigentes para definir e buscar um mundo em que todas possamos florescer. *Pois as ferramentas do senhor nunca derrubarão a casa-grande*. Elas podem possibilitar que os vençamos em seu próprio jogo durante certo tempo, mas nunca permitirão que provoquemos uma mudança autêntica. E isso só é ameaçador para aquelas mulheres que ainda consideram a casa-grande como sua única fonte de apoio.

Mulheres pobres e mulheres de cor sabem que existe uma diferença entre as manifestações diárias da escravidão matrimonial e a prostituição, porque são as nossas filhas que ocupam as calçadas da

Rua 42.² Se não é necessário que a teoria feminista branca americana lide com as diferenças entre nós, nem com as consequências dessas diferenças nas nossas opressões, então como vocês lidam com o fato de que as mulheres que limpam suas casas e cuidam dos seus filhos enquanto vocês vão a conferências sobre teoria feminista são, em sua maioria, mulheres pobres e de cor? Qual é a teoria por trás do feminismo racista?

Em um mundo de possibilidades para todas nós, nossas visões pessoais ajudam a estabelecer as bases para a ação política. A incapacidade das feministas acadêmicas de reconhecer a diferença como uma força crucial é uma incapacidade de ultrapassar a primeira lição patriarcal. Em nosso mundo, dividir e conquistar deve se transformar em definir e empoderar.

Por que não foram encontradas outras mulheres de cor para participar desta conferência? Por que os dois telefonemas feitos para mim foram considerados uma consultoria? Será que sou a única fonte disponível de nomes de feministas negras? E ainda que o texto da conferencista negra se encerre com uma poderosa e importante articulação de amor entre mulheres, como fica a cooperação interracial entre feministas que não se amam?

Nos círculos do feminismo acadêmico, a resposta a essas perguntas com frequência é: "Não sabíamos a quem recorrer". Entretanto, esse é o mesmo subterfúgio, a mesma desculpa esfarrapada que mantém a arte de mulheres negras fora das exposições de mulheres, o trabalho de mulheres negras fora da maioria das publicações feministas, exceto na ocasional "Edição Especial Mulheres do Terceiro Mundo", e os textos de mulheres negras fora das suas recomendações de leituras. Mas é como Adrienne Rich destacou em uma fala recente: feministas brancas se educaram a respeito de uma quantidade enorme de coisas nos últimos dez anos, como é possível não terem se educado sobre as mulheres negras e as diferenças entre nós – brancas

---

² Rua de Manhattan, Nova York, na região da Broadway. Foi, durante alguns anos, um local de prostituição e uso de drogas. (N.E.)

e negras – quando isso é fundamental para a nossa sobrevivência enquanto movimento?

As mulheres de hoje ainda estão sendo convocadas para se desdobrarem sobre o abismo da ignorância masculina e educarem os homens a respeito da nossa existência e das nossas necessidades. Essa é uma das mais antigas e primárias ferramentas usadas pelos opressores para manter o oprimido ocupado com as responsabilidades do senhor. Agora ouvimos que é tarefa das mulheres de cor educar as mulheres brancas – diante de uma imensa resistência – a respeito de nossa existência, nossas diferenças, nossos papéis no que diz respeito à nossa sobrevivência conjunta. Isso é uma dispersão de energias e uma trágica repetição do pensamento patriarcal racista.

Simone de Beauvoir uma vez disse: "É do conhecimento das condições autênticas de nossa vida que devemos extrair a força para vivermos e as razões para agirmos".[3]

O Racismo e a homofobia são condições reais de todas as nossas vidas aqui e agora. *Rogo a cada uma de nós aqui que mergulhe naquele lugar profundo de conhecimento que há dentro de si e chegue até o terror e a aversão a qualquer diferença que ali habite. Veja que rosto têm.* Só aí o pessoal como algo político pode começar a iluminar todas as nossas escolhas.

---

[3] Em francês: *"C'est dans la connaissance des conditions authentiques de notre vie qu'il nous faut puiser la force de vivre et des raisons d'agir"*. Trecho do livro *The Ethics of Ambiguity*, de 1947. (N.E.)

IDADE, RAÇA, CLASSE E SEXO: AS MULHERES REDEFINEM A DIFERENÇA[1]

GRANDE PARTE DA história ocidental europeia nos condiciona a ver as diferenças humanas como oposições simplistas: dominante/subordinado, bom/mau, em cima/embaixo, superior/inferior. Em uma sociedade em que o bom é definido em relação ao lucro, e não a necessidades humanas, deve sempre existir um grupo de pessoas que, mediante a opressão sistemática, pode ser levado a se sentir dispensável, ocupando o lugar do inferior desumanizado. Nessa sociedade, esse grupo é formado por pessoas negras e do Terceiro Mundo, pela classe trabalhadora, pelos idosos e pelas mulheres.

Como uma lésbica negra, feminista e socialista de 49 anos, mãe de dois, incluindo um menino, e integrante de um casal interracial, eu geralmente me percebo como parte de algum grupo definido como outro, desviante, inferior ou simplesmente errado. É tradição, na sociedade americana, esperar que os membros dos grupos oprimidos e objetificados se desdobrem para superar a distância entre as realidades da nossa vida e a consciência do nosso opressor. Para alguns de nós, a opressão é tão tipicamente americana quanto uma torta de maçã, e, para sobreviver, sempre tivemos de estar vigilantes, de nos

---

[1] Artigo apresentado no Copeland Colloquium, na Amherst College, em abril de 1980.

familiarizar com a linguagem e os modos do opressor, até mesmo adotando-os em certos momentos em nome de alguma ilusão de proteção. Sempre que a necessidade de uma suposta comunicação surge, os que lucram com a nossa opressão nos convidam a dividir com eles o nosso conhecimento. Em outras palavras, é responsabilidade do oprimido educar os opressores sobre seus erros. Eu sou responsável por educar os professores que ignoram a cultura dos meus filhos na escola. Espera-se que os negros e as pessoas do Terceiro Mundo eduquem as pessoas brancas quanto à nossa humanidade. Espera-se que as mulheres eduquem os homens. Espera-se que lésbicas e gays eduquem o mundo heterossexual. Os opressores mantêm sua posição e se esquivam da responsabilidade pelos seus atos. Há um constante dispêndio de energia, que poderia ser mais bem empregada numa redefinição de nós mesmos e na elaboração de roteiros realistas para alterar o presente e construir o futuro.

A rejeição institucionalizada da diferença é uma necessidade absoluta numa economia centrada no lucro que precisa de *outsiders* ocupando o papel de pessoas descartáveis. Como integrantes de tal economia, *todos* fomos programados para responder às diferenças humanas que há entre nós com medo e aversão, e a lidar com elas de três maneiras: ignorar e, se não for possível, copiar quando a consideramos dominante ou destruir quando a consideramos subalterna. Mas não temos critérios para tratar as diferenças humanas em pé de igualdade. Como consequência, elas têm sido confundidas ou utilizadas de maneira equivocada, a serviço da separação e da confusão.

Certamente existem diferenças muito reais entre nós, com relação a raça, idade e sexo. No entanto, não são essas diferenças que estão nos separando. É, antes, nossa recusa em reconhecê-las e analisar as distorções que resultam de as confundirmos e os efeitos dessas distorções sobre comportamentos e expectativas humanas.

Racismo, a crença na superioridade inerente a uma raça sobre todas as outras, e portanto o direito à dominância. Machismo, a crença na superioridade inerente a um sexo sobre o outro, e portanto a dominância. Etarismo. Heterossexismo. Elitismo. Classismo.

É, para cada uma de nós, a empreitada de uma vida inteira extrair essas distorções da nossa existência ao mesmo tempo que reconhecemos, reivindicamos e definimos as diferenças sobre as quais elas são impostas. Pois todas fomos criadas em uma sociedade na qual essas distorções eram endêmicas em nossa vida. Com muita frequência, desperdiçamos a energia necessária para reconhecer e explorar diferenças fazendo de conta que são barreiras intransponíveis, ou que nem ao menos existem. O resultado disso é um isolamento voluntário ou conexões artificiais, traiçoeiras. De qualquer forma, não desenvolvemos ferramentas para usar a diferença humana como um trampolim que nos impulsione para a mudança criativa em nossa vida. Não falamos de diferenças humanas, mas de humanos desviantes.

Em algum lugar, no limite da consciência, existe o que eu chamo de *norma mítica*, que todas sabemos em nosso coração que "não somos nós". Nos Estados Unidos, essa norma geralmente é definida como branco, magro, homem, jovem, heterossexual, cristão e financeiramente estável. É nessa norma mítica que residem as armadilhas do poder nessa sociedade. Aquelas de nós que estamos à margem desse poder frequentemente identificamos algo pelo qual somos diferentes e consideramos que essa seja a causa primária de toda opressão, esquecendo outras distorções que envolvem a diferença, as quais nós mesmas podemos estar reproduzindo. De modo geral, no atual movimento das mulheres,[2] as mulheres brancas se concentram na opressão que sofrem por serem mulheres e ignoram as diferenças de raça, orientação sexual, classe e idade. Há uma suposta homogeneidade de experiência coberta pela palavra "sororidade" que, de fato, não existe.

Diferenças de classe não reconhecidas furtam das mulheres o contato com a energia e a visão criativa umas das outras.

---

[2] Algumas autoras negras se dizem feministas, mas evitam o termo "movimento feminista" por causa do apagamento de lésbicas e mulheres negras nos anos 1960. Algumas usam "mulherismo" ou "movimento das mulheres". (N.T.)

Recentemente, uma revista de um coletivo de mulheres tomou a decisão de publicar um número com apenas textos em prosa, alegando que a poesia era uma forma de arte menos "rigorosa" ou "séria". Até mesmo a forma que a nossa criatividade assume é, frequentemente, uma questão de classe. De todas as formas de arte, a poesia é a mais econômica. É a mais secreta, a que exige menos esforço físico, menos material, e a que pode ser feita nos intervalos entre turnos, na despensa do hospital, no metrô, em sobras de papel. Ao longo dos últimos anos, escrevendo um romance[3] e com as finanças apertadas, passei a valorizar a imensa diferença entre as demandas materiais para a poesia e para a prosa. Ao reivindicar a nossa literatura, a poesia tem sido a principal voz dos pobres, da classe trabalhadora e das mulheres de cor. Ter um quarto todo seu[4] pode ser uma necessidade para escrever prosa, mas também são as resmas de papel, uma máquina de escrever e tempo de sobra. Os reais requisitos para se produzir artes visuais também ajudam a determinar, entre as classes sociais, a quem pertence aquela arte. Nestes tempos de custos elevados do material, quem são nossas escultoras, nossas pintoras, nossas fotógrafas? Quando falamos de uma cultura de mulheres mais abrangente, precisamos estar cientes dos efeitos das diferenças econômicas e de classe nos recursos disponíveis para produzir arte.

Conforme agimos para criar uma sociedade na qual todas possamos florescer, o etarismo é outra distorção de relacionamento que interfere sem que nos demos conta. Ao ignorar o passado, somos incentivadas a repetir seus erros. O "conflito de gerações" é uma ferramenta social importante de qualquer sociedade repressora. Se os membros mais jovens de uma comunidade veem os mais velhos como desprezíveis ou suspeitos ou dispensáveis, eles nunca poderão

---

[3] Provavelmente *Zami: A New Spelling of My Name*, livro que Lorde chama de "biomitografia", um misto de história, biografia e mitologia. (N.T.)

[4] Referência a "Um quarto todo seu", ensaio de Virginia Woolf, publicado em 1929, em que a autora argumenta que, para escrever ficção, as mulheres precisam de dinheiro e de um espaço (tanto literal quanto metafórico). (N.E.)

dar as mãos e examinar a memória viva da comunidade, nem fazer a pergunta mais importante: "Por quê?". Isso provoca uma amnésia histórica que nos mantém trabalhando na invenção da roda toda vez que precisamos ir ao mercado comprar pão.

Nós nos pegamos tendo de repetir e reaprender as mesmas velhas lições várias e várias vezes, as mesmas pelas quais nossas mães passaram, porque não transmitimos o que aprendemos ou por sermos incapazes de ouvir. Por exemplo, quantas vezes tudo isso foi dito antes? E ainda, quem teria acreditado que, mais uma vez, nossas filhas estariam aceitando as restrições e o flagelo de cintas, saltos altos e saias-lápis em seu corpo?

Ignorar as diferenças de raça entre as mulheres, e as implicações dessas diferenças, representa uma seríssima ameaça à mobilização do poder coletivo das mulheres.

Quando as mulheres brancas ignoram os privilégios inerentes à sua branquitude e definem *mulher* apenas de acordo com suas experiências, as mulheres de cor se tornam "outras", *outsiders* cujas experiência e tradição são "alheias" demais para serem compreendidas. Um exemplo disso é a marcante ausência de experiências de mulheres de cor no material das disciplinas de estudos das mulheres. A literatura de mulheres de cor raramente é incluída nos conteúdos de literatura de mulheres, e quase nunca em outras disciplinas de literatura, nem nos estudos das mulheres como um todo. Com demasiada frequência, a desculpa dada é que as literaturas das mulheres de cor só podem ser ensinadas por mulheres de cor, ou que elas são muito difíceis de entender, ou que as turmas não conseguem "se envolver" porque vêm de experiências que são "diferentes demais". Tenho visto esse argumento ser usado por mulheres brancas extremamente inteligentes, mulheres que não parecem ter problema nenhum para ensinar e analisar obras que vêm das experiências amplamente diferentes de Shakespeare, Molière, Dostoiévski e Aristófanes. Certamente deve haver outra explicação.

Essa é uma questão muito complexa, mas acredito que uma das razões de as mulheres brancas terem tanta dificuldade na leitura das obras de mulheres negras é sua relutância em verem mulheres negras como mulheres e, ainda assim, diferentes delas. Estudar a literatura de mulheres negras exige efetivamente que sejamos vistas como pessoas inteiras em nossas complexidades reais – como indivíduos, como mulheres, como humanas –, em vez de como um daqueles problemáticos, ainda que familiares, estereótipos estabelecidos pela sociedade no lugar de imagens autênticas de mulheres negras. E acredito que isso também valha para literaturas de outras mulheres de cor que não negras.

As literaturas de todas as mulheres de cor recriam as tessituras de nossas vidas, e muitas mulheres brancas estão empenhadas em ignorar as reais diferenças. Enquanto qualquer diferença entre nós significar que uma de nós deve ser inferior, o reconhecimento de todas as diferenças será carregado de culpa. Permitir que mulheres de cor abandonem os estereótipos provoca muita culpa, pois ameaça a complacência daquelas mulheres que veem a opressão como uma questão de sexo apenas.

A recusa em reconhecer a diferença torna impossível enxergar os diversos problemas e armadilhas que encaramos enquanto mulheres.

Portanto, no sistema de poder patriarcal em que o privilégio da pele branca é um dos principais pilares, as arapucas usadas para neutralizar as mulheres negras e as brancas não são as mesmas. Por exemplo, é fácil para as mulheres negras serem usadas pelo grupo dominante contra os homens negros, não por eles serem homens, mas por eles serem negros. É por isso que mulheres negras precisam, o tempo todo, distinguir as necessidades do opressor dos conflitos legítimos no interior da nossa comunidade. Para as mulheres brancas, esse problema não existe. Mulheres negras e homens negros compartilharam, e ainda compartilham, a opressão racista, ainda que de formas diferentes. A partir dessa opressão compartilhada, desenvolvemos defesas e vulnerabilidades conjuntas que não são replicadas na comunidade branca, exceto nas relações entre judias e judeus.

Por outro lado, mulheres brancas encaram a armadilha de serem seduzidas a se unir ao opressor sob o pretexto de compartilharem o poder. Essa possibilidade não existe nos mesmos moldes para as mulheres de cor. O tokenismo[5] que às vezes nos é estendido não é um convite para nos unirmos ao poder; nossa "outridade" racial é uma realidade visível que deixa isso bem claro. Para mulheres brancas, existe uma ampla gama de pretensas escolhas e recompensas em troca de se identificarem com o poder patriarcal e suas ferramentas.

Hoje, com a derrota da Emenda dos Direitos Iguais,[6] o estreitamento da economia e o aumento do conservadorismo, mais uma vez é mais fácil para as mulheres brancas acreditar na fantasia perigosa de que, se você for boa o suficiente, bonita o suficiente, doce o suficiente, quieta o suficiente, ensinar as crianças a se comportarem, odiar as pessoas certas, casar com os homens certos, você terá a permissão de coexistir com o patriarcado em relativa paz, pelo menos até que um homem precise do seu emprego ou o estuprador da vizinhança cruze o seu caminho. E é verdade: a menos que alguém viva e ame dentro das trincheiras, é difícil se lembrar que a guerra contra a desumanização é interminável.

Mas as mulheres negras e seus filhos sabem que o tecido de nossas vidas é costurado com violência e ódio, e por isso não há descanso. Não lidamos com isso apenas nas manifestações, ou nos becos escuros à meia noite, ou nos lugares onde ousamos verbalizar nossa resistência.

---

[5] "Tokenismo" vem do inglês "*token*" (símbolo) e se refere à prática de fazer algumas concessões a indivíduos de uma minoria para evitar acusações de preconceito e desigualdade. Mulheres negras que ascendem socialmente e não reconhecem o racismo estrutural podem ser consideradas *tokens* porque suas condições/méritos são usados como exemplo para negar os efeitos do racismo na vida de mulheres negras como grupo. (N.T.)

[6] A Emenda dos Direitos Iguais (ERA, na sigla em inglês) era uma alteração na Constituição Federal dos Estados Unidos que deixava claro que nenhum cidadão teria seus direitos restringidos em função de seu sexo. A emenda foi apresentada pela primeira vez no Congresso em 1923 pelo National Women's Party e foi retomada nos anos 1960. Para ser ratificada, era preciso ser aprovada no Congresso e no Senado, e depois pela maioria dos estados. A emenda não conseguiu o apoio mínimo de 38 entre os 50 estados em 1973. (N.T.)

Para nós, cada vez mais, a violência se entrelaça no tecido diário de nossas vidas – no supermercado, na sala de aula, no elevador, no consultório médico e no pátio da escola, vem do encanador, do padeiro, da vendedora, do motorista do ônibus, do caixa do banco, da garçonete que não nos serve.

Como mulheres, compartilhamos alguns problemas; outros, não. Vocês temem que seus filhos cresçam, se unam ao patriarcado e deponham contra vocês; nós tememos que nossos filhos sejam arrancados de dentro de um carro e sejam alvejados no meio da rua, e vocês darão as costas para os motivos pelos quais eles estão morrendo.

A ameaça da diferença tem provocado cegueira também entre as pessoas de cor. Nós, negros, temos que enxergar que a realidade de nossas vidas e nossas lutas não nos torna imunes ao erro de ignorar as diferenças e confundi-las. Nas comunidades negras onde o racismo é uma realidade viva, as diferenças entre nós geralmente são vistas como perigosas e suspeitas. A necessidade de união geralmente é confundida com uma necessidade de homogeneidade, e uma perspectiva feminista negra é tida como uma traição dos nossos interesses comuns como povo. Por causa da batalha contínua contra o pagamento racial que mulheres e homens negros compartilham, algumas mulheres negras ainda se recusam a reconhecer que nós também somos oprimidas por sermos mulheres, que essa hostilidade sexual contra as mulheres negras não é praticada apenas pela sociedade branca racista, mas está instaurada também dentro das nossas comunidades. É uma doença que pulsa no coração da nação negra, e o silêncio não a fará desaparecer. Exacerbada pelo racismo e pelas frustrações da falta de poder, a violência contra mulheres e crianças se torna, com frequência, um padrão nas nossas comunidades, padrão pelo qual a masculinidade pode ser medida. No entanto, esses atos de ódio contra mulheres raramente são debatidos como sendo crimes contra mulheres negras.

As mulheres de cor são o grupo que recebe os menores salários nos Estados Unidos. Somos o principal alvo dos abusos relacionados a abortos e esterilizações, aqui e no exterior. Em certas partes da África, meninas pequenas ainda são costuradas entre as pernas para que se mantenham dóceis e intactas para o prazer masculino. Isso é conhecido como circuncisão feminina,[7] e não é uma questão cultural como o falecido Jomo Kenyatta[8] insistia: é um crime contra mulheres negras.

A literatura das mulheres negras está cheia da dor dos constantes ataques não apenas do patriarcado racista, mas também dos homens negros. Ainda assim, a história e a necessidade de compartilhar a luta nos tornou, as mulheres negras, particularmente vulneráveis à falsa acusação de que ser contra o machismo é ser contra a negritude. Enquanto isso, o ódio contra mulheres como um recurso dos que não têm poder está minando as forças das comunidades negras, assim como nossas próprias vidas. O estupro está aumentando, denunciado ou não; e o estupro não é uma forma agressiva de sexualidade, mas uma agressão sexualizada. Como Kalamu ya Salaam, escritor negro, destacou: "Enquanto a dominação masculina existir, o estupro vai existir. Somente com a revolta das mulheres e com a conscientização dos homens sobre a sua responsabilidade de lutar contra o machismo nós podemos, coletivamente, parar o estupro".[9]

As diferenças existentes entre mulheres negras também são deturpadas usadas para nos separar uma das outras. Como uma lésbica negra e feminista que se sente confortável com os vários ingredientes diferentes da minha identidade, e como uma mulher comprometida

---

[7] Também conhecida como Mutilação Genital Feminina (MGF), é a remoção deliberada da parte externa do clitóris e o corte dos lábios. A prática se concentra em países da África e do Oriente Médio, mas também ocorre em regiões da Ásia e da América Latina. (N.T.)

[8] Jomo Kenyatta (1894-1978) foi um ativista anti-imperialista e político nacionalista do Quênia. Foi primeiro-ministro (1963-1964) e eleito como o primeiro presidente do país (1964-1978) após a independência do império britânico. (N.T.)

[9] Em "Rape: A Radical Analysis, An African-American Perspective", de Kalamu ya Salaam em *Black Books Bulletin*, vol. 6, n. 4 (1980).

com a liberdade em relação à opressão racial e sexual, eu me vejo constantemente estimulada a destacar algum dos aspectos de quem sou e apresentá-lo como um todo significativo, eclipsando ou negando as outras partes do meu ser. Mas essa é uma maneira fragmentária e destrutiva de viver. Minha concentração máxima de energia fica disponível para mim apenas quando agrego todas as partes de quem sou, abertamente, permitindo que o poder de determinadas fontes da minha existência flua, indo e vindo livremente por todos os meus diferentes eus, sem as restrições de uma definição imposta de fora. Só então posso unir a mim e a minhas energias num todo a serviço das lutas que abraço como parte da minha vida.

O medo que sentem das lésbicas, ou de serem tachadas de lésbicas, tem levado muitas mulheres negras a deporem contra si mesmas. Tem levado algumas de nós a fazer alianças destrutivas, e outras ao desespero e ao isolamento. Entre as mulheres brancas, a heteronormatividade às vezes é o resultado de uma identificação com o patriarcado branco e de uma rejeição dessa interdependência entre mulheres-que-se-identificam-com-mulheres que nos permite sermos quem somos em vez de sermos usadas a serviço dos homens. Isso se reflete, às vezes, na crença ferrenha na suposta proteção dos relacionamentos heterossexuais e, às vezes, em auto-ódio, algo que é ensinado desde que nascemos e que todas precisamos combater.

Embora elementos dessas atitudes existam para todas as mulheres, há ressonâncias da heteronormatividade e da homofobia que são específicas entre as mulheres negras. Mesmo que vínculos entre mulheres tenham uma longa e respeitável história nas comunidades africanas e afrodescendentes nos Estados Unidos, e apesar de todo o conhecimento e das conquistas nos campos político, social e cultural de muitas mulheres negras fortes e criativas que priorizam mulheres, as mulheres negras heterossexuais geralmente tendem a ignorar ou a desconsiderar a existência e o trabalho das lésbicas. Parte dessa postura vem de um compreensível pavor das represálias dos homens dentro dos estreitos limites da sociedade negra, em que a punição para qualquer tentativa de uma mulher de se autoafirmar ainda é que a acusem de ser lésbica e, por isso, indigna da atenção e do apoio dos escassos homens negros. No entanto, parte dessa necessidade de julgar mal e ignorar lésbicas negras vem de um medo muito real de que aquelas que abertamente priorizam mulheres, que não dependem mais de homens para se autodefinir, possam reordenar todo nosso conceito de relações sociais.

Mulheres negras que antes insistiam que o lesbianismo era um problema das mulheres brancas agora argumentam que as lésbicas negras são uma ameaça à nação negra, estão de conluio com o inimigo, são basicamente não-negras. Essas acusações, vindas das mesmas mulheres a quem procuramos em busca de uma compreensão real e profunda, têm feito com que muitas lésbicas negras se escondam, encurraladas entre o racismo das brancas e a homofobia de suas irmãs. Com frequência, seus trabalhos foram ignorados, banalizados ou mal julgados, assim como as obras de Angelina Grimké, Alice Dunbar-Nelson e Lorraine Hansberry.[10] No entanto, as conexões entre mulheres sempre fizeram parte do poder das comunidades negras, desde as nossas tias solteiras às amazonas do Daomé.

E certamente não são as lésbicas negras que estão atacando mulheres e estuprando crianças e avós nas ruas das nossas comunidades.

Por todo o país, como aconteceu em Boston na primavera de 1979, quando doze mulheres negras foram assassinadas e o crime não foi solucionado, são as lésbicas negras que lideram os movimentos contrários à violência contra mulheres negras.

Quais detalhes específicos em cada uma de nossas vidas podem ser examinados e alterados para ajudar a trazer a mudança? Como podemos redefinir a diferença para todas as mulheres? Não são nossas

---

[10] Angelina Grimké (1805-1879), escritora, ativista abolicionista, sufragista e defensora dos direitos das mulheres. Alice Dunbar-Nelson (1875-1935), jornalista, poeta e ativista pelos direitos das mulheres e das pessoas negras. Lorraine Hansberry (1930-1965) foi escritora e dramaturga, ativista do movimento pelos direitos civis nos Estados Unidos na década de 1960. Foi a primeira autora negra a ter uma peça encenada na Broadway. (N.T.)

diferenças que nos separam, mas nossa relutância em reconhecê-las e lidarmos de forma efetiva com as distorções que resultaram de as termos ignorado e confundido.

Como ferramenta de controle social, mulheres foram incentivadas a reconhecer apenas um aspecto das diferenças humanas como legítimas, aquelas que existem entre homens e mulheres. E aprendemos a lidar com essas diferenças com a urgência típica de todos os subordinados oprimidos. Todas tivemos que aprender a viver ou trabalhar ou coexistir com homens, dos nossos pais em diante. Temos reconhecido e negociado essas diferenças, ainda que esse reconhecimento não tenha feito nada além de dar continuidade ao antigo modelo de relacionamento humano entre dominante/subalterno, nos quais os oprimidos devem reconhecer o que difere os senhores para garantir sua sobrevivência.

No entanto, o futuro de nossa sobrevivência depende da capacidade de nos relacionarmos em pé de igualdade. Como mulheres, devemos erradicar os padrões internalizados de opressão se quisermos ultrapassar os aspectos mais superficiais da transformação social. Agora precisamos reconhecer o que nos distingue das mulheres que são nossas iguais, nem superiores nem inferiores, e elaborar maneiras de utilizar nossas diferenças para enriquecer nossos ideais e nossas lutas comuns.

O futuro de nossa terra pode depender da capacidade das mulheres de identificar e desenvolver novas definições de poder e novos modelos de relacionamento em meio às diferenças. As definições antigas não têm nos atendido, nem à terra que nos sustenta. Os antigos padrões, por mais habilmente reestruturados que sejam para imitarem o progresso, ainda nos condenam a repetir as mesmas velhas trocas, apenas disfarçadas, a mesma culpa, o mesmo ódio, a mesma recriminação, o mesmo lamento e a mesma desconfiança.

Pois temos, entranhados em nós, velhos diagramas que ditam expectativas e reações, velhas estruturas de opressão, e essas devem ser alteradas ao mesmo tempo que alteramos as condições de vida que resultam delas. Pois as ferramentas do senhor nunca derrubarão a casa grande.

Como Paulo Freire mostra tão bem em *Pedagogia do oprimido*,[11] o real objetivo da transformação revolucionária não pode nunca ser apenas as situações opressivas das quais buscamos nos libertar, mas sim aquele fragmento do opressor que está profundamente arraigado em cada um de nós, e que conhece apenas as táticas do opressor, as relações do opressor.

Toda mudança implica crescimento, e crescer pode ser doloroso. No entanto, conseguimos aprimorar nossa autodefinição quando expomos nossa identidade no trabalho e na luta conjunta com aqueles que definimos como sendo diferentes de nós, mas com quem compartilhamos objetivos comuns. Para mulheres negras e brancas, idosas e jovens, lésbicas e heterossexuais, isso pode representar novos caminhos para a nossa sobrevivência.

> Escolhemos uma à outra
> e as fronteiras das batalhas de cada uma
> a guerra é a mesma
> se perdermos
> um dia o sangue das mulheres coagulará
> sobre um planeta morto
> se vencermos
> não há como saber
> procuramos além da história
> por um encontro mais novo e mais possível.[12]

---

[11] O educador brasileiro foi publicado nos Estados Unidos pela Seabury Press, Nova York, 1970.

[12] Versos do poema "Outlines", sem publicação até a edição deste ensaio. [No original: *"We have chosen each other/ and the edge of each others battles/ the war is the same/ if we lose/ someday women's blood will congeal/ upon a dead planet/ if we win/ there is no telling/ we seek beyond history/ for a new and more possible meeting."*]

OS USOS DA RAIVA: AS MULHERES REAGEM AO RACISMO[1]

RACISMO. A crença na superioridade inerente de uma raça sobre todas as outras e, portanto, em seu direito à dominância, manifesta e subentendida.

As mulheres reagem ao racismo. Minha reação ao racismo é a raiva. Tenho vivido com essa raiva, ignorando-a, alimentando-me dela, aprendendo a usá-la antes que ela relegue ao lixo as minhas visões, durante boa parte da minha vida. Houve um tempo em que eu fazia isso em silêncio, com medo do fardo que teria de carregar. Meu medo da raiva não me ensinou nada. O seu medo dessa raiva também não vai ensinar nada a você.

Mulheres que reagem ao racismo são mulheres que reagem à raiva; a raiva da exclusão, do privilégio que não é questionado, das distorções raciais, do silêncio, dos maus-tratos, dos estereótipos, da postura defensiva, do mau julgamento, da traição e da cooptação.

Minha raiva é uma reação às atitudes racistas, assim como aos atos e pressupostos que surgem delas. Se sua relação com outras mulheres reflete essas atitudes, então minha raiva e o seu medo dela são refletores dos quais podemos nos valer para o crescimento, da mesma maneira que

---

[1] Apresentação principal na National Women's Studies Association Conference, Storrs, Connecticut, junho 1981.

tenho me valido do aprendizado de expressar minha raiva para crescer. Mas como uma cirurgia para corrigir problemas de visão, não para sanar a culpa. A culpa e a postura defensiva são tijolos em uma parede contra a qual todas nos chocamos; elas não servem aos nossos futuros.

Como não quero que isso vire uma discussão teórica, vou dar alguns exemplos de interações entre mulheres que ilustram esses pontos. Para aproveitar melhor o tempo, serei sucinta. Quero que vocês saibam que existem muitos mais.

Por exemplo:

• Eu falo de forma direta sobre uma raiva específica em uma conferência acadêmica, e uma mulher branca diz: "Diga como você se sente, mas não fale disso com tanta rispidez, ou eu não consigo te ouvir". Mas é o meu jeito de falar que a impede de ouvir ou a ameaça de uma mensagem de que a vida dela pode mudar?

• O Programa de Estudos das Mulheres de uma universidade no Sul convida uma mulher negra para dar palestras, em um fórum de uma semana, para mulheres negras e brancas. Ao final, pergunto: "Que proveito vocês tiraram dessa semana?". A mulher branca mais falante diz: "Eu acho que tirei muito. Sinto que as mulheres negras me entendem muito melhor agora; elas compreendem melhor o meu ponto de vista". Como se entendê-la estivesse no centro da questão do racismo.

• Depois de quinze anos de um movimento de mulheres que declara abordar as preocupações de vida e as possibilidades de futuros de todas as mulheres, eu ainda ouço, em universidade após universidade: "Como vamos abordar as questões do racismo? Nenhuma mulher negra compareceu". Ou o outro lado dessa moeda: "Não temos ninguém no nosso departamento que seja capacitada para ensinar essas obras". Em outras palavras, o racismo é um problema das mulheres negras, um problema das mulheres de cor, e só nós podemos discuti-lo.

• Depois de eu ler minha série de poemas chamada "Poemas para mulheres enraivecidas",[2] uma mulher branca me pergunta: "Você vai

---

[2] Um dos poemas dessa série está em *Chosen Poems: Old and New* (Nova York: W.W. Norton and Company, 1978), p. 105-108.

fazer algo a respeito de como nós podemos lidar diretamente com a *nossa* raiva? Sinto que isso é tão importante". Pergunto: "Como você usa a *sua* raiva?". E então precisei me virar e me afastar de seu olhar vazio, antes que ela me convidasse a participar da própria aniquilação. Não estou no mundo para sentir a raiva dela por ela.

• Mulheres brancas estão começando a analisar seus relacionamentos com mulheres negras, mas com frequência ainda as escuto querendo lidar apenas com as criancinhas de cor dos tempos da infância, com a babá querida, com a eventual colega de sala da segunda série – aquelas doces lembranças do que um dia já foi misterioso, intrigante ou neutro. Vocês evitam os pressupostos formados na infância pelas risadas estridentes causadas por Rastus e Alfalfa,[3] a mensagem mordaz de suas mães passando o lenço no assento do banco do parque porque eu tinha me sentado ali, as indeléveis e desumanizantes interpretações de *Amos e Andy*[4] e as engraçadas histórias para dormir que seu papai contava.

• Empurro minha filha de dois anos dentro de um carrinho de compras em um supermercado de Eastchester, em 1967, e uma menina

---

[3] "Rastus" é um termo pejorativo para se referir a homens negros nos Estados Unidos. Enquanto estereótipo do homem negro sorridente e ingênuo, era também um personagem típico de menestréis (espetáculos teatrais de humor) no começo do século XX. Por vezes era interpretado por atores brancos de *blackface* (cf.: <bit.ly/2kbwg7y>; ver nota 2, p. 75 sobre *blackface*). Alfalfa é um dos personagens de destaque da série *Our Gang* (1922-1944), que deu origem ao filme *Os batutinhas* (1994). A série era considerada inovadora, por retratar crianças negras e brancas interagindo como iguais numa época em que a segregação era institucionalizada. Mesmo assim, não esteve livre de incorrer em estereótipos raciais caricatos, como os dos menestréis (cf.: <bit.ly/2m8rkAY>, <bit.ly/2m9gMBL>). (N.E.)

[4] *Amos 'n' Andy* era um programa de comédia muito popular, transmitido pelo rádio entre 1928 e 1960, que se passava em uma comunidade negra no Harlem. Os personagens negros eram interpretados de forma caricata pelos seus criadores, Freeman Gosden e Charles Correll, ambos brancos. Em 1930 foi feito um filme baseado no programa, *Check and Double Check*, em que Gosden e Correll atuavam de *blackface* (cf.: <bit.ly/2lL1Hps>). (N.T.)

branca passando por nós no carrinho de sua mãe fala alto, animada: "Olha, mamãe, uma empregada bebê!". E sua mãe diz para você calar a boca, mas não a corrige. Então quinze anos mais tarde, em uma conferência sobre racismo, você ainda consegue achar essa história engraçada. Mas eu sei o quanto as suas risadas estão cheias de terror e mal-estar.

- Uma acadêmica branca celebra a publicação de uma coletânea de ensaios de mulheres de cor não negras:[5] "Assim posso lidar com o racismo sem ter que lidar com a rispidez das mulheres negras", ela me diz.

- Em um encontro cultural internacional de mulheres, uma poeta branca americana, bem conhecida, interrompe a leitura de uma mulher de cor para ler o próprio poema, em seguida sai às pressas para "uma mesa-redonda importante".

Se as mulheres na academia querem realmente dialogar sobre racismo, será preciso que elas reconheçam as necessidades e as condições de vida das outras mulheres. Quando uma mulher acadêmica diz "Eu não posso pagar por isso", ela pode estar dizendo que fez uma escolha sobre como gastar o dinheiro que tem disponível. Mas quando uma mulher que recebe auxílio do governo diz "Eu não posso pagar por isso", ela quer dizer que está sobrevivendo com uma quantia que mal garantiria sua subsistência já em 1972, e ela com frequência não tem nem o suficiente para comer. Contudo, a Associação Nacional de Estudos das Mulheres, agora, em 1981, realiza um congresso no qual se compromete a reagir ao racismo, mas se recusa a conceder isenção da taxa de inscrição a mulheres pobres e de cor que gostariam de apresentar seus trabalhos e ministrar oficinas. Isso impossibilita que muitas mulheres de cor – por exemplo, Wilmette Brown,[6] do

---

[5] *This bridge Called My Back: Writings by Radical Women of Color,* editado por Cherríe Moraga e Gloria Anzaldúa (Nova York: Kitchen Table: Women of Color Press, 1984), publicado pela primeira vez em 1981 e relançado pela State University of New York Press em 2015.

[6] Wilmette Brown é ativista envolvida com diversas lutas em defesa dos direitos das mulheres, especialmente negras e lésbicas. É autora de *Black Women and*

movimento de Mulheres Negras pela Remuneração do Trabalho Doméstico – participem desse congresso. Esse evento vai ser só mais um caso de acadêmicas debatendo a vida dentro dos circuitos fechados da academia?

Às mulheres brancas presentes que reconhecem que essas atitudes são familiares, mas, acima de tudo, a todas as minhas irmãs de cor que vivem e sobrevivem a milhares de encontros como esses – às minhas irmãs de cor que, assim como eu, tremem de fúria sob os arreios, ou que às vezes questionam se expressão da nossa fúria não seria inútil e perturbadora (duas das acusações mais populares) – eu quero falar sobre raiva, a minha raiva, e o que eu aprendi em minhas jornadas pelos seus domínios.

Tudo pode ser usado/ menos o que é devastador/ (você precisará/ lembrar disso quando for acusada de destruição.)[7]

Toda mulher tem um arsenal de raiva bem abastecido que pode ser muito útil contra as opressões, pessoais e institucionais, que são a origem dessa raiva. Usada com precisão, ela pode se tornar uma poderosa fonte de energia a serviço do progresso e da mudança. E quando falo de mudança não me refiro a uma simples troca de papéis ou a uma redução temporária das tensões, nem à habilidade de sorrir ou se sentir bem. Estou falando de uma alteração radical na base dos pressupostos sobre os quais nossas vidas são construídas.

Fui testemunha de situações em que mulheres brancas ouvem um comentário racista, se ofendem com o que foi dito, ficam enfurecidas, mas se mantêm em silêncio por terem medo. Essa raiva que não é expressa fica dormente dentro delas como uma granada não

---

the Peace Movement, publicado pela primeira vez em 1983. (N.T.)

[7] Versos de "From Each of You", poema publicado pela primeira vez em *A Land Where Other People Live* (Detroit: Broadside Press, 1973) e selecionado para a coletânea *Chosen Poems: Old and New* (Nova York: W.W. Norton and Company, 1982), p. 42. [No original: *"Everything can be used / except what is wasteful / (you will need / to remember this when you are accused of destruction.)"*.]

detonada, que geralmente é arremessada contra a primeira mulher de cor que fale sobre racismo.

No entanto, a raiva expressa e traduzida em uma ação a favor de nossos ideais e nosso futuro é um ato de esclarecimento que liberta e dá força, pois é nesse processo doloroso de tradução que identificamos quem são os nossos aliados com quem temos sérias diferenças e quem são nossos verdadeiros inimigos.

A raiva é repleta de informação e energia. Quando falo de mulheres de cor, não me refiro apenas às mulheres negras. A mulher de cor que não é negra e me acusa de torná-la invisível ao presumir que as suas lutas contra o racismo são idênticas às minhas tem algo a me dizer, e é melhor que eu aprenda com ela para que não nos esgotemos na disputa entre as nossas verdades. Se eu participo, conscientemente ou não, da opressão da minha irmã, e ela chama minha atenção para isso, reagir à raiva dela com a minha apenas faz com que as reações abafem a essência da nossa discussão. É um desperdício de energia. E sim, é muito difícil ficar quieta e ouvir a voz de outra mulher delineando uma agonia que não compartilho, ou para a qual contribuí.

Aqui reunidas, nós falamos distanciadas dos lembretes mais óbvios de nossas batalhas enquanto mulheres. Isso não precisa nos cegar quanto ao tamanho e à complexidade das forças que se levantam contra nós e contra tudo o que há de mais humano em nosso ambiente. Não estamos fazendo uma análise do racismo em um vácuo político e social. Estamos operando em oposição direta a um sistema no qual o racismo e o machismo são pilares primordiais, estabelecidos e indispensáveis para o lucro. "As mulheres reagem ao racismo" é um tema tão perigoso que, numa tentativa de desacreditar essa conferência, a mídia local optou por dar destaque à provisão de moradia para lésbicas e usar isso como tática de distração – é como se o jornal *Hartford Courant* não se atrevesse a mencionar o assunto escolhido para esta discussão, o racismo, para que não fique claro que as mulheres estão, de fato, tentando analisar e alterar todas as condições repressoras de nossas vidas.

Os tradicionais veículos de comunicação não querem que as mulheres, especialmente as brancas, reajam ao racismo. Querem que o racismo seja aceito como fato imutável da estrutura da nossa existência, como o anoitecer ou um resfriado comum.

Estamos trabalhando, portanto, em um contexto de oposição e ameaça, cuja causa certamente não é a raiva que há entre nós, mas sim o ódio virulento direcionado contra todas as mulheres, contra pessoas de cor, lésbicas e gays, contra pessoas pobres – contra todas nós que procuramos examinar as particularidades de nossas vidas ao mesmo tempo que resistimos às opressões e avançamos em direção a uma coalização e a mudanças concretas.

Qualquer discussão sobre racismo que se dê entre mulheres deve incluir a admissão e o uso da raiva. Essa discussão deve ser direta e criativa, porque é crucial. Não podemos permitir que o nosso medo da raiva nos desvie ou nos seduza a nos contentarmos com algo que não seja o árduo trabalho de escavar a honestidade; temos que levar muito a sério a escolha desse tema e as fúrias nele entrelaçados, porque, tenham certeza, nossos oponentes levam muito a sério o ódio que sentem de nós e do que estamos tentando fazer aqui.

E enquanto investigamos a face quase sempre dolorosa da raiva de cada uma de nós, por favor, lembrem-se de que não é a nossa raiva que me faz recomendá-las que tranquem suas portas à noite e não andem sozinhas pelas ruas de Hartford. É o ódio que espreita nessas ruas, que deseja destruir a todas que trabalhamos verdadeiramente em prol da mudança, em vez de apenas cedermos à retórica acadêmica.

Esse ódio e a nossa raiva são muito diferentes. O ódio é a fúria daqueles que não compartilham os nossos objetivos, e a sua finalidade é a morte e a destruição. A raiva é um sofrimento causado pelas distorções entre semelhantes, e a sua finalidade é a mudança. Mas o nosso tempo está cada vez mais curto. Fomos criadas para ver qualquer diferença para além do sexo como um motivo para a destruição, e o fato de as mulheres negras e brancas enfrentarem as raivas umas das outras sem rejeição ou rigidez ou silêncio ou culpa é, em si, uma ideia herética e fértil. Ela pressupõe companheiras reunidas em razão de um princípio comum para examinar nossas diferenças e modificar as distorções que a história criou em torno delas. Pois são essas distorções que nos separam. E devemos nos perguntar: Quem lucra com tudo isso?

Mulheres de cor na américa cresceram em meio a uma sinfonia de raiva, de serem silenciadas, de serem derrotadas, sabendo que, ao sobrevivermos, fazemos isso apesar de um mundo que toma como certa a nossa falta de humanidade, e um mundo que odeia o simples fato de existirmos quando não estamos a seu serviço. E chamo de *sinfonia* em vez de *cacofonia* porque tivemos que aprender a orquestrar essas fúrias para elas não nos destruírem. Tivemos que aprender a nos operar entre elas e a usá-las como força, e potência, e clareza no dia a dia. Aquelas de nós que não aprenderam essa difícil lição não sobreviveram. E parte da minha raiva é sempre uma saudação às minhas irmãs que se foram.

A raiva é uma reação apropriada a atitudes racistas, assim como a fúria quando as ações decorrentes dessas atitudes não mudam. Para as mulheres aqui presentes que temem a raiva das mulheres de cor mais do que as próprias atitudes racistas não examinadas, pergunto: A raiva das mulheres de cor é mais ameaçadora do que a misoginia que mancha todos os aspectos da nossa vida?

Não é a raiva de outras mulheres que vai nos destruir, mas nossa recusa em ficarmos quietas para ouvir seus ritmos, em aprender com ela, em irmos além da aparência e em direção à essência, em manipular essa raiva como uma fonte importante de empoderamento.

Eu não posso esconder a minha raiva para poupar vocês da culpa, ou não magoá-las, ou evitar que vocês reajam com raiva; pois fazer isso é banalizar todo nosso empenho. A culpa não é uma reação à raiva; é uma reação às próprias ações ou inações. Se conduz à mudança pode ser útil, pois nesse caso já não é mais culpa, e sim o ponto de partida para o conhecimento. No entanto, é muito comum que "culpa" seja outro nome para "impotência", para uma atitude defensiva que destrói a comunicação; ela se torna um instrumento usado para proteger a ignorância e manter as coisas como estão, a proteção mais sofisticada da inércia.

A maioria das mulheres não desenvolveu ferramentas para encarar a raiva de forma construtiva. No passado, rodas de conversa, compostas em sua maioria de mulheres brancas, abordavam como expressar a raiva, geralmente no universo masculino. E esses grupos eram formados por mulheres brancas que compartilhavam as condições de sua opressão. Eram poucas as tentativas de articular as diferenças genuínas entre as mulheres, como raça, cor, idade, classe e orientação sexual. Naquela época, não se sentia a necessidade de examinar as contradições da identidade, da mulher como opressora. Trabalhava-se a expressão da raiva, mas muito pouco se fazia com relação à raiva que direcionamos umas às outras. Nenhuma estratégia foi desenvolvida para lidarmos com a raiva de outras mulheres, exceto evitá-la, se esquivar dela ou fugir dela sob a proteção de um manto de culpa.

Não conheço nenhum uso criativo da culpa, a de vocês ou a minha. A culpa é só outra forma de evitar ações bem-informadas, de protelar a necessidade premente de tomar decisões claras, longe da tempestade que se aproxima e que pode tanto alimentar a terra quanto envergar as árvores. Se falo com vocês enraivecida, pelo menos o que fiz foi falar; não coloquei uma arma na sua cabeça nem atirei em você na rua; não olhei para o corpo ensanguentado de sua irmã e perguntei "O que ela fez para merecer isso?". Essa foi a reação de duas mulheres brancas ao relato de Mary Church Terrell[8] sobre o linchamento de uma mulher negra que estava grávida e teve o bebê arrancado do corpo. Isso aconteceu em 1921, e Alice Paul[9] tinha

---

[8] Mary Church Terrell (1863-1954) era filha de escravos libertos e se tornou sufragista e ativista pelos direitos das mulheres. Foi a primeira presidente da National Association of Colored Women e foi membro da National Association for the Advancement of Colored People. (N.T.)

[9] Alice Paul (1885-1977) era ativista pelos direitos das mulheres. Militou pela causa sufragista e apoiou a Emenda dos Direitos Iguais. (N.T.)

acabado de recusar o apoio público ao cumprimento da Décima Nona Emenda[10] para todas as mulheres – ela se recusou a apoiar a inclusão das mulheres de cor, mesmo que nós tenhamos trabalhado em favor da promulgação dessa emenda.

As raivas entre as mulheres não vão nos matar se conseguirmos articulá-las com precisão, se ouvirmos o conteúdo daquilo que é dito com, no mínimo, a mesma intensidade com que nos defendemos da maneira como é dito. Quando damos as costas à raiva, damos as costas também ao aprendizado, declarando que vamos aceitar apenas os modelos já conhecidos, fatal e seguramente familiares. Tenho tentado aprender a usar minha raiva de forma útil para mim e entender quais são suas limitações.

Para mulheres educadas para sentir medo, a raiva é muitas vezes uma ameaça de aniquilação. Na constituição masculina feita à base de força bruta, nos ensinaram que nossa vida depende da boa vontade do poder patriarcal. A raiva dos outros deve ser evitada a todo custo, porque não há nada a aprender com isso a não ser a dor, a acusação de que fomos meninas más, de que somos falhas, de que não fizemos o que deveríamos. E se aceitarmos nossa impotência, então é claro que qualquer raiva poderá nos destruir.

Mas a força das mulheres está em reconhecer as diferenças entre nós como algo produtivo e em defender sem culpa as distorções que herdamos, mas que agora são nossas e cabe a nós alterar. A raiva das mulheres pode transformar a diferença, por meio da compreensão, em poder. Pois da raiva entre semelhantes nasce a mudança, não a destruição, e o desconforto e o sentimento de perda que ela costuma causar não são fatais, mas sintomas de crescimento.

---

[10] A Décima Nona Emenda da Constituição dos Estados Unidos, aprovada em agosto de 1920, proíbe os estados de recusarem o direito do voto aos cidadãos com base no sexo. Nos Estados Unidos, eleitores precisam se cadastrar para votar antes das eleições, e em alguns estados era comum a recusa em cadastrar mulheres e negros. (N.T.)

Minha reação ao racismo é raiva. Essa raiva devorou pedaços da minha existência apenas quando permaneceu silenciada, inútil para qualquer um. Ela me foi útil nas salas de aula carentes de luz e aprendizado, onde as obras e as histórias de mulheres negras eram menos que uma bruma. Ela me serviu como fogo diante da frieza do olhar incompreensivo das mulheres brancas que veem a minha experiência e a do meu povo apenas como novas razões para sentir medo ou culpa. E minha raiva não serve de desculpa para que você não lide com a sua cegueira, nem de motivo para que você se esquive das consequências de seus próprios atos.

Quando mulheres de cor se manifestam sobre a raiva que abrange boa parte dos nossos contatos com as mulheres brancas, com frequência nos dizem que estamos "criando um clima de desesperança", "impedindo as mulheres brancas de superarem a culpa" ou "dificultando a comunicação e a ação baseadas em confiança". Todas essas frases vieram diretamente de cartas que recebi de integrantes desta organização nos últimos dois anos. Uma mulher me escreveu: "Por você ser negra e lésbica, você parece falar com a autoridade moral que vem do sofrimento". Sim, eu sou negra e lésbica, e o que você ouve na minha voz é fúria, não sofrimento. Raiva, não autoridade moral. Há uma diferença.

Rejeitar a raiva das mulheres negras com desculpas e pretextos de intimidação é não conceder poder a ninguém – é apenas outra forma de preservar a cegueira racial, o poder de um privilégio inconteste, inviolado, intacto. A culpa é apenas outra forma de objetificação. Povos oprimidos são sempre solicitados a serem um pouco mais flexíveis, a preencherem a lacuna entre a cegueira e a humanidade. Espera-se que mulheres negras usem sua raiva unicamente a serviço da salvação e do aprendizado alheios. Mas isso agora é passado. Minha raiva me causou dor, mas também garantiu minha sobrevivência, e antes de abrir mão dela vou me certificar de que exista algo pelo menos tão poderoso quanto ela e que possa substituí-la no caminho para a clareza.

Que mulher aqui presente está tão enamorada da própria opressão que não consegue enxergar a marca da sola de seu sapato no rosto de outra mulher? Quais condições da opressão sofrida pelas mulheres se tornaram tão preciosas e necessárias para ela, como um bilhete de entrada para o reino dos justos, longe dos ventos gélidos da busca pelo autoconhecimento?

Sou uma mulher lésbica de cor cujos filhos comem regularmente porque trabalho em uma universidade. Se a barriga cheia deles faz com que eu falhe em reconhecer o que tenho em comum com a mulher de cor cujos filhos não comem porque ela não consegue encontrar trabalho, ou com a que não tem filhos porque suas entranhas foram devastadas por abortos caseiros ou por esterilizações forçadas;[11] se eu falho em reconhecer a lésbica que opta por não ter filhos, a mulher que permanece no armário porque sua comunidade homofóbica é a única fonte de apoio que tem na vida, a mulher que escolhe o silêncio no lugar de mais uma morte, a mulher aterrorizada com a possibilidade de a minha raiva ser um gatilho para a explosão da dela; se eu falho em reconhecê-las como outras faces de quem sou, então estou contribuindo não apenas para a opressão de cada uma delas, como também para a minha, e por isso a raiva que se posta entre nós deve ser usada para a clareza e para o empoderamento mútuo, não para se eximir da culpa e agravar ainda mais nossa separação. Não sou livre enquanto qualquer outra mulher for prisioneira, ainda que as amarras dela sejam diferentes das minhas. E não sou livre enquanto uma pessoa de cor permanecer acorrentada. Nem é livre nenhuma de vocês.

Falo aqui na condição de uma mulher de cor que não se curva à destruição, mas à sobrevivência. Nenhuma mulher é responsável por alterar a mentalidade de seu opressor, mesmo quando essa mentalidade está personificada em outra mulher. Sorvi a raiva dos

---

[11] Nos Estados Unidos houve práticas eugenistas de esterilizar mulheres negras e latinas em hospitais. Geralmente essas mulheres procuravam serviços de saúde para a população mais pobre a fim de realizar cesarianas e tinham as trompas ligadas sem seu conhecimento ou autorização (cf.: <to.pbs.org/322kZ9v>). (N.T.)

lábios da loba e a utilizo para a iluminação, o riso, a proteção, o fogo onde não há luz, nem alimento, nem irmãs, nem abrigo. Não somos deusas, matriarcas ou templos do perdão divino; não somos os dedos em brasa do julgamento nem instrumentos de flagelação; somos forçadas a renunciar sempre ao nosso poder como mulheres. Aprendemos a usar a raiva como aprendemos a usar a carne morta dos animais, e mesmo feridas, abusadas e em constante mudança, nós sobrevivemos e crescemos e, nas palavras de Angela Wilson, nós *estamos* avançando. Com ou sem as mulheres sem cor. Nós usamos todas as forças que conquistamos, incluindo a raiva, para nos ajudar a definir e dar forma a um mundo onde todas as nossas irmãs possam crescer, onde todas as crianças possam amar e onde o poder de tocar e conhecer as diferenças e as maravilhas de outra mulher irá, mais dia, menos dia, transcender a necessidade de destruição.

Pois não é a raiva das mulheres negras que goteja sobre este planeta como um líquido doentio. Não é a minha raiva que lança foguetes, que gasta cerca de sessenta milhões de dólares por segundo em mísseis e outros agentes da guerra e da morte, assassina crianças nas cidades, armazena grandes quantidades de gases tóxicos e armas químicas, sodomiza nossas filhas e nossa terra. Não é a raiva das mulheres negras que se corrompe até se transformar num poder cego e desumanizador, determinado a nos aniquilar a todos, a menos que o enfrentemos com aquilo que temos: nosso poder de analisar e redefinir as condições sob as quais viveremos e trabalharemos; nosso poder de vislumbrar e reconstruir, raiva após raiva dolorosa, pedra sobre pedra, um futuro de diferenças fecundas e de uma terra que sustente as nossas escolhas.

Acolhemos todas as mulheres que possam nos encontrar, cara a cara, para além da objetificação e para além da culpa.

APRENDENDO COM OS ANOS 1960[1]

MALCOLM X É uma figura de destaque em um momento crucial da minha vida. Aqui estou – negra, lésbica, feminista – uma herdeira de Malcolm, seguindo seus passos, fazendo a minha parte, o fantasma da voz dele na minha boca pergunta a cada um de vocês esta noite: Vocês estão fazendo a sua parte?

Não existem novas ideias, apenas novas maneiras de conceder, em nossas vidas, fôlego e poder às ideias que apreciamos. Não vou fingir que Malcolm X tenha se tornado meu príncipe encantado assim que o vi e ouvi pela primeira vez, porque não seria verdadeiro. Em fevereiro de 1965, eu estava criando dois filhos e um marido num apartamento de três quartos na Rua 149, no Harlem. Eu tinha lido sobre Malcolm X e os muçulmanos negros. Ele passou a me interessar mais depois que deixou a Nação do Islá,[2] quando foi silenciado por Elijah Muhammad em função do seu comentário após

---

[1] Texto apresentado no Final de Semana Malcolm X, na Universidade de Harvard, em fevereiro de 1982.

[2] A Nação do Islá é um movimento de muçulmanos negros, de cunho fundamentalista, criado nos Estados Unidos em 1930, que alinha a interpretação do Alcorão com questões raciais. Elijah Muhammad, citado a seguir, foi o líder da Nação do Islá de 1934 até sua morte, em 1975. (N.T.)

o assassinato de Kennedy, dizendo que ele colheu o que plantou. Antes disso eu nunca tinha dado muita atenção à Nação do Islã, por causa de sua atitude em relação às mulheres e de sua postura dissociada do ativismo. Li a autobiografia de Malcolm X e gostei do estilo dele, o achei muito parecido com a família do meu pai, mas fui uma das que só ouviu a voz de Malcolm de fato quando sua morte a amplificou.

Cometi um erro que muitos de nós ainda cometemos: deixar que a mídia – e não me refiro apenas à mídia branca — determine os emissários das mensagens que mais importam para nossas vidas.

Quando li Malcolm X com a devida atenção, encontrei um homem muito mais próximo das complexidades da verdadeira mudança do que qualquer outro que tenha lido antes. Muito do que digo aqui hoje nasceu das palavras dele.

No seu último ano de vida, Malcolm X ampliou seu ponto de vista de tal forma que, se ele estivesse vivo, teria chegado ao confronto inevitável com a questão da diferença como força criativa e necessária à mudança. Conforme Malcolm X progredia de uma postura de resistência ao *status quo* racial, e de análise deste, para abordagens mais ativas de articulação para a mudança, ele começou a rever algumas de suas posturas iniciais. Uma das mais básicas habilidades de sobrevivência das pessoas negras é a de mudar, de metabolizar a experiência, boa ou má, em algo que seja útil, duradouro, eficaz. Quatrocentos anos de sobrevivência como uma espécie ameaçada ensinaram à maioria de nós que, se pretendemos viver, temos que aprender rápido. Malcolm sabia disso. Não precisamos repetir os mesmos erros se conseguirmos olhar para eles, aprender com eles e construir a partir deles.

Antes de ser morto, Malcolm modificou e ampliou sua maneira de pensar sobre o papel das mulheres na sociedade e na revolução. Ele estava começando a falar com crescente respeito sobre sua conexão com Martin Luther King Jr., cujas práticas não violentas pareciam ser totalmente opostas às suas. E ele passou a examinar as condições sociais sob as quais alianças e coalizões devem realmente ser feitas.

Ele também tinha começado a discutir as cicatrizes da opressão que nos levam a declarar guerra contra nós mesmos, e não contra os nossos inimigos.

Enquanto pessoas negras, se há algo que podemos aprender com os anos 1960 é o quão complexa qualquer ação pela libertação deve ser. Pois temos que agir não só contra as forças externas que nos desumanizam, mas também contra os valores opressores que fomos obrigados a internalizar. No entanto, analisando a combinação de nossas vitórias e nossos erros, podemos examinar os perigos de uma percepção incompleta. Não para condenar essa percepção, mas para alterá-la, construir modelos para futuros possíveis e colocar o foco do nosso ardor pela mudança em nossos inimigos, e não uns nos outros. Nos anos 1960, a raiva despertada[3] na comunidade negra era frequentemente expressa não verticalmente, contra a corrupção do poder e as verdadeiras fontes do controle sobre as nossas vidas, mas horizontalmente, entre as pessoas mais próximas de nós, que espelhavam nossa própria impotência.

Estávamos prontos para o ataque, nem sempre nas circunstâncias mais eficazes. Quando discordamos quanto à solução de um problema específico, geralmente somos mais cruéis uns com os outros do que com quem criou nosso problema em comum. Historicamente, a diferença foi utilizada de forma tão cruel contra nós que, como povo, ficamos relutantes em tolerar qualquer divergência daquilo que foi definido pelos outros como negritude. Nos anos 1960, o politicamente correto se tornou não um guia para a vida, mas um novo par de algemas. Uma parte pequena, mas ruidosa, da comunidade negra perdeu de vista que unidade não significa unanimidade – pessoas negras não são um amontoado padronizado e simples de digerir. Para trabalharmos juntos, não é preciso que nos tornemos uma mistura de

---

[3] Uma gíria comum entre os negros nos Estados Unidos é estar acordado/desperto, estar consciente do racismo estrutural e de como ele impacta a vida em aspectos econômicos, educacionais e nas relações pessoas. Se você não está ciente, está dormindo. A pergunta *"Are you awake?"* era relativamente comum nos anos 1960-1970 e ainda está presente na cultura pop, em séries e canções de rap. (N.T.)

partículas indistintas que se assemelhem a um barril de leite achocolatado homogeneizado. Unidade implica a reunião de elementos que são, para começar, variados e diversos em suas naturezas individuais. Nossa persistência em examinar as tensões intrínsecas à diversidade estimula o crescimento em direção ao nosso objetivo comum. Então, é usual ignorarmos o passado ou romantizá-lo, tratarmos a questão da unidade como inútil ou mítica. Nós nos esquecemos que o ingrediente necessário para fazer o passado trabalhar para o futuro é a nossa energia no presente, metabolizando um para dar origem ao outro. A continuidade não acontece automaticamente, nem é um processo passivo.

A década de 1960 foi caracterizada por uma crença arrebatadora em soluções instantâneas. Foram anos vitais para o despertar da consciência, para o orgulho e para o erro. Os movimentos pelos direitos civis e o Black Power reacenderam possibilidades para os grupos marginalizados nessa nação. Mas, ainda que combatendo inimigos comuns, houve ocasiões em que a sedução das soluções individuais nos fez negligenciar uns aos outros. Às vezes não suportamos encarar as diferenças entre nós porque tememos o que elas podem revelar a nosso respeito. Como se todo mundo não corresse o risco de ser negro demais, branco demais, homem demais, mulher demais. No entanto, qualquer visão de futuro que possa abarcar a todos, por definição, deve ser complexa e deve estar em expansão, o que não é fácil de alcançar. A resposta ao frio é o calor, a resposta à fome é a comida. Mas não existe uma resposta simples e monolítica ao racismo, ao machismo, à homofobia. Existe apenas, em cada um dos meus dias, um esforço consciente para avançar contra eles, onde quer que eu me depare com essas manifestações específicas da mesma doença. Quando enxergamos quem é esse *nós*, aprendemos a usar nossa energia com maior precisão contra os nossos inimigos em vez de contra nós mesmos.

Nos anos 1960, a américa branca – racista e liberal na mesma medida – estava mais do que satisfeita de se sentar e assistir aos militantes negros brigarem com os muçulmanos negros, aos nacionalistas negros falarem mal dos não violentos, e às mulheres negras ouvirem que, para elas, a única posição útil no movimento Black Power era de bruços. A existência de lésbicas e gays negros era algo impensável publicamente na américa negra. Ficamos sabendo agora, nos anos 1980, através de documentos liberados pela Lei da Liberdade de Informação,[4] que, durante a década de 1960, o FBI e a CIA usaram nossa intolerância à diferença para estimular confusão e tragédia em vários segmentos da comunidade negra, um após o outro. O negro era lindo, mas ainda suspeito, e com frequência nossos fóruns de debate se tornavam arenas de jogos, como "eu sou mais preto que você" ou "eu sou mais pobre que você", nos quais não há vencedores.

Para mim, os anos 1960 foram uma época de esperança e empolgação, mas também foram anos de isolamento e frustração. Eu sentia constantemente que estava trabalhando e criando meus filhos em um vácuo, e que a culpa era minha – se ao menos eu fosse mais negra, as coisas seriam melhores. Foi uma época de muita energia desperdiçada, e eu sofria muito e com frequência. A menos que eu negasse alguns aspectos da minha identidade ou escolhesse entre eles, meu trabalho e minha negritude seriam inaceitáveis. Sendo eu uma lésbica negra e mãe em um casamento inter-racial, havia sempre uma parte de mim que ofendia os confortáveis preconceitos dos outros sobre quem eu deveria ser. Foi assim que aprendi que, se eu mesma não me definisse, eu seria abocanhada e engolida viva pelas fantasias dos outros a meu respeito. Minha poesia, minha vida, meu trabalho, meus estímulos para a luta não eram aceitáveis a menos que eu fingisse corresponder às normas de alguém. Aprendi que não conseguiria vencer naquele jogo, e que a energia gasta nessa farsa seria prejudicial ao meu trabalho. E havia filhos para criar, estudantes para ensinar. A Guerra do Vietnã estava se agravando, nossas cidades estavam em chamas, mais e mais crianças em idade escolar fora das salas de aula, o lixo se acumulando em nossas ruas. Precisávamos articular forças, não nos conformar. Havia outros trabalhadores negros de peso cujas visões foram afetadas e silenciadas em consequência de um fantasioso e limitado molde de

---

[4] Lei de acesso à informação, aprovada nos Estados Unidos em 1967, que regula a consulta a arquivos governamentais. (N.T.)

negritude. As mulheres negras também não estavam imunes. Em um encontro nacional de mulheres negras em prol da ação política, uma jovem ativista dos direitos civis, que tinha sido espancada e presa no Mississipi poucos anos antes, foi atacada e silenciada porque seu marido era branco. Alguns de nós sobrevivemos, e outros se perderam na luta. Foi um tempo de muita esperança e muita expectativa, mas foi também um tempo de muito desperdício. Isso é passado. Não precisamos repetir os mesmos erros nos anos 1980.

A energia bruta da determinação negra que foi liberada na década de 1960 impulsionou mudanças na consciência negra, assim como na nossa autoimagem e nas nossas expectativas. Essa energia ainda pode ser sentida nos movimentos pela mudança conduzidos pelas mulheres, por outras pessoas de cor, por gays, por deficientes – em todos os grupos marginalizados pela sociedade. Esse é um legado dos anos 1960 para nós e para os outros. Mas devemos reconhecer que muitas das nossas grandes expectativas de uma rápida mudança revolucionária de fato não se confirmaram. E muitas de nossas conquistas estão sendo desmanteladas neste momento. Isso não é motivo para desespero, nem para rejeitarmos a importância daqueles anos. Mas devemos encarar com clareza e discernimento as consequências de simplificar demais qualquer luta por autoconsciência e libertação, ou nunca recobraremos a força necessária para encarar as multifacetadas ameaças à nossa sobrevivência nos anos 1980.

Não existe luta por uma questão única porque não vivemos vidas com questões únicas. Malcolm sabia disso. Martin Luther King Jr. sabia disso. Nossas lutas são específicas, mas nós não estamos sozinhos. Não somos perfeitos, mas somos mais fortes e mais sábios do que a soma dos nossos erros. Pessoas negras estiveram aqui antes de nós e sobreviveram. Podemos ler suas vidas como placas que nos indicam o caminho e descobrir, como Bernice Reagon[5] diz de modo

---

[5] Bernice Reagon (1942) é cantora, compositora e ativista. No início dos anos 1960, foi uma das fundadoras do Student Nonviolent Coordinating Committee, em Albany, Georgia. (N.T.)

tão comovente, que cada um de nós está aqui porque alguém antes de nós fez algo que tornou isso possível. Aprender com os erros deles não diminui nossa dívida com eles, nem o trabalho duro de nos tornarmos quem somos e de sermos eficientes.

Perdemos nossa história de vista com muita facilidade, uma vez que ela não é mastigada para nós pelo *The New York Times*, ou pelo *Amsterdam News*, ou pela revista *Time*. Talvez por não darmos ouvidos aos nossos poetas ou aos nossos loucos, talvez por não escutarmos nossas mães dentro de nós. Quando ouço as verdades mais profundas saídas da minha boca e que soam como a minha mãe, mesmo lembrando o quanto lutei contra ela, vejo que preciso reavaliar tanto nossa relação quanto as fontes do meu conhecimento. O que não quer dizer que devo romantizar minha mãe para apreciar o que ela me deu – mulher, negra. Não temos que romantizar nosso passado para estarmos conscientes de como ele semeia nosso presente. Não temos que sofrer a devastação de uma amnésia que nos priva das lições do passado em vez de permitir que as interpretemos com orgulho e profundo entendimento.

Nós sabemos como é quando mentem para nós, e sabemos como é importante não mentirmos para nós mesmos.

Nós somos poderosos porque sobrevivemos, e é disso que se trata: sobrevivência e crescimento.

Dentro de cada um de nós existe um fragmento de humanidade que sabe que não está sendo favorecido pela máquina que orquestra crise após crise, reduzindo a pó todo nosso futuro. Se pretendemos impedir que as imensas forças que se somam contra nós estabeleçam uma falsa hierarquia de opressões, precisamos nos disciplinar a reconhecer que qualquer ataque contra negros e qualquer ataque contra mulheres é um ataque contra todos que sabem que nossos interesses não estão sendo atendidos pelos sistemas que sustentamos. Cada um de nós é um elo na corrente que une a legislação contra os pobres com os atentados a tiros contra os gays, o incêndio de sinagogas, o assédio nas ruas, os ataques contra mulheres e a retomada da violência contra o povo negro. Eu me pergunto, e a cada um de vocês, o que exatamente essa união exige que eu altere na trama da minha vida cotidiana? A sobrevivência não é uma teoria. De que maneira contribuo para subjugar qualquer membro do grupo que considero como sendo meu povo? Essa revelação deve iluminar as particularidades de nossas vidas: quem trabalha para fazer o pão que desperdiçamos? Ou quanta energia é gasta para fabricar os venenos nucleares que demorarão mil anos para se biodegradar? Ou quem fica cego montando os microtransistores das nossas calculadoras baratas?

Somos mulheres buscando tecer um futuro em um país no qual a Emenda dos Direitos Iguais foi derrotada por ser considerada uma legislação subversiva. Somos lésbicas e gays que, como os mais óbvios alvos da Nova Direita, sofremos ameaças de castração, encarceramento e morte nas ruas. E sabemos que o nosso apagamento apenas abre caminho para o apagamento de outras pessoas de cor, idosos, pobres, de todos aqueles que não cabem naquela norma mítica desumanizante.

Podemos mesmo ainda nos permitir brigar entre nós?

Somos pessoas negras vivendo em um tempo em que a consciência de nosso extermínio intencional está por toda parte. Pessoas de cor são cada vez mais descartáveis, essa é a política do nosso governo aqui e no exterior. Operamos sob um governo que está pronto para repetir a tragédia do Vietnã em El Salvador e na Nicarágua, um governo que está do lado errado em todas as batalhas pela libertação ao redor do mundo; um governo que invadiu e conquistou (enquanto edito esse texto) os 138 quilômetros quadrados[6] pertencentes ao Estado soberano de Granada, sob o pretexto de que seus 110 mil habitantes representam uma ameaça aos Estados Unidos. Nossos jornais estão repletos de uma suposta preocupação com os direitos humanos na Polônia branca e comunista enquanto sancionamos, através da aceitação e do fornecimento de recursos militares, o genocídio sistemático

---

[6] Granada tem, na verdade, 344 km² , mas respeitamos o original por não estar claro se os Estados Unidos ocuparam todo o país ou apenas parte dele enquanto o texto foi escrito ou se foi um equívoco da autora. (N.T.)

promovido pelo apartheid na África do Sul, o assassinato e a tortura no Haiti e em El Salvador. Equipes de consultoria americanas fortalecem governos autoritários na América Central e do Sul e no Haiti, sendo "consultoria" apenas um codinome para o que antecede o apoio militar.

Decisões de cortar o auxílio para doentes terminais, idosos, crianças carentes, para vales de alimentação, e até mesmo para alimentação escolar, são tomadas por homens de barriga cheia que vivem em casas confortáveis, têm dois carros e usufruem de inúmeros programas de incentivo fiscal. Nenhum deles vai dormir com fome. Recentemente, foi sugerido que idosos fossem contratados para trabalhar em usinas nucleares porque já estão próximos do fim de suas vidas mesmo.

Quem de nós aqui ainda se permite acreditar que os esforços para retomarmos o futuro podem ser particulares ou individuais? Quem aqui ainda se permite acreditar que a busca pela libertação pode ser incumbência única e exclusiva de uma só raça, ou um só sexo, uma idade, uma religião ou uma classe?

Revolução não é algo que aconteça uma vez e pronto. Revolução é se atentar cada vez mais para as mínimas oportunidades de promover mudanças verdadeiras nas reações estabelecidas e ultrapassadas; é, por exemplo, aprender a abordar com respeito as diferenças que há entre nós.

Temos um interesse em comum, a sobrevivência, e é possível que não a conquistemos se nos isolarmos dos outros simplesmente porque suas diferenças nos deixam desconfortáveis. Sabemos como é quando mentem para nós. Os anos 1960 deveriam ser um exemplo de como é importante não mentirmos para nós mesmos. De como não acreditar na revolução como um acontecimento único, ou algo que ocorra ao nosso redor e não dentro de nós. De como não acreditar que a liberdade possa pertencer a qualquer grupo sem que os demais também sejam livres. De como é importante não permitir que os outros, nem mesmo nossos líderes, definam quem somos, ou definam por nós quais são as nossas fontes de poder.

Não há uma pessoa negra aqui que possa se permitir esperar que a conduzam a uma ação positiva pela sobrevivência. Cada um de nós deve olhar clara e atentamente para as autênticas particularidades (condições) de sua vida e decidir onde a ação e a energia são necessárias e onde elas podem ser mais eficazes. A mudança é responsabilidade imediata de cada um de nós, não importa onde ou como nos posicionamos, ou qual arena escolhemos. Pois enquanto esperamos por outro Malcolm, outro Martin, outro líder negro carismático para validar as nossas lutas, idosos negros estão literalmente morrendo de frio em conjuntos habitacionais, crianças negras estão sendo agredidas e assassinadas nas ruas, ou sofrendo lobotomia na frente da televisão, e a porcentagem de famílias negras que vivem abaixo da linha da pobreza é mais alta hoje do que em 1963.

E se esperarmos para colocar nosso futuro nas mãos de um novo messias, o que vai acontecer quando esses líderes forem baleados, ou desacreditados, ou julgados por assassinato, ou tachados de homossexuais, ou destituídos de seu poder de alguma outra forma? Vamos colocar nosso futuro em espera? Que barreira internalizada e autodestrutiva é essa que nos impede de avançar, que nos impede de nos unirmos?

Nós que somos negros estamos em um momento extraordinário para fazer escolhas em nossas vidas. Recusar-se a participar da construção de nosso futuro é o mesmo que desistir. Não deixem que uma falsa sensação de segurança ("isso não me afeta") ou o desespero ("não há nada que possamos fazer") os levem à passividade. Cada um de nós deve descobrir qual trabalho nos cabe e colocá-lo em prática. Militância não significa portar armas em plena luz do dia, se é que algum dia foi isso. Significa trabalhar ativamente pela mudança, às vezes sem nenhuma garantia de que ela esteja a caminho. Significa fazer o trabalho tedioso e nada romântico, ainda que necessário, de formar alianças relevantes, significa reconhecer quais alianças são possíveis e quais não são. Significa saber que aliança, assim como unidade, implica a união de seres humanos completos, bem-resolvidos, decididos e confiantes, e não autômatos fragmentados marchando a um ritmo pré-determinado. Significa combater o desespero.

E na universidade isso certamente não é tarefa fácil, pois cada um de vocês, pelo simples fato de estarem aqui, terão oportunidades intermináveis de se confundir, de esquecer quem são, de esquecer onde estão seus verdadeiros interesses. Não se enganem, vocês serão cortejados; e nada neutraliza a criatividade mais rápido que o tokenismo,[7] aquela falsa sensação de segurança alimentada pelo mito de soluções individuais. Para parafrasear Malcolm: uma advogada negra dirigindo um Mercedes pela Avenida Z no Brooklyn ainda é uma "crioula vagabunda", duas palavras que nunca parecem sair de moda.

Vocês não têm que ser iguais a mim para que possamos lutar lado a lado. Eu não tenho que ser igual a vocês para reconhecer que nossas guerras são as mesmas. O que devemos fazer é nos comprometer com um futuro que seja capaz de incluir cada um de nós e trabalhar para conquistá-lo, utilizando os pontos fortes de nossos atributos individuais. E, para fazer isso, temos que aceitar nossas diferenças ao mesmo tempo em que reconhecemos nossas semelhanças.

Se nossa história nos ensinou alguma coisa, é que uma ação a favor da mudança que se concentre apenas nas condições externas de nossa opressão não basta. Para sermos inteiros, devemos reconhecer o desespero que a opressão planta dentro de cada um – aquela voz fininha e persistente que diz que nossos esforços são inúteis, que nada nunca vai mudar, então por que se importar?, só aceite. E devemos combater esse pedacinho de autodestruição que foi implantado em nós e que vive e floresce como um veneno, despercebido até o momento em que nos faz voltar contra aquilo que há de nós nos outros. Mas podemos cutucar esse ódio que está enraizado nas profundezas de cada um de nós e ver quem ele nos incita a desprezar, e podemos diminuir sua potência ao tomarmos conhecimento de nossa real conexão, superando assim nossas diferenças.

---

[7] Ver nota 5, p. 147.

Espero que consigamos aprender com os anos 1960 que não podemos nos permitir fazer o trabalho dos nossos inimigos, destruindo uns aos outros.

O que significa quando um jogador negro de beisebol, enfurecido – isso aconteceu em Illinois –, insulta um branco que o hostiliza, mas puxa a faca para um negro? Quer melhor maneira de policiar as ruas das comunidades formadas por minorias do que jogar uma geração contra a outra?

Referindo-se a lésbicas e gays negros, o presidente da associação estudantil da Universidade Howard, na ocasião da Declaração dos Estudantes Gays no campus, disse: "A comunidade negra não tem nada a ver com essa imundice – vamos ter que abandonar *essas pessoas*" [grifos meus]. Abandonar? Frequentemente, sem perceber, assimilamos a crença racista de que pessoas negras são o alvo mais conveniente para a raiva de todo mundo. Estamos mais próximos uns dos outros, e é mais fácil descarregar nossa raiva entre os nossos do que nos nossos inimigos.

É claro, o jovem em Howard estava historicamente equivocado. Como parte da comunidade negra, ele tem muito a ver com "a gente". Alguns de nossos melhores escritores, articuladores, artistas e acadêmicos dos anos 1960, assim como hoje, eram lésbicas e gays, e a história mostra que digo a verdade.

Diversas vezes na década de 1960 exigiram que eu defendesse minha existência e meu trabalho, por ser mulher, por ser lésbica, por não ser separatista,[8] porque algo em mim não era aceitável. Não por causa do meu trabalho, mas por causa da minha identidade. Tive que aprender a me agarrar a todas as partes de mim que me serviam, apesar da pressão para expressar somente uma delas e excluir todas as outras. E não sei o que eu diria se ficasse cara a cara

---

[8] Separatismo é uma vertente do feminismo radical que se recusa a se articular politicamente com homens. Dentro da vertente do pessoal/político, algumas separatistas se recusam a trabalhar, conviver ou manter qualquer tipo de relacionamento com homens. (N.T.)

com aquele jovem na Universidade Howard que diz que sou imunda porque reconheço nas mulheres a minha fonte primária de energia e apoio, a não ser dizer que foi a minha energia e a energia de muitas mulheres muito parecidas comigo que contribuíram para que ele estivesse onde está agora. Mas acho que ele jamais diria isso na minha cara, porque ofender é sempre mais fácil quando feito a distância, na academia. Invisibilizar lésbicas e gays no intricado tecido da existência e da sobrevivência negra é uma manobra que contribui para a fragmentação e o enfraquecimento da comunidade negra.

Nos círculos acadêmicos, assim como em outros lugares, existe um tipo de insulto que vem sendo cada vez mais utilizado para manter as mulheres negras na linha. Geralmente, assim que uma jovem negra começa a reconhecer que está sendo oprimida por ser mulher e por ser negra, ela é tachada de lésbica, não importa como ela se identifique sexualmente. "Como assim você não quer fazer café tomar notas lavar a louça ir para a cama comigo, você é lésbica por acaso?" E diante da ameaça de tão temido estigma, é bem comum que ela entre na linha docilmente, ainda que de maneira dissimulada. Mas a palavra "lésbica" só representa uma ameaça para as mulheres negras que são intimidadas pela própria sexualidade, que se deixam ser definidas em função dela e de fatores externos. Mulheres negras lutando com base em nossas próprias perspectivas, falando por nós mesmas, compartilhando estreitos laços políticos e emocionais umas com as outras não são inimigas dos homens negros. Somos mulheres negras que buscam nossas próprias definições, reconhecendo com respeito a diversidade que há entre nós. Estamos presentes em nossas comunidades há muito tempo e desempenhamos papéis cruciais na sobrevivência dessas comunidades: de Hatshepsut a Harriet Tubman, passando por Daisy Bates, Fannie Lou Hamer e Lorraine Hansberry,[9] sua tia Maydine e até algumas de vocês sentadas na minha frente agora.

---

[9] Hatshepsut (1507-1458 a.C.) foi a primeira faraó da história e uma das poucas mulheres a assumir esse posto no Antigo Egito. Ela reinou de 1479

Nos anos 1960, as pessoas negras desperdiçaram muita de nossa substância lutando entre si. Não podemos nos permitir fazer isso na década de 1980, quando Washington D.C. tem a maior taxa de mortalidade infantil dos Estados Unidos, 60% da comunidade negra com menos de vinte anos está desempregada e outros tantos estão se tornando cada vez menos empregáveis, os linchamentos estão aumentando e menos da metade dos eleitores negros registrados votaram nas últimas eleições.

Como vocês estão praticando o que pregam – seja lá o que pregam –, e quem exatamente está ouvindo? Como Malcolm ressaltou, não somos responsáveis pela nossa opressão, mas devemos ser os responsáveis pela nossa libertação. Não vai ser fácil, mas temos o que aprendemos e aquilo de útil que nos foi dado. Temos o poder que nos foi transmitido por aqueles que nos precederam, para irmos além de onde eles foram. Temos as árvores, a água, o sol e nossas crianças. Malcolm X não vive nas palavras impressas que lemos dele; ele vive na energia que geramos e usamos para caminhar em direção aos ideais que compartilhamos. Estamos construindo o futuro enquanto criamos vínculos para sobrevivermos às enormes pressões do presente, e é isso que significa fazer parte da história.

---

até a sua morte. Harriet Tubman (1822-1913), filha de pais escravizados, nasceu durante a escravidão nos Estados Unidos, conseguiu escapar e se dedicou à causa abolicionista. Resgatou dezenas de pessoas escravizadas usando um esquema de rotas e abrigos clandestinos conhecido como *Underground Railroad*. Daisy Bates (1914-1999) foi uma jornalista e editora, ativista pelos direitos civis nos Estados Unidos. Em 1941, fundou o jornal semanal *Arkansas State Press*, que dava voz às pessoas negras e lutava contra o racismo e pelos direitos civis. Fannie Lou Hamer (1917-1977) foi uma ativista pelos diretos das mulheres e pelos direitos civis no Mississipi, Estados Unidos. Foi vice-presidente e uma das criadoras do Partido Democrático da Liberdade. Lorraine Hansberry (1930-1965) foi a primeira dramaturga negra a ter uma peça, *A Raisin in the Sun*, encenada da Broadway. Também participou do movimento pelos direitos civis nos Estados Unidos. (N.T.)

OLHO NO OLHO: MULHERES NEGRAS, ÓDIO E RAIVA[1]

Para onde vai a dor quando ela vai embora?
De um poema de Dra. Gloria Joseph

TODA MULHER NEGRA nos Estados Unidos vive em algum ponto de uma extensa curva de raivas antigas e veladas.

Minha raiva de mulher negra é um lago de lava no meu cerne, o segredo que guardei de modo mais intenso. Eu sei o quanto da minha vida como mulher de sentimentos poderosos está emaranhado nessa rede de fúria. Ela é um fio elétrico entrelaçado em cada tapeçaria emocional em que coloco o que há de essencial na minha vida – uma fonte quente e borbulhante que pode entrar em erupção a qualquer momento, irrompendo da minha consciência como fogo numa paisagem. Como adestrar essa raiva com precisão, em vez de negá-la, tem sido uma das tarefas mais importantes da minha vida.

---

[1] Uma versão resumida deste ensaio foi publicada na revista *Essence*, v. 14, n. 6 (outubro 1983). Eu não terminaria este texto sem as observações e o apoio das mulheres às quais aqui agradeço: Andrea Canaan, Frances Clayton, Michelle Cliff, Blanche Wiesen Cook, Clare Cross, Yvonne Flowers, Gloria Joseph, Adrienne Rich, Charlotte Sheedy, Judy Simmons e Barbara Smith. Este ensaio é dedicado à memória de Sheila Blackwell Pinckney (1953-1983).

Outras mulheres negras não são a origem nem a fonte desse poço de raiva. Eu sei disso, não importa qual seja a particularidade da situação entre mim e outra mulher negra em determinado momento. Então por que essa raiva se manifesta mais claramente contra outras mulheres negras, por menor que seja o motivo? Por que eu as julgo com mais rigidez do que a quaisquer outras, enfurecendo-me quando não correspondem às minhas expectativas?

E se por trás do que eu ataco estiver meu próprio rosto, renegado, o que poderia extinguir um fogo alimentado por paixões tão recíprocas?

Quando comecei a escrever sobre a intensidade da raiva entre mulheres negras, descobri que tinha apenas começado a tocar em uma das três pontas de um iceberg, cuja subestrutura mais profunda é o ódio, esse desejo de morte que a sociedade manifesta contra nós desde o momento em que nascemos mulheres e negras nos Estados Unidos. Daí em diante, nos impregnamos de ódio – da nossa cor, do nosso sexo, da nossa ousadia de achar que tínhamos ao menos o direito de estarmos vivas. Na infância, absorvemos esse ódio, somos atravessadas por ele, e, quase sempre, ainda vivemos nossas vidas sem reconhecer o que ele é de fato e como ele funciona. Ele retumba como ecos de crueldade e raiva nas relações que mantemos umas com as outras. Pois cada uma de nós carrega o rosto que ele procura, e aprendemos a nos sentir à vontade com a crueldade, por termos sobrevivido tantas vezes a ela em nossa existência.

Antes que eu possa escrever sobre a raiva das mulheres negras, preciso escrever sobre a venenosa infiltração de ódio que alimenta essa raiva e sobre a crueldade que é produto do encontro entre os dois.

Descobri isso refletindo sobre minhas próprias expectativas em relação a outras mulheres negras, seguindo os fios da minha própria raiva da mulheridade negra até chegar ao ódio e ao desprezo que bordaram minha vida com fogo muito antes de eu saber de onde vinha esse ódio ou por que ele se acumulava em mim. As crianças consideram somente a si mesmas como a razão do que acontece em suas vidas. Então é claro que, na minha infância, concluí que devia haver algo de muito errado comigo para inspirar tanto desprezo. O motorista do ônibus não olhava para as outras pessoas como olhava para mim. A culpa devia ser de tudo aquilo que minha mãe me avisara para não fazer e não ser, mas que eu fiz e fui mesmo assim.

Buscar o poder dentro de mim significa que devo estar disposta a atravessar o medo e partir rumo ao que há para além dele. Quando olho para os meus pontos mais vulneráveis e reconheço a dor que senti, consigo separar a origem dessa dor dos arsenais dos meus inimigos. Portanto, minha história não pode ser usada para dar munição ao inimigo, e isso diminui o poder deles sobre mim. Nada que eu aceite de mim mesma pode ser usado contra mim, para me diminuir. Eu sou quem sou, fazendo o que vim fazer, agindo sobre vocês como uma droga ou um cinzel para que se lembrem do que há de mim em vocês, enquanto descubro vocês em mim.

A imagem que os Estados Unidos fazem de mim se impôs como uma barreira à percepção dos meus próprios poderes. Tive que examinar e derrubar essa barreira, pedaço por pedaço, dolorosamente, para usar minhas energias de modo pleno e criativo. É mais fácil lidar com as manifestações externas do racismo e do machismo do que com as consequências dessas distorções internalizadas na percepção que temos de nós e das outras.

Mas qual é a natureza dessa relutância em nos conectar em níveis que não sejam os mais superficiais? Qual é a fonte da desconfiança e da distância que separam as mulheres negras?

Não gosto de falar sobre ódio. Não gosto de me lembrar da exclusão e da aversão, tão pesadas quanto minha desejável morte, vistas nos olhos de tanta gente branca desde o instante em que passei a enxergar. Esse ódio ecoava nos jornais, nos filmes, nas imagens sacras, nos quadrinhos, no programa de rádio *Amos 'n' Andy*.[2] Eu não tinha instrumentos para dissecá-lo nem linguagem para nomeá-lo.

Linha AA do metrô para o Harlem. Agarro minha mãe pela manga da blusa, os braços dela cheios de sacolas de compras, o peso

---

[2] Ver nota 4, p. 157. (N.T.)

do Natal. O cheiro molhado das roupas de inverno, o chacoalhar do trem. Minha mãe enxerga um espaço entre dois assentos e empurra meu corpo franzino e agasalhado para que eu me sente. De um lado, um homem lê um jornal. Do outro, uma mulher com um chapéu de pele me encara. Ela contorce a boca enquanto me encara, depois baixa os olhos, levando junto o meu olhar. A mão, em luva de couro, toca o ponto em que se encostam minha calça azul nova e seu casaco de pele, felpudo e macio. Ela puxa o casaco para si com um solavanco. Eu observo. Não entendo o que ela vê de tão horrível entre nós no assento – talvez uma barata. Mas me transmitiu seu horror. Pelo jeito como olha, deve ser algo muito ruim, então eu também puxo meu casaco. Quando levanto a cabeça, a mulher ainda me olha, as narinas dilatadas, os olhos arregalados. De repente, percebo que não há nada rastejando entre nós; é em mim que ela não quer que o casaco encoste. A pele do casaco roça o meu rosto quando ela se levanta num sobressalto e se segura numa das alças do trem em alta velocidade. Nascida e criada na cidade de Nova York, rapidamente deslizo para o lado, abrindo espaço para minha mãe se sentar. Nenhuma palavra foi dita. Tenho medo de dizer algo para minha mãe, porque não sei o que fiz. Olho discretamente para minha calça. Será que tem alguma coisa nela? Aconteceu algo que eu não entendo, mas de que nunca vou me esquecer. Os olhos dela. As narinas dilatadas. O ódio.

 Meus olhos de três anos de idade doem por causa do equipamento usado para examiná-los. Minha testa está irritada. Durante toda a manhã, cutucaram, examinaram e mexeram nos meus olhos. Encolho-me na cadeira alta de metal e couro, assustada, infeliz, querendo minha mãe. Do outro lado do consultório do oftalmologista, um grupo de jovens brancos com jalecos brancos discutem meus olhos peculiares. Apenas uma voz permanece na minha memória. "Pela aparência, deve ser retardada também." Todos riem. Um deles se aproxima de mim e anuncia, devagar e com cuidado: "Ok, garotinha, pode esperar lá fora". E dá uns tapinhas de leve no meu rosto. Fico grata pela ausência de grosseria.

A bibliotecária da Hora da História lê *Little Black Sambo*.³ Seus dedos brancos seguram o livrinho, que fala de um menino negro com cara de bolacha, lábios grandes e vermelhos, cabelo encaracoladinho e que carrega um monte de manteiga. Lembro-me de ter ficado ferida com as ilustrações e de pensar outra vez que devia ter alguma coisa errada comigo, porque todo mundo estava rindo e, segundo a bibliotecária, a biblioteca central tinha dado um prêmio especial para esse livrinho.

O QUE HÁ DE ERRADO COM VOCÊ, HEIN? NÃO SEJA TÃO SENSÍVEL!

Sexto ano em uma nova escola católica, e sou a primeira aluna negra. As garotas brancas riem do meu cabelo trançado. A freira manda um bilhete para minha mãe dizendo que "trancinhas não são apropriadas para a escola" e que eu deveria aprender a pentear o cabelo "de um jeito mais arrumado".

Lexie Goldman e eu na Avenida Lexington, rostos adolescentes corados pela primavera e pela corrida na saída do colégio. Paramos numa lanchonete, pedimos água. A mulher atrás do balcão sorri para Lexie. Ela nos dá água. Para Lexie, num copo de vidro. Para mim, num copo descartável. Depois disso, fazemos piada sobre o meu copo ser para viagem. Bem alto.

Minha primeira entrevista para um emprego de meio período depois da aula. Uma ótica na Rua Nassau havia ligado para a minha escola pedindo indicação de um estudante para trabalhar lá. Do outro lado do balcão, o atendente lê minha ficha de inscrição, depois levanta a cabeça e olha para mim, surpreso com meu rosto preto. Os olhos dele me lembram a mulher no metrô quando eu tinha cinco anos. Mas agora há um elemento novo: ele me olha de cima a baixo e para nos meus peitos.

---

³ Escrito e ilustrado pela autora escocesa Helen Bannerman, o livro infantil *The History of Little Black Sambo* foi publicado pela primeira vez em 1899. O livro fez sucesso durante muitos anos até ser criticado por incorporar estereótipos racistas tanto nos personagens quanto nas ilustrações. (N.T.)

Minha mãe, de pele mais clara, me manteve viva em um ambiente no qual minha vida não tinha grande importância. Ela usou os métodos que tinha à mão, ainda que poucos. Ela nunca falava sobre cor. Minha mãe, uma mulher muito corajosa, nascida no Caribe, despreparada para a américa. E ela me desarmava com seus silêncios. De alguma forma, eu sabia que era mentira que ninguém mais enxergava cor. Eu, mais escura que minhas duas irmãs. Meu pai, o mais escuro entre nós. Sempre tive ciúmes das minhas irmãs, porque minha mãe as considerava boas, enquanto eu era a má, sempre arrumando problemas. "Tem o diabo no corpo", ela costumava dizer. Elas eram arrumadas; eu, desleixada. Elas eram quietas; eu, barulhenta. Elas eram bem-comportadas; eu, bagunceira. Elas faziam aula de piano e ganhavam prêmios por bom comportamento. Eu roubava dinheiro do bolso do meu pai e quebrava o tornozelo descendo o morro de trenó. Elas eram bonitas, eu era escura. Má, levada, desordeira de nascença, se é que existe alguém assim.

Será que "má" significava "negra"? O ritual interminável de esfregar suco de limão em cada canto e dobra do meu corpo em processo de amadurecimento, de escurecimento. E, ah, os pecados dos meus cotovelos e joelhos escuros, minhas gengivas e meus mamilos, as dobras do meu pescoço e o vão das minhas axilas!

As mãos que me agarram atrás da escada são mãos negras. Mãos de menino, batendo, esfregando, beliscando, puxando meu vestido. Jogo com força na lixeira o saco de lixo que carrego e saio correndo, subo as escadas voando. Gritos me perseguem: "Isso mesmo, sua puta, é melhor correr, sua mulatinha horrorosa, você vai ver!". Obviamente, a cor era relativa.

Minha mãe me ensinou a sobreviver desde muito cedo com seu exemplo. Seus silêncios também me ensinaram o que era isolamento, fúria, desconfiança, autorrejeição e tristeza. Minha sobrevivência depende de aprender a usar as armas que ela me deu, também, para lutar contra essas coisas dentro de mim, inominadas.

E a sobrevivência é o maior presente do amor. Às vezes, para as mães negras, é o único presente possível, e a ternura se perde. Minha mãe me pôs no mundo como se esculpisse em mármore uma mensagem furiosa. No entanto, sobrevivi ao ódio que me cercava, porque minha mãe me fez saber, indiretamente, que não importava o que acontecesse na nossa casa – lá fora não deveria ser daquele jeito. Mas como lá fora era daquele jeito, eu caminhava por um pântano de inexplicável raiva, que me cercava e espirrava em quem estivesse mais próximo e compartilhasse desse ódio de si. Claro que não percebia isso na época. Aquela raiva parecia uma poça de ácido dentro de mim, e toda vez que eu sentia algo profundamente, lá estava a raiva se aderindo aos lugares mais estranhos. Aderindo-se a pessoas tão impotentes quanto eu. Minha primeira amiga pergunta: "Por que você sai por aí atacando o tempo todo? Você só sabe ser amiga desse jeito?".

Qual outra criatura no mundo além da mulher negra teve que assimilar o conhecimento de tanto ódio em sua sobrevivência e ainda assim seguir em frente?

Pouco depois da Guerra de Secessão. Em um hospital todo de pedra cinza, na Rua 110, em Nova York, uma mulher está gritando. Ela é negra, saudável, foi trazida do Sul. Não sei o nome dela. Seu bebê está prestes a nascer. Mas suas pernas foram atadas em nome de uma curiosidade mascarada de interesse científico. O bebê morre ao nascer pressionado contra os ossos dela.

Onde está você, Elizabeth Eckford, sete anos, de Little Rock, Arkansas? É uma manhã ensolarada de segunda-feira, seu primeiro dia de aula, e você caminha para a escola coberta de cusparadas; o ódio branco escorre pelo seu agasalho cor-de-rosa, a boca retorcida de uma mãe branca se escancara – selvagem, desalmada – sobre suas tranças vistosas, amarradas bem alto com fitas cor-de-rosa.

Numvulo caminhou durante cinco dias desde o lugar desolado onde o caminhão a largara. Ela está na Cidade do Cabo, sob a chuva da África do Sul, os pés descalços pisam nas marcas deixadas pelo trator onde antes ficava sua casa. Pega um pedaço de papelão ensopado que um dia cobriu sua mesa e o segura sobre a cabeça do bebê amarrado às suas costas. Ela logo será presa e levada de volta à reserva, cuja língua local ela nem sequer fala. Ela jamais terá permissão para viver ao lado do marido.

Bicentenário,[4] Washington, D.C. Duas mulheres negras, corpulentas, vigiam pertences domésticos empilhados caoticamente na calçada diante de uma casa. Móveis, brinquedos, montes de roupas. Uma mulher balança, distraída, um cavalinho de brinquedo com o dedão do pé, para a frente e para trás. Na lateral do prédio em frente, do outro lado da rua, pintada em letras pretas garrafais, a frase *DEUS ODEIA VOCÊS*.

Addie Mae Collins, Carole Robertson, Cynthia Wesley, Denise McNair. Quatro garotinhas negras, todas com menos de dez anos, cantam sua última canção de outono na escola dominical da igreja em Birmingham, Alabama. Após a explosão, não é possível dizer qual sapatinho envernizado de domingo pertence a qual perna encontrada.

Qual outro ser humano absorve tão virulenta hostilidade e continua subsistindo?

As mulheres negras têm uma história de uso e divisão de poder que parte das legiões de amazonas do Daomé,[5] passa pela rainha guerreira Yaa Asantewaa do império Ashanti[6] e pela guerreira da liberdade Harriet Tubman,[7] até chegar às guildas de mulheres comerciantes de grande poder econômico na África Ocidental. Temos uma

---

[4] Em 1976 foi comemorado o bicentenário dos Estados Unidos como uma república independente. (N.E.)

[5] Ver nota 8, p. 30.

[6] O Império Ashanti estendia-se entre o que hoje é parte de Gana, Togo e Costa do Marfim. Era formado por descendentes do povo akan e ficou conhecido por sua organização militar. Yaa Asantewaa (1840-1921) foi rainha-mãe do distrito de Ejisu, em Ashanti. Em 1900, ela liderou a Guerra do Trono de Ouro contra o colonialismo britânico. (N.T.)

[7] Ver nota 9, p. 181.

tradição de proximidade, cuidado mútuo e apoio, desde as cortes das rainhas-mães do Benim, formadas exclusivamente por mulheres, até a Irmandade da Boa Morte, uma comunidade brasileira de senhoras que perdura até hoje, formada por fugitivas da escravidão que conseguiram libertar e abrigar outras mulheres escravizadas, e que, atualmente, cuidam umas das outras.[8]

Somos mulheres negras nascidas em uma sociedade de arraigada repugnância e desprezo por tudo o que é negro e que vem das mulheres. Somos fortes e persistentes. Também temos cicatrizes profundas. Como africanas unidas, houve um tempo em que, com os dedos, tornamos a terra fértil. Podemos tanto fazer a terra produzir quanto formar a linha de fogo em defesa do rei. E, mesmo tendo matado, em nome dele e em nosso nome (o rifle de Harriet ressoa, empunhado no pântano sombrio), sabemos que o poder de matar é menor que o de criar, pois ele dá fim em vez de dar início a algo novo.

Raiva – emoção de desprazer que pode ser excessiva ou inapropriada, mas não necessariamente prejudicial. Ódio – hábito emocional ou disposição mental em que a aversão se une à agressividade. A raiva, quando usada, não destrói. O ódio, sim.

"Racismo" e "machismo" são palavras de adultos. Crianças negras na américa não conseguem evitar essas distorções na sua vida e, frequentemente, não têm palavras para nomeá-las. Mas ambas são percebidas, corretamente, como ódio.

Crescer metabolizando o ódio como o pão de cada dia. Porque sou negra, porque sou mulher, porque não sou negra o suficiente, porque não sou uma determinada fantasia de mulher, porque eu SOU. Estando nessa dieta tão consistente, é possível acabar valorizando mais o ódio dos inimigos do que o amor dos amigos, pois esse ódio dá origem à raiva, e a raiva é um combustível poderoso.

É verdade, às vezes parece que só a raiva me mantém viva; sua chama queima plena, vibrante. No entanto, a raiva, assim como a culpa, é uma forma incompleta de conhecimento humano. Mais útil

---

[8] De um ensaio inédito da artista e historiadora da arte Samella Lewis.

que o ódio, mas ainda assim limitada. A raiva é útil para ajudar a entender nossas diferenças, mas, a longo prazo, a energia gerada apenas pela raiva é uma força cega, que não pode criar o futuro. Pode apenas demolir o passado. Tal força não se concentra no que está adiante, mas sim no que está atrás, no que a criou – o ódio. E o ódio é um desejo de morte ao odiado, não um desejo de vida a qualquer outra coisa.

Crescer metabolizando o ódio como o pão de cada dia significa que, com o tempo, toda interação humana se contamina pela paixão e pela intensidade negativas de seus derivados – a raiva e a crueldade.

Somos africanas e sabemos, pela narrativa do nosso sangue, da ternura com a qual nossas ancestrais se abraçavam. É essa conexão que buscamos. Temos as histórias das mulheres negras que curaram as feridas umas das outras, criaram os filhos umas das outras, lutaram as batalhas umas das outras, araram a terra umas das outras e facilitaram as passagens umas das outras à vida e à morte. Sabemos das possibilidades de apoio e conexão pelas quais ansiamos e com as quais tantas vezes sonhamos. Temos uma crescente literatura de mulheres negras que evoca, com riqueza, essas possibilidades e conexões. Mas as conexões entre mulheres negras não se estabelecem de maneira automática em função das nossas semelhanças, e as possibilidades de comunicação genuína entre nós não são fáceis de concretizar.

Muitas vezes, fingimos reconhecer a ideia de apoio mútuo e conexão entre mulheres negras porque ainda não atravessamos os obstáculos no caminho rumo a essas possibilidades, não exploramos completamente as raivas e os medos que nos impedem de compreender o poder de uma irmandade negra real. E, algumas vezes, reconhecer nossos sonhos é reconhecer a distância que há entre eles e nossa situação atual. Quando reconhecidos e munidos de muito esforço e de uma análise do agora, nossos sonhos podem moldar a realidade do nosso futuro. Não podemos nos acomodar em pretensas conexões ou em arremedos de amor-próprio. Não podemos continuar evitando levar nossos relacionamentos a níveis mais profundos porque temos as raivas umas das outras, nem continuar acreditando que respeitar implica jamais olhar direta ou abertamente nos olhos de outra mulher negra.

Eu não deveria estar sozinha e sem você que compreende.[9]

I

Conheço a raiva que existe dentro de mim como conheço a batida do meu coração e o gosto da minha saliva. É mais fácil ter raiva do que ferir, e ter raiva é o que faço de melhor. É mais fácil ter fúria do que anseio. Mais fácil crucificar o que há de mim em você do que enfrentar o ameaçador universo da branquitude ao admitir que merecemos querer bem umas às outras.

Como mulheres negras, compartilhamos muitas experiências semelhantes. Por que essas afinidades não nos aproximam em vez de nos provocar a lutar umas com as outras usando armas afiadas pela familiaridade?

A raiva com que encaro qualquer mulher negra que não corresponda minimamente aos meus desejos, às minhas necessidades imediatas ou à minha ideia do que seja uma reação adequada é uma raiva profunda e nociva, escolhida apenas com base no desespero – inconsequente em virtude do desespero. É essa raiva que mascara a dor que sinto por estarmos tão separadas quando deveríamos ser as mais unidas, a dor que sinto por ela talvez não precisar de mim tanto quanto eu preciso dela, ou me ver através do olhar embotado dos que me odeiam, aquele olhar que conheço tão bem, nas imagens distorcidas que eu mesma tenho dela. Apague ou seja apagada!

Estou na Biblioteca Pública esperando ser reconhecida pela funcionária negra sentada atrás da mesa a quase um metro de distância. Ela parece absorta em um livro, linda em toda sua juventude e autoconfiança. Ajeito meus óculos e sacudo levemente as pulseiras, para o caso de ela não ter me visto, mas, de alguma forma, eu sei que ela me viu.

---

[9] De "Letters from Black Feminists, 1972-78", de Barbara Smith e Beverly Smith, publicado na revista *Conditions: Four* (1979).

Quase sem se mover, ela lentamente vira a cabeça e olha para cima. Seus olhos cruzam com os meus com uma hostilidade tão fortuita que eu me sinto como se exposta num pelourinho. Dois homens surgem atrás de mim. Nesse momento, ela se levanta e se aproxima deles. "Pois não?", ela diz, sem nenhuma inflexão, desviando a vista de mim cuidadosamente. Nunca vi essa mulher na minha vida. "Isso é o que chamo de grosseria", penso, percebendo a crescente tensão dentro de mim.

A arte, para lá de insolente, do rosto da garota negra no momento em que ela desvia de mim seu elegante olhar de soslaio. O que faz os olhos dela se desviarem dos meus? O que ela vê que a enfurece tanto, a enraivece tanto ou lhe provoca tanta aversão? Por que sinto vontade de quebrar a cara dela quando ela não me olha nos olhos? Por que ela tem a cara da minha irmã? A boca da minha filha, curvada, prestes a umedecer os lábios? Os olhos de uma amante rejeitada e furiosa? Por que eu sonho que embalo você à noite? Divido partes do seu corpo entre as tigelas de comida dos meus animais de que menos gosto? Passo noites terríveis, uma após a outra fazendo vigília por você, pensando? Ah, irmã, onde está aquela terra fértil e sombria por onde gostaríamos de caminhar juntas?

Odeie disse a voz telegrafada em ritmo 3/4 impressa em letras borradas todas as opiniões feitas para matar, eu e você, eu ou você. E cuja imagem de futuro destruímos – seu rosto ou o meu – sem um ou outro como olharei para ambos novamente – a ausência de um ou outro é a minha ausência.

E se eu confiar em você para qual dragão pálido você entregará nossa carne marrom por medo, autopreservação, ou para qual altar fraterno de todos os sem amor e que não têm para onde ir e assim se tornam outra face do terror ou do ódio?

Uma fera estúpida registra infinitamente dentro de si ataques venenosos de silêncio – carne corrompida – o que haveria de crescer naquele covil obscuro e como é que a criança se converte de sacrifício em mentirosa?

Minha irmã de sangue, do outro lado da sala de estar. Recostada na cadeira enquanto falo honestamente, tentando tocá-la, tentando alterar as percepções que ela tem de mim e que lhe provocam tanta dor. Devagar, com cuidado e com frieza, para que eu não perca nem sequer uma de suas palavras mordazes, ela diz: "Não dou a mínima para o que você está tentando dizer – não tenho interesse em ouvir".

Nunca superei a raiva por você não me querer como irmã, nem como aliada nem como uma distração que mereça mais atenção do que o gato. Você nunca superou a raiva por eu ter vindo ao mundo. E por eu ser diferente, mas não o bastante. Há uma mulher com os olhos da minha irmã que nunca me perdoou por eu surgir antes que ela tivesse a chance de conquistar o amor de sua mãe, como se alguém pudesse. Uma outra mulher tem as maçãs do rosto da minha outra irmã, que sempre quis liderar, mas só foi ensinada a obedecer, então agora ela se dedica a governar pela obediência, uma visão passiva.

Quem esperávamos que a outra fosse, nós que ainda não estamos em paz com quem somos? Não posso tirar você do caminho como faço com os outros, então talvez eu possa destruí-la. Será que devo destruí-la?

Não amamos a nós mesmas, por isso não podemos amar uma à outra. Porque vemos no rosto da outra o nosso próprio rosto, o rosto que nunca deixamos de querer. Porque sobrevivemos, e sobreviver gera o desejo por mais de si. Um rosto que nunca deixamos de querer, ao mesmo tempo que tentamos destruir.

Por que não nos olhamos nos olhos? Esperamos encontrar traição ou reconhecimento no olhar da outra?

Se ao menos uma vez sentíssemos a dor do sangue de todas as mulheres negras nos inundando até nos afogar! Fiquei à deriva na minha solidão, boiando numa raiva tão profunda, que só consegui continuar sobrevivendo.

Quando não se pode influenciar uma situação, retirar-se é um ato de sabedoria.[10]

Toda mulher negra na américa sobreviveu a vidas inteiras de ódio, nas quais até mesmo, na vitrine das docerias da nossa infância,

---

[10] Trecho do *I Ching*.

aqueles bebês neguinhos de alcaçuz[11] testemunhavam contra nós. Sobrevivemos às cusparadas nos nossos sapatos infantis e aos band-aids cor de pele rosada, às tentativas de estupro no telhado, às cutucadas do filho do zelador, à visão de nossas amigas explodidas na escola dominical, e absorvemos toda essa aversão como algo natural. Tivemos que metabolizar tanto ódio que nossas células aprenderam a viver dele – do contrário, morreríamos dele. O antigo rei Mitrídates[12] aprendeu a ingerir arsênio pouco a pouco e acabou ludibriando seus envenenadores, mas eu teria odiado beijar os lábios dele! Hoje negamos que esse ódio tenha algum dia existido porque aprendemos a neutralizá-lo, assimilando-o, e o processo catabólico libera resíduos de fúria até mesmo quando amamos.

> *Eu vejo ódio*
> *Estou banhada nele, me afogo nele*
> *desde quase os primórdios da minha vida*
> *ele tem sido o ar que respiro*
> *a comida que como, o conteúdo das minhas percepções;*
> *o fato mais constante da minha existência*
> *é o ódio deles...*
> *sou jovem demais para a minha história*[13]

Não é que as mulheres negras tenham facilidade de derramar o sangue psíquico umas das outras; o fato é que sangramos com

---

[11] Conhecidos como "*nigger babies*", eram doces de alcaçuz de cor preta e em formato antropomorfo, como pode ser visto aqui: <bit.ly/2PSuhCD>; <bit.ly/2JVJNdb>. (N.E.)

[12] Mitrídates VI (132-63 a.C.) foi rei do Ponto, Estado localizado na Anatólia, atual Turquia. Reinou entre 120 e 63 a.C e foi um dos grandes inimigos do Império Romano na região. (N.T.)

[13] Trecho de "Nigger", de Judy Dothard Simmons, em *Decent Intentions* (Nova York: Blind Beggar Press, 1983). [No original "*I see hatred/ I am bathed in it, drowning in it/ since almost the beginning of my life/ it has been the air I breathe/ the food I eat, the content of my perceptions;/ the single most constant fact of my existence/ is their hatred.../ I am too young for my history*".]

tanta frequência que a dor do sangue derramado acaba se tornando quase lugar-comum. Se aprendi a comer da minha própria carne na floresta – faminta, lamuriosa, aprendendo a lição da loba que arranca a própria pata a mordidas para se soltar da armadilha –, se, sedenta, tenho que beber do meu próprio sangue, por que eu não faria o mesmo com você, até que seus preciosos braços caiam sobre meu peito como uma guirlanda de flores murchas e eu lamente sua partida, ó minha irmã?, eu sofro pela nossa partida.

Quando um descuido permite que uma de nós escape sem a dose completa de fúria preventiva e o ar de absoluto desdém, quando ela se aproxima de nós sem que seus poros exalem certa desconfiança e receio, ou sem que seus olhos deturpem cada elogio nosso com aquela aspereza e aquela suspeita implacáveis que destinamos apenas umas às outras, quando ela se aproxima sem a devida cautela, é ofendida e rotulada com o maior dos escárnios: *ingênua*, que significa não ter sido programada para se defender atacando antes de ser questionada. Mais do que *confusa*, *ingênua* é para nós o aniquilamento definitivo.

Mulheres negras que comemos do próprio coração para se nutrir num lar vazio edifício vazio cidade vazia estação vazia; e para todas chegará o ano em que a primavera não voltará – aprendemos a saborear nossa própria carne antes de qualquer outra porque era tudo que nos permitiam. E nos tornamos indescritivelmente estimadas e infinitamente perigosas umas para as outras. Estou escrevendo sobre uma raiva tão imensa e implacável, tão corrosiva, que ela tem que destruir aquilo de que mais precisa para sua solução, dissolução, resolução. Aqui estamos, tentando olhar diretamente nos olhos umas das outras. Ainda que nossas palavras soem afiadas como o fio da voz de uma mulher perdida, estamos falando.

II

Uma mulher negra, sempre na labuta, comprometida com a vida que leva, os filhos alimentados, vestidos e amados como ela pode, envolvidos numa força que não lhes permite se encapsular como castanhas-da-índia, sabendo o tempo todo, desde o início, que deve ou matá-los ou acabar por enviá-los à terra dos mortos, o labirinto branco.

Sentei-me à mesa posta para o Dia de Ação de Graças ouvindo a minha filha falar sobre a universidade e os horrores da invisibilidade instituída. Ao longo dos anos, registrei as vezes em que ela sonhou que morria nas mãos deles – de maneira ora gloriosa, ora medíocre. Ela me fala dos professores que se recusam a entender perguntas simples, que a olham como se ela fosse um tumor benigno – ou seja, impotente, mas horroroso. Ela chora. Eu a abraço. Digo a ela para se lembrar que a universidade não é tudo, que ela tem um lar. No entanto, fui eu quem a deixou entrar nessa selva de fantasmas, tendo ensinado a ela apenas como ser veloz, assoviar e amar, e como não correr. A menos que seja necessário. E nunca é o bastante.

As mulheres negras entregamos nossos filhos, perplexas, a um ódio que afligiu nossa juventude, esperando que tenhamos ensinado a eles algo de útil para que abram os próprios caminhos, novos e menos onerosos, para a sobrevivência. Sabendo que não lhes cortei a garganta ao nascerem nem arranquei-lhes o coraçãozinho ainda palpitante com meus próprios dentes, desesperada – como fizeram algumas irmãs nos navios negreiros, acorrentadas a cadáveres –, estaria eu, portanto, comprometida com esse exato momento.

O preço que se paga pelo aumento do poder é o aumento da oposição.[14]

Fiquei sentada ouvindo minha menina falar sobre o mundo deformado para o qual, apesar de tudo que dizia, ela estava determinada a voltar, porque, para ela, conhecer aquele mundo fazia parte do arsenal que ela poderia usar para mudar tudo. Eu ouvi, escondendo minha dolorosa necessidade de prendê-la de volta na minha rede de pequenas proteções. Fiquei observando enquanto ela elaborava dolorosamente, pedacinho por pedacinho – o que ela realmente queria –, sentindo os altos e baixos de sua fúria, sentindo sua raiva contra mim aumentar porque eu não podia ajudá-la com aquilo nem fazer aquilo por ela, e ela também não me deixaria.

---

[14] Trecho do *I Ching*.

Todas as mães veem suas filhas partir. As mães negras veem essa partida como um sacrifício e através do véu de ódio, pendurado como lençol de lava, que há no caminho de suas filhas. Todas as filhas veem a mãe partir. As meninas negras veem essa partida através de um véu de iminente isolamento, impenetrável por qualquer rajada de confiança.

Mês passado abracei outra mulher negra enquanto, em meio a soluços, ela chorava a dor e a carência provocadas pela morte da mãe. A perda inconsolável que saía de sua boca– o vazio emocional que ela via diante de si – vinha de um intocável lugar de solidão, um lugar que jamais permitiria a aproximação de outra mulher negra a ponto de ser significativa. "O mundo é dividido entre dois tipos de pessoas", disse ela, "as que têm mãe e as que não têm. E eu não tenho mais minha mãe". Entendi que o que ela estava dizendo era que nenhuma outra mulher negra jamais a veria como ela era, jamais confiaria nela ou teria a confiança dela de volta. Ouvi em seu pranto de solidão a origem do romance entre as mulheres negras e nossas mamães.

Garotinhas negras, a quem o ódio ensinou a querer se tornar qualquer outra coisa. Desviamos nosso olhar da irmã porque ela só reflete o que todo mundo, exceto a mamãe, parecia saber – que somos odiosas ou feias ou desprezíveis, mas certamente desgraçadas. Não éramos meninos e não éramos brancas, então valíamos menos do que nada, exceto para nossas mamães.

Se conseguirmos aprender a nos dar o reconhecimento e a aceitação que passamos a esperar apenas de nossas mamães, as mulheres negras conseguiremos ver umas às outras com muito mais clareza e lidar umas com as outras muito mais diretamente.

Penso na dureza tão prevalente nos menores encontros entre mulheres negras, o julgamento e a comparação, a cruel recusa em se conectar. Sei que às vezes sinto que vale a minha vida discordar de outra mulher negra. Melhor ignorá-la, me afastar dela, contorná-la, apenas não lidar com ela. Não só porque ela me irrita, mas também porque ela poderia me destruir com a crueldade e a força de sua reação a algo que deve soar como uma afronta – nesse caso, eu. Ou eu poderia destruí-la com a força da minha resposta, pela mesma razão. Os medos são os mesmos.

Uma vez que posso absorver os pormenores da minha vida como mulher negra, multiplicá-los por meus dois filhos e por todos os dias de nossas vidas negras conjuntas, e não fraquejar sob todo esse peso – que mulher negra não é uma celebração, como água, como a luz do sol, como rocha –, é de se admirar que minha voz seja dura? Agora exijo de mim o esforço de consciência para que a dureza não se manifeste onde é menos desejada; ou seja, contra minhas irmãs.

Por que as mulheres negras reservam uma voz específica de fúria e decepção para usarem entre si? Quem é que devemos destruir quando atacamos umas às outras com esse tom de premeditada aniquilação corretiva? Reduzimos umas às outras ao nosso próprio menor denominador comum, depois tentamos destruir aquilo que mais desejamos amar e tocar, nosso ser problemático, não assumido, mas protegido das demais com fervor.

Essa crueldade entre nós, essa dureza, é uma parte do legado de ódio com o qual fomos inoculadas, no momento em que nascemos, por quem pretendia, na verdade, nos dar uma injeção letal. Mas nos adaptamos, aprendemos a recebê-lo e a usá-lo, sem questionar. Mas a que custo! Para resistirmos às intempéries, tivemos que nos tornar pedra, e agora nos ferimos no contato com quem nos é mais próximo.

Como posso alterar o rumo das coisas para que o rosto de toda mulher negra que eu encontrar não seja o rosto da minha mãe ou do meu assassino?

Eu amei você. Eu sonhei com você. Eu falei com você durante horas enquanto dormia sentada embaixo de uma sumaúma, nossos braços enlaçados ou trançando os cabelos uma da outra ou passando óleo nas costas uma da outra, e sempre que me encontro com você na rua, no correio ou atrás do balcão do Medicaid[15] quero torcer o seu pescoço.

---

[15] Medicaid é um sistema de seguro-saúde dos Estados Unidos voltado para pessoas de baixa renda. (N.T.)

Na vida de cada uma de nós há inúmeras ocasiões para a fúria justificada, que se multiplica e que nos divide.

Quando dizem às mulheres negras que podemos ser melhores de alguma forma, e que somos piores, mas nunca iguais. Aos homens negros. A outras mulheres. Aos seres humanos.

A feminista branca acadêmica que me fala que está muito feliz por *This Bridge Called My Back*[16] existir, porque agora ela tem a chance de lidar com o racismo sem ter que encarar a dureza da negritude não diluída por outras cores. O que ela quer dizer é que não terá de examinar seu terror e sua aversão à negritude nem lidar com as raivas das mulheres negras. Então caiam fora com suas caras feias, sórdidas e mal-humoradas, sempre um bando de perturbadas!

O cineasta racista com quem pensei ter lidado tão bem e com tanta paciência. Não destruí o maldito equipamento dele. Expliquei o que a cegueira racial dele me fez sentir e como o filme dele poderia ser alterado para ter algum propósito. Ele provavelmente aprendeu algo sobre como retratar pessoas negras. Quando voltei para casa, quase destruí tudo, inclusive a minha mulher, porque uns convites acabaram saindo com erro de impressão. Sem compreender de onde tinha vindo meu ataque de raiva.

Um homem negro presidiário, torturador de mulheres e crianças, treinado como assassino pelo exército, escreve em seu diário no corredor da morte: "É gente como eu que você provavelmente vai encontrar dirigindo uma Mercedes e ocupando cargos de chefia em centenas de grandes empresas". E ele está certo. Só que ele é negro.

Como podemos evitar descarregar as raivas que temos dessas pessoas sobre nós mesmas e umas sobre as outras? Como posso me libertar desse veneno que fui forçada a ingerir como um ganso em criadouro até chegar ao ponto de vomitar raiva ao sentir o cheiro de qualquer alimento, *ó minha irmã, a beligerante elevação do seu ombro,*

---

[16] *This Bridge Called My Back: Writings by Radical Women Of Color,* editado por Cherríe Moraga e Gloria Anzaldúa (Nova York: Kitchen Table: Women of color Press, 1984).

a fragrância do seu cabelo... Todas aprendemos a arte da destruição. Foi só isso que souberam nos permitir; no entanto, veja como nossas palavras estão se encontrando novamente.

É difícil construir um modelo benéfico quando estamos cercadas de sinônimos de imundice. Mas não é impossível. Afinal de contas, temos sobrevivido por um motivo. (Como defino meu impacto sobre a terra?) Eu começo procurando pelas perguntas certas.

Querida Leora,
Para duas mulheres negras, iniciar uma relação de terapia ou análise significa começar uma jornada que é, basicamente, desconhecida e incerta. Não há protótipos nem modelos, não há ao nosso alcance um acervo de experiências através do qual possamos examinar, para além de nós mesmas, as dinâmicas específicas de nossa interação como mulheres negras. Ainda assim, essa interação pode afetar todo o restante do material psíquico a que nos atentemos profundamente. É para investigar exatamente essa interação que a procurei como profissional, e cheguei à conclusão de que isso implica abrir caminho através das nossas semelhanças e diferenças, bem como através das nossas histórias de desconfiança e desejo deliberados.

Essa investigação, por não ter sido feita antes, ao menos não de que se tenha registro, é dolorosa e carregada da vulnerabilidade de todas as investigações psíquicas somadas a todas as armadilhas criadas pelo fato de sermos mulheres negras em um mundo de homens brancos; e somos mulheres negras que sobreviveram. Geralmente evitamos essa investigação, ou a consideramos sem importância, irrelevante. EXEMPLO: Não tenho ideia de quantas boas psicanalistas brancas me perguntaram, "Por que importa se sou branca ou negra?", mas que nunca pensariam em me dizer: "Por que importa se sou mulher ou homem?". EXEMPLO: Não sei com quem você faz supervisão, mas aposto que não é com outra mulher negra.

Então, esse território entre nós parece novo e assustador tanto quanto urgente, infestado de minas terrestres forjadas com as histórias raciais de cada uma, histórias que nenhuma de nós escolheu, mas das quais todas herdamos cicatrizes. E essas cicatrizes são específicas de cada uma. Mas existe uma história que compartilhamos por sermos mulheres negras em um caldeirão machista e racista, e isso significa que parte da minha jornada também é sua.

Há em mim várias áreas turbulentas que não serão nem novidade nem um problema para você como psicanalista formada e capacitada. Eu a considero uma mulher corajosa e respeito isso, embora eu duvide que sua formação a tenha preparado para explorar o emaranhado de carência, medo, desconfiança, desespero e esperança que opera entre nós, e certamente não com a profundidade necessária. Como não somos nem homens nem brancas, pertencemos a um grupo de seres humanos considerados indignos desse tipo de estudo. Então temos apenas quem somos, com ou sem a coragem de usar nosso eu para explorar e entender mais a fundo como o que existe entre nós como mulheres negras afeta a nós e ao trabalho que realizamos juntas.

Ainda assim, se não fizermos isso aqui, entre nós, cada uma terá de fazê-lo em outro lugar, noutro momento.

Eu sei dessas coisas; só não sei ainda o que fazer a respeito delas. Mas quero que elas se agreguem para servir à minha vida e ao meu trabalho, mas não simplesmente de um jeito que pareça seguro. Não sei como elas podem favorecer e iluminar sua vida e seu trabalho – só sei que podem. Às vezes, tanto a benção quanto a maldição da poeta é perceber sem conseguir organizar de imediato tais percepções, e isso é mais um nome para Caos.[17]

Mas é claro que é de Caos que nascem novos mundos.

Não vejo a hora de nos encontrarmos olhos nos olhos.

Audre

---

[17] Ver nota 2, p. 70.

III

Ultimamente, tem havido tanta morte e tanta perda ao meu redor, sem metáforas nem símbolos redentores, que às vezes me sinto presa a um único vocábulo: *sofrimento*; e seu adendo: *suportar*. O mesmo problema existe com a raiva. Tenho processado muita raiva recentemente – do contrário, o maquinário vai ficando mais lento ou menos eficiente –, e ela se infiltra em minhas interações mais cruciais.

Talvez por isso, muitas vezes seja mais fácil para mulheres negras lidar com mulheres brancas, ainda que essas interações sejam, emocionalmente falando, um beco sem saída. Porque, com as mulheres brancas, há uma profundidade mediana de interação possível e sustentável, um limite emocional à relação de um eu com outro eu reconhecido.

Ora, por que isso não acontece com a Frances, que é branca, e que conheço mais profundamente que qualquer outra pessoa? Quando falo de mim e Frances, estou falando de uma relação não só de grande profundidade, mas também de grande amplitude, uma soma de diferenças que não se fundem. Também estou falando de um amor moldado ao longo de vários anos pelo nosso compromisso mútuo com o trabalho árduo e o confronto, e por nós duas termos nos recusado a nos contentar com o que era fácil, simples ou tolerável por conveniência.

No entanto, essas relações de profundidade mediana, geralmente mais prováveis entre mulheres negras e brancas, são menos ameaçadoras do que o emaranhado de carências e fúrias inexploradas que duas mulheres negras enfrentam quando tentam se envolver direta e emocionalmente, não importa qual seja o contexto da relação. Isso vale tanto para colegas de trabalho e ativistas políticas quanto para amantes. No entanto, é ao atravessar esse emaranhado que surgem novas visões de si e novas possibilidades entre mulheres negras. Mais uma vez, estou falando aqui de relações sociais, pois é crucial que examinemos essas dinâmicas entre mulheres que são amantes e entre mulheres que não o são.

Eu me pergunto: será que uso minha guerra contra o racismo para evitar alguma dor ainda mais irrefutável? Se sim, isso não transforma a energia por trás das minhas batalhas contra o racismo, tornando-a mais tênue, ou menos lúcida, ou sujeita a tensões e decepções inesperadas? É impossível que pessoas brancas nos deem verdadeira legitimidade. Por exemplo: no momento atual, fosse o racismo totalmente erradicado das relações medianas entre mulheres negras e brancas, essas relações poderiam até se tornar mais profundas, mas jamais satisfariam a necessidade específica de uma mulher negra por outra mulher negra, dado o conhecimento, as tradições e a história que compartilhamos. Há duas lutas bem diferentes aqui. Uma é a guerra contra o racismo das pessoas brancas, e a outra é a necessidade das mulheres negras de confrontar e ultrapassar as estruturas racistas que sustentam a carência que temos uma da outra. E essas batalhas não são iguais de jeito nenhum.

Mas às vezes parece que é preferível uma fúria legítima do que a dor maçante de perder, perder e perder. Minha filha saindo de baixo das minhas asas. Amigos partindo de um jeito ou de outro.

... enquanto amadurecem os aparentemente semelhantes, a natureza lhes enfatiza a singularidade, e as diferenças se tornam mais evidentes.[18]

Com que frequência já exigi de outra mulher negra o que eu não ousei dar a mim mesma – aceitação, fé, espaço suficiente para pensar em mudar? Com que frequência pedi que ela ultrapassasse num salto a diferença, a suspeita, a desconfiança, uma dor antiga? Quantas vezes esperei que ela pulasse sozinha sobre os tenebrosos abismos dos desprezos que aprendemos, como um animal adestrado pela cegueira a ignorar o precipício? Quantas vezes me esqueci de fazer essa pergunta?

Não estou me comunicando com você na única língua que conheço? Você não está tentando se comunicar comigo na única língua que preservou? Será que, se eu tentar ouvir a sua em meio a nossas diferenças, isso significa que você consegue/conseguirá ouvir a minha?

Vamos explorar essas questões ou nos acomodar nesse isolamento secreto que é a tolerância que aprendemos a ter da carência que

---

[18] Trecho do *I Ching*.

temos uma da outra – aquele desejo do riso da outra, a tranquilidade misteriosa, a troca e a permissão de sermos quem somos; desejos que normalmente não admitimos sentir, porque, se o fizéssemos, teríamos de admitir a falta, e também a dor da falta, tão persistente e debilitante quanto uma febre baixa?

Será que usamos umas às outras para reencenar essas crucificações – a rejeição, a crueldade, os julgamentos – porque não nos permitiram deusas negras, heroínas negras; porque só nos permitiram ver nossas mães e a nós mesmas em toda nossa magnificência quando esta se tornou parte do nosso sangue e dos nossos ossos? Uma das funções do ódio é certamente mascarar e distorcer a beleza que é o poder em nós.

Tenho fome de mulheres negras que não me rejeitarão com raiva e desprezo antes mesmo de me conhecer ou de ouvir o que tenho a dizer. Tenho fome de mulheres negras que não se afastarão de mim ainda que discordem do que digo. Afinal, estamos falando sobre diferentes combinações dos mesmos sons emprestados.

Às vezes, explorar nossas diferenças soa como marchar para a guerra. Eu me lanço com receio na órbita de toda mulher negra que quero alcançar, e avanço carregando comigo o melhor que tenho a oferecer – eu mesma. Será que é diferente para ela? Ao mesmo tempo que estou apavorada, esperando traição, rejeição, censura dos risos, será que ela se sente julgada por mim?

A maioria das mulheres negras que conheço acha que eu choro demais, ou que exponho isso demais. Disseram para mim que chorar me faz parecer frágil e, por isso, pouco importante. Como se a nossa fragilidade *tivesse* de ser o preço que pagamos pelo poder, e não simplesmente aquele que é pago com mais facilidade e frequência.

Eu luto contra os pesadelos dentro de mim, os vejo, os possuo, sei que não me destruíram antes e não vão me destruir agora se eu os colocar para fora, admitir como me apavoraram, admitir que minha mãe me ensinou a sobreviver ao mesmo tempo que me ensinou a temer minha própria negritude. "Não confie em pessoas brancas, porque elas não querem o nosso bem, e não confie em pessoas mais escuras do que você, porque o coração delas é tão preto quanto a cara." (E onde isso me colocava, a filha mais escura?) Ainda hoje, é doloroso escrever isso. Quantas mensagens como essas são herdadas por todas nós, em quantas vozes diferentes, de quantas maneiras diferentes? E como podemos suprimi-las da nossa consciência sem antes reconhecer o que diziam e o quão destrutivas foram?

IV

O que é preciso para ser durona? A crueldade que aprendemos?

Agora é provável que surja uma voz dizendo que as mulheres negras sempre ajudaram umas às outras, não é mesmo? E esse é o paradoxo do nosso conflito interior. Temos uma tradição forte e antiga de laços de afeto e apoio mútuo, e os fios memorizados dessa tradição existem dentro de cada uma de nós, em oposição à raiva e à suspeita geradas pelo auto-ódio.

Quando o mundo avançou contra mim com cara de reprovação/ Foi irmã que pôs o chão de volta sob meus pés.[19]

Ouvir essas palavras cantadas sempre despertou em mim a mais triste e profunda sensação de ter perdido algo que eu queria sentir e não pude, porque isso nunca aconteceu comigo. Mas já aconteceu com algumas mulheres negras. Para outras de nós, a sensação de poder contar com o apoio de nossas irmãs no nível mais profundo é algo com que sonhamos e que buscamos, sabendo que é possível, mas também muito problemático em meio às realidades de medo e desconfiança dispostas entre nós.

---

[19] Versos da canção "Every Woman ever Loved a Woman" de Bernice Johnson Reagon, interpretada pelo grupo Sweet Honey In The Rock. Bernice Reagon (1942-), cantora, compositora e ativista, foi uma das fundadoras do Student Non-violent Coordinating Committee em Albany, Georgia, no início dos anos 1960. (N.T.).

Nossa raiva, temperada no fogo da sobrevivência, escondida atrás de nossas pálpebras cansadas ou flamejante em nossos olhos nos momentos mais estranhos. Ao levantar a vista entre as pernas de uma amante, ao lançar um olhar sobre um caderno no meio de uma palestra e quase perder minha linha de raciocínio, ao passar produtos no caixa do supermercado, ao preencher um formulário atrás do balcão do desemprego, ao sair de um táxi no meio da Broadway de braços dados com um empresário de Lagos, ao precipitar-se na minha frente para entrar numa loja enquanto eu abro a porta, ao olhar nos olhos uma da outra por uma fração de segundo apenas – irmãs furiosas, mordazes. Minha filha me perguntando o tempo todo quando era pequena: "Você está com raiva de alguma coisa, mamãe?".

Como mulheres negras, desperdiçamos nossas raivas com muita frequência, as enterramos, dissemos que eram de outra pessoa, as lançamos impetuosamente em oceanos de racismo e machismo dos quais nenhuma vibração ressoou, as jogamos na cara umas das outras e nos esquivamos para evitar o impacto. Mas, em geral, evitamos expor publicamente essas raivas, ou as isolamos com uma barreira de inflexível e incomparável cortesia. A raiva que nos parece ilegítima ou injustificada é mantida em segredo, inominada e preservada para sempre. Estamos abarrotadas de fúria, contra nós, contra as outras, com pavor de examiná-la por receio de que nos destaquem, nos apontem os dedos e nos tachem daquilo que sempre sentimos e às vezes até preferimos ser – sozinhas. E, é claro, na vida de todas nós existem suficientes ocasiões em que a raiva é justificada – suficientes, aliás, para muitas vidas. Podemos evitar o confronto entre nós com muita presteza. É muito mais fácil examinar nossa raiva em situações que são (relativamente) claras e que não têm nenhuma carga emocional. É muito mais fácil expressar nossa raiva nas relações de profundidade mediana, que não nos intimidam a nos expor genuinamente. E, ainda assim, há sempre aquela fome pela substância conhecida, fome pelo real compartilhado, pela irmã que compartilha.

É difícil se manter de pé e enfrentar a rejeição e a agressão da branquitude, o ataque e o ódio baseados em gênero. É tão mais difícil encarar a rejeição das mulheres negras que podem estar vendo no meu rosto um rosto que elas não descartaram de seus espelhos, que veem nos meus olhos que a figura que elas passaram a temer pode ser a delas. Muitas vezes, esse medo é atiçado entre as mulheres negras pela temida perda de um companheiro, presente ou que se busca. Pois também fomos ensinadas que conseguir um homem era a única medida do sucesso, e, ainda assim, eles quase nunca ficam.

Uma mulher negra se senta e, em silêncio, julga a outra, a aparência, o modo de agir, que impressão ela cria nos outros. Ela mesma é o contrapeso do outro lado de sua balança. Ela está medindo o impossível. Está medindo o eu que ela não quer ser por completo. Não quer aceitar as contradições nem a beleza. Deseja que a outra mulher vá embora. Deseja que a outra mulher se torne outra pessoa, qualquer pessoa, desde que não seja uma mulher negra. Ela já tem problemas suficientes causados por ser quem é. "Por que você não aprende a voar em linha reta?", ela diz para a outra mulher. "Será que você não entende o quanto seu comportamento depõe contra todas nós? Se eu pudesse voar, tenho certeza de que faria melhor do que isso aí. Será que você não consegue apresentar um espetáculo mais bem elaborado? As garotas brancas conseguem. Acho que podíamos chamar uma para ensiná-la." A outra mulher não consegue falar. Ela está ocupada demais tentando não desabar. Ela não vai derramar as lágrimas que estão se cristalizando, se transformando em pequenas pedras afiadas que saltam dos seus olhos, indo cravar no coração da primeira mulher, que rapidamente se cura dessas feridas e as identifica como a fonte de sua dor.

V

Existem mitos de autoproteção que nos separam umas das outras e geram hostilidade e crueldade onde mais precisamos de ternura e compreensão.

1. O mito de que a cortesia ou a educação exigem que não notemos umas às outras diretamente, apenas com o mais dissimulado olhar de julgamento. A todo custo, devemos evitar a imagem do nosso medo. "Como sua boca é bonita" pode muito bem ser ouvido como "Olha esses lábios enormes". Mantemos entre nós uma distância discreta também porque essa distância faz de mim menos você, faz de você menos eu.

Quando não existe nenhuma conexão entre as pessoas, a raiva é uma forma de aproximá-las, de fazer contato. Mas quando grande parte da conexão é problemática, ameaçadora ou não reconhecida, a raiva é uma forma de manter as pessoas separadas, de colocar uma distância entre nós.

2. O mito de que não precisamos considerar o desprezo e a rejeição que existe entre nós porque, às vezes, defendemos umas às outras contra outsiders. Mas dar apoio contra outsiders é muito diferente de nos estimarmos. Quase sempre é só uma questão de que pessoas semelhantes têm necessidades semelhantes. Isso não quer dizer que temos de compreender aquela semelhante ou a necessidade que temos dela, mesmo quando ela é a linha tênue que separa vida e morte.

Levar a sério a opinião do mundo branco a meu respeito, de que mulher negra é sinônimo de lixo, equivale a sempre acreditar, bem lá no fundo, que eu de fato não presto para nada. No entanto, é muito difícil olhar na cara do ódio assimilado. É mais fácil se enxergar como imprestável porque você é como eu. Então, quando você me apoia porque é como eu, isso apenas confirma que você também não é nada, assim como eu. É uma situação fadada ao fracasso, em que nada apoia nada e alguém ainda vai ter que pagar – e com certeza não serei eu! Quando reconheço o meu valor, reconheço o seu.

3. O mito de que a perfeição é possível, uma expectativa adequada em relação a nós mesmas e às demais, e a única condição para a aceitação, para a humanidade. (Vejam como isso nos torna úteis para as instituições externas!) Se você é como eu, então terá de ser muito melhor do que eu para ser boa o bastante. Mas é impossível ser boa o bastante, pois, por melhor que você seja, você ainda é uma mulher

negra, assim como eu. (Quem ela pensa que é?) Então qualquer ato ou ideia de qualquer outra pessoa que eu pudesse aceitar, ou ao menos averiguar, não é sequer tolerável se vier de você, minha imagem refletida. Se você não for a imagem DELES de perfeição – e você jamais será, porque é uma mulher negra –, então você é um reflexo de mim. Nunca somos boas o suficiente uma para a outra. Todas as suas falhas são reflexos ampliados das minhas ameaçadoras inadequações. Eu preciso atacá-la antes que nossos inimigos me confundam com você. Mas eles farão isso de qualquer maneira.

Ó, mãe, por que fomos armadas para a luta com espadas de nuvens e lanças de pó? "Quem você pensa que é, hein?" Quem eu mais tenho medo de (nunca) encontrar.

VI

A linguagem pela qual nos ensinaram a desconfiar de nós mesmas e de nossos sentimentos é a mesma que usamos para desconfiar umas das outras. Bonita demais – feia demais. Negra demais – branca demais. Errado. Já sei disso. Quem disse. Você é muito suspeita para que eu a escute. Você fala a língua DELES. Você não fala a língua DELES. Quem você pensa que é? Você acha que é melhor do que qualquer pessoa? Saia da minha frente.

Nós nos recusamos a renunciar às distâncias artificiais que nos separam, ou a examinar nossas verdadeiras diferenças em nome de uma troca criativa. Eu sou diferente demais para nos comunicarmos. Ou seja, preciso me definir como "não-você". E a estrada para a raiva é pavimentada com o medo velado que temos do julgamento uma da outra. Não tivemos permissão para conviver livremente umas com as outras como mulheres negras na américa; nos aproximamos cobertas de mitos, expectativas e estereótipos vindos de fora, definições que não são nossas. "Vocês são meu grupo de referência, mas nunca trabalhei com vocês." Como assim você está me julgando? Tão negra quanto você? Mais negra que você? Não sou negra o suficiente? Qualquer que seja a resposta, de alguma maneira vão achar que deixei a desejar...

Somos mulheres negras, definidas como nunca boas o bastante. Tenho que superar isso me tornando melhor que você. Se espero de mim o bastante, talvez eu possa me tornar diferente do que eles dizem que somos, diferente de você. Se eu me tornar diferente o bastante, talvez eu deixe de ser a "crioula vagabunda". Se eu torná-la diferente de mim o bastante, não precisarei tanto de você. Eu serei forte, a melhor, excelente em tudo, a melhor de todas, porque não ouso ser outra coisa. É minha única chance de me tornar boa o bastante para virar um ser humano.

Se eu for eu mesma, você não pode me aceitar. Mas, se você pode me aceitar, isso significa que sou o que você gostaria de ser, e então não sou "a verdadeira". Mas você também não é. A VERDADEIRA MULHER NEGRA PODERIA SE LEVANTAR, POR FAVOR?

Valorizamos nossa culpa secreta, enterrada sob roupas belíssimas, maquiagem cara, cremes clareadores (sim, ainda!) e alisadores de cabelo disfarçados de relaxadores. O instinto assassino direcionado àquelas de nós que desviam desse disfarce imposto é preciso e mortal.

Agir como *insider* e se sentir *outsider*, conservar nossa autorrejeição como mulheres negras ao mesmo tempo que a superamos – pensamos. E o trabalho político não vai salvar nossas almas, não importa o quanto ele seja correto e necessário. No entanto, é verdade que sem o trabalho político não podemos ter a esperança de sobreviver por tempo suficiente para realizar qualquer mudança. E se empoderar é o trabalho político mais profundo que existe, e o mais difícil.

Quando não tentamos nomear essa confusão de sentimentos que existe entre irmãs, nós a expressamos de centenas de maneiras ofensivas e improdutivas. Jamais falamos a partir da dor antiga, do que está além dela. Como se tivéssemos feito um pacto de não falar, pois a expressão dessa dor não examinada pode vir acompanhada de outras feridas antigas e veladas, enraizadas na raiva acumulada que não demonstramos. E essa raiva, como nos ensinaram nossos egos açoitados da infância, está armada com uma poderosa crueldade, que aprendemos na desolação de nossas batalhas precoces pela sobrevivência. "Você não aguenta, hein!" *The Dozens*. Brincadeira feita entre negros que consiste em proferir insultos em tom de uma suposta rivalidade amigável; na realidade, um exercício crucial para aprender a assimilar o abuso verbal sem vacilar.

Parte do preço que pagamos para sobreviver foi a nossa infância. Nunca nos permitiram ser crianças. É direito das crianças brincar de faz de conta por um tempo, mas para as crianças negras todo ato pode ter consequências seríssimas; e é ainda pior para as meninas negras. Perguntem aos fantasmas das quatro meninas negras explodidas em Birmingham. Perguntem a Angel Lenair, Latonya Wilson ou Cynthia Montgomery, as três meninas vítimas dos infames assassinatos de Atlanta, cujas mortes não foram solucionadas.

Às vezes sinto que, se eu vivesse todo o ódio coletivo direcionado a mim por eu ser uma mulher negra e aceitasse suas implicações na minha consciência, tão infeliz e terrível fado me mataria. Será que foi por isso que uma irmã me disse uma vez que "Gente branca sente, gente negra faz"?

É verdade que na américa as pessoas brancas, em geral, têm mais tempo e espaço para se dar ao luxo de analisar suas emoções. Pessoas negras neste país sempre tiveram que prestar muita atenção à tarefa árdua e contínua de sobreviver nos planos mais concretos e imediatos. Mas é tentador deduzir desse fato que as pessoas negras não precisamos examinar nossos sentimentos; ou que eles não têm importância, pois sempre foram muito usados para nos estereotipar e infantilizar; ou que não são vitais para nossa sobrevivência; ou, pior, que há alguma virtude em não senti-los em profundidade. Isso é o mesmo que carregar uma bomba-relógio ligada às nossas emoções.

Estou começando a diferenciar na minha vida o que é *dor* e o que é *sofrimento*. A dor é um acontecimento, uma experiência que deve ser reconhecida, nomeada e, então, usada de alguma forma para que a experiência mude, para que seja transformada em outra coisa, seja força, conhecimento ou ação.

O sofrimento, por outro lado, é o pesadelo de reviver a dor que não foi investigada e metabolizada. Quando vivo a dor sem reconhecê-la, deliberadamente, eu me privo do poder que pode advir do uso dessa dor, o poder de incitar algum movimento para além dela. Eu me condeno a reviver essa dor, uma vez após a outra, sempre que ela é desencadeada por algo. E isso é sofrimento, um ciclo aparentemente inescapável.

Sim, é verdade: às vezes, viver uma dor antiga é como me jogar com toda força contra um muro de concreto. Mas procuro me lembrar de que EU JÁ PASSEI POR TUDO ISSO ANTES, E SOBREVIVI.

Às vezes, a raiva que existe entre mulheres negras não é examinada porque gastamos muito de nossa essência tendo que examinar os outros o tempo todo em nome da autoproteção e da sobrevivência, e não guardamos energia suficiente para nos investigar. Outras vezes, é porque a raiva está por aí há tanto tempo que não sabemos o que ela é, ou achamos que é natural sofrer em vez de viver a dor. Outras, porque temos medo do que vamos encontrar. E outras, porque não achamos que merecemos.

A repulsa no rosto da mulher no metrô quando ela puxa o casaco e eu penso que ela está vendo uma barata. Mas eu vejo o ódio nos olhos dela porque ela quer que eu veja o ódio nos olhos dela, porque ela quer que eu saiba, de um jeito que só as crianças sabem, que eu não pertenço viva ao mundo dela. Se eu fosse crescida, eu provavelmente teria rido, rosnado ou ficado magoada, por entender a situação pelo que ela é de fato. Mas tenho apenas cinco anos. Vejo, registro, não nomeio, então a experiência é incompleta. Não é dor; torna-se sofrimento.

E como posso dizer a você que não gosto do seu jeito mordaz de olhar para mim se sei que vou libertar de dentro de você todas as raivas sem nome, geradas pelo ódio que você sofreu e nunca sentiu?

Então nos aproximamos uma da outra, mas com cautela, exigindo a perfeição instantânea que jamais esperaríamos dos nossos inimigos. No entanto, é possível rompermos essa agonia herdada, nos recusarmos a nos entregar a essa amarga farsa de isolamento, raiva e dor.

Leio, muitas vezes, a seguinte pergunta nas cartas de mulheres negras: "Porque me sinto tão anátema, tão isolada?". Ouço a mesma coisa ser dita sob uma infinidade de formas veladas, várias e várias vezes. Mas podemos mudar esse cenário. Podemos aprender a ser mães de nós mesmas.

O que isso significa para as mulheres negras? Significa que devemos ter autoridade na nossa definição de nós mesmas, devemos estipular uma motivação e uma expectativa de crescimento bem pensadas e que serão o início daquela aceitação que costumávamos esperar apenas das nossas mães. Significa que eu afirmo meu valor quando me comprometo com a minha sobrevivência, tanto no meu ser quanto no ser de outras mulheres negras. Por outro lado, significa que, na medida em que aprendo meu valor e minhas reais possibilidades, me recuso a me conformar com menos que uma busca rigorosa do possível que há em mim; ao mesmo tempo, faço uma distinção entre o que é possível e o que o mundo exterior me leva a fazer para que eu prove que sou humana. Significa ser capaz de reconhecer meus sucessos e ser gentil comigo mesma, até quando erro.

Começaremos a enxergar umas às outras quando ousarmos começar a enxergar a nós mesmas; começaremos a enxergar a nós mesmas quando começarmos a enxergar umas às outras, sem enaltecimento, rejeição ou recriminação, sendo pacientes e compreensivas quando não obtivermos sucesso, e reconhecendo e apreciando quando obtivermos. Ser mães de nós mesmas significa aprender a amar aquilo que demos à luz por termos lhe dado uma definição, aprender a ser ao mesmo tempo gentis e exigentes diante do fracasso e do sucesso, e sem confundir os dois.

Quando se respeita o caráter do tempo, não é preciso encobrir o vazio com fingimento.[20]

Devemos reconhecer e alimentar os aspectos criativos umas das outras, mesmo que nem sempre consigamos compreender o que será criado.

À medida que temermos menos e valorizarmos mais umas às outras, passaremos a valorizar o reconhecimento tanto aos olhos umas

---

[20] Trecho do *I Ching*.

das outras quanto aos nossos próprios olhos, e buscaremos um equilíbrio entre essas visões. Agindo como mãe. Reivindicando algum poder sobre o que escolhermos ser, sabendo que tal poder é relativo dentro das realidades da nossa vida. E sabendo, no entanto, que só podemos mudar de fato essas realidades se usarmos esse poder. Agir como mãe significa descartar o que é fraco, tímido, danificado – sem menosprezá-lo –, significa proteger e apoiar o que é útil à sobrevivência e à mudança, e nossas explorações conjuntas da diferença.

Eu me recordo de uma escultura linda e detalhada da corte da rainha-mãe do Benim chamada "O poder da mão".[21] Ela retrata a rainha-mãe, suas cortesãs e suas guerreiras em um círculo, celebrando o poder humano de ser bem-sucedido em iniciativas materiais e práticas, a habilidade de fazer algo a partir de qualquer coisa. No Daomé, esse poder é das mulheres.

VIII

Teorizar sobre o valor próprio é ineficaz. Assim como fingir. Mulheres de rosto belo e inexpressivo em vida podem morrer em agonia. Eu consigo me olhar diretamente, correndo o risco de ter a experiência dolorosa de quem não sou, e aprender a saborear a doçura de quem sou. Consigo fazer amizade com cada um dos diferentes aspectos de mim mesma, os amados e os odiados. Consigo admitir que costumo ser mais gentil com o marido bobo da minha vizinha do que comigo mesma. Consigo olhar no espelho e aprender a amar a garotinha negra tempestuosa que uma vez já desejou ser branca ou qualquer coisa diferente do que era, pois a única coisa que lhe permitiam ser era a soma da cor de sua pele com as texturas de seu cabelo e o tom de seus joelhos e cotovelos, coisas que claramente não eram aceitas como humanas.

Aprender a nos amar como mulheres negras vai além da insistência simplista de que "Negro é lindo". Vai além e mais fundo do

---

[21] A escultura que Audre Lorde menciona (ou uma como ela) pode ser vista aqui: <bit.ly/33snTpy>. (N.E.)

que a valorização superficial da beleza negra, ainda que, sem dúvida, seja um bom começo. Mas se a jornada para recuperarmos a nós mesmas e umas às outras continuar inexplorada, correremos o risco de fazer mais uma avaliação superficial do eu, sobreposta à anterior e quase tão nociva quanto ela, pois não passa da superfície. Ela certamente não é mais empoderadora. E o empoderamento – nosso fortalecimento a serviço de nós e de cada uma, do nosso trabalho e do futuro – será o resultado dessa busca.

Preciso aprender a me amar antes que eu possa amar você ou aceitar o seu amor. Você precisa aprender a se amar antes que você possa me amar ou aceitar o meu amor. Saber que somos dignas do toque antes de podermos estender as mãos umas para as outras. Não disfarçar a sensação de inutilidade com "Não te quero" ou "Isso não importa" ou "Gente branca sente, gente negra FAZ". Coisas extremamente difíceis de realizar em um ambiente que sempre incentiva o desamor e o disfarce, um ambiente que nos adverte a calar a necessidade que temos umas das outras, ao definir nossas insatisfações como insolúveis e nossas necessidades como irrealizáveis.

Até agora, pouca coisa nos ensinou a sermos gentis umas com as outras. Com o restante do mundo, sim, mas não conosco. Tivemos poucos exemplos externos de como tratar, com gentileza, respeito, ternura ou com um sorriso de apreço, outra mulher negra que passa por nós, simplesmente por ela EXISTIR; de um entendimento das dificuldades de cada uma porque nós mesmas já estivemos em situação parecida. Quando foi a última vez que você elogiou outra irmã, reconhecendo o quanto ela é especial? Temos que pensar conscientemente em como podemos ser amáveis umas com as outras até que isso se torne um hábito, porque o que nos era inato nos foi roubado – o amor entre mulheres negras. Mas podemos praticar a gentileza em relação a nós mesmas sendo gentis umas com as outras. Podemos praticar a gentileza umas com as outras ao sermos gentis com aquela parte de nós que é mais difícil de suportar, ao darmos mais para a menina corajosa e ferida que existe dentro de nós, ao esperarmos um pouco menos de seu esforço gigantesco para se destacar. Podemos amá-la tanto na luz quanto na escuridão, acalmar seu descontrole em busca da perfeição e encorajá-la a concentrar seus esforços na realização. Talvez assim comecemos a valorizar mais o quanto ela nos ensinou e o quanto está fazendo para manter o mundo girando rumo a um futuro digno.

    Seria ridículo acreditar que esse processo não é longo e difícil. É suicida acreditar que ele é impossível. Quando nos munirmos de nós mesmas e umas das outras, conseguiremos ficar frente a frente no âmbito desse amor rigoroso e começaremos a falar do impossível – ou do que sempre pareceu impossível – umas para as outras. O primeiro passo rumo à verdadeira mudança. Com o passar do tempo, se falarmos a verdade umas para as outras, ela se tornará inevitável para nós mesmas.

GRANADA REVISITADA: UM RELATO PROVISÓRIO[1]

A PRIMEIRA VEZ que estive em Granada, fui procurando o "lar", pois foi lá que minha mãe nasceu, e ela sempre se referiu à ilha desse jeito. Imagens vívidas do que vi lá, e do que eu sabia que eu poderia viver, permaneceram.

• A orla da praia de Grand Anse era movimentada nos dois sentidos, logo cedo pela manhã. Crianças com seus uniformes escolares, sapatos na mão e tentando decidir entre a sedução de uma aventura entre as sombras dos coqueiros de um lado e uma manhã deliciosa de mar de outro, enquanto são obrigadas a seguir direto para suas carteiras gastas e sujas de giz.

• A bainha remendada do vestido estampado da magra velhinha, balançando ao longo da praia, facão na mão. Galochas de cano alto e grandes demais para ela, sem jamais interferir em seus passos decididos. Seu chapéu mole e sem forma. Por baixo dele, olhos afiados e sem pressa se destacam da pele cor de chocolate, acinzentada pela poeira da idade.

---

[1] Passei uma semana em Granada no final de dezembro de 1983, praticamente dois meses depois da invasão dos Estados Unidos à ilha negra caribenha que meus pais deixaram há sessenta anos. Foi a minha segunda visita em cinco anos. Este é um ensaio provisório, um relato escrito enquanto o restante de *Irmã outsider* era preparado para ser impresso.

• Outra mulher, mais jovem, chibata presa entre o cotovelo e a cintura, conduzindo sete ovelhas que parecem cabras, exceto pelo fato de que cabras têm os rabos virados para cima e ovelhas, para baixo.

• A Mulher-Gorda-Que-Frita-Peixe-No-Mercado realmente fazia isso, e era delicioso, servido direto no balcão com seu perfumado chá de chocolate em canecas feitas de latas de feijão com carne de porco da Campbell e asas de metal presas na lateral.

• A lua cheia dando à praia noturna um brilho verde.

Vim a Granada pela primeira vez onze meses antes do golpe sem sangue de 13 de março de 1979, dado pelo Movimento New Jewel, que estabeleceu o Governo Revolucionário do Povo (GRP), sob o comando do primeiro-ministro Maurice Bishop. Esse incidente deu fim ao regime de 29 anos de Sir Eric Gairy – imoral, corrupto e apoiado pelos Estados Unidos.

A estrada que sai do pequeno Aeroporto Pearl em Grenville e sobe a montanha de Grand Etang, passando por Beauregard e Birch Grove, um arco-íris de crianças gritando para nós nas vias estreitas que cortam as pequenas vilas construídas nas colinas. Árvores-samambaias enfileiradas montanha acima. Em 1978, havia apenas uma rodovia pavimentada em Granada. Durante o Governo Revolucionário do Povo, todas as estradas foram alargadas e reformadas, e um eficiente serviço de ônibus foi implantado, e fazia mais do que transportar turistas de lá para cá, entre a cidade e os navios de cruzeiro ancorados. Folhagens de helicônias,[2] ou bananeiras-do-mato, aglomeradas abaixo da encosta da estrada. Diferentes tipos de árvores no meio da mata – cacaueiros com seus

---

[2] "*Baligey*", no original. Grafia incorreta de "*balisier*", um dos nomes pelos quais é conhecida a planta no Caribe. No Brasil, é chamada também de "pássaro-de-fogo" e "caeté", entre outros. Agradecemos à tradutora Lúcia Leão e aos seus colegas Velma Pollard, da Jamaica, Alisa Ali, de Trinidad e Tobago, e Philip Peters, de Granada, pelo pronto auxílio na elucidação do termo. (N.E.)

frutos vermelhos, maçãs douradas, mangas, fruta-pão, pêssegos maduros, noz-moscada, banana. Meninas na estrada para Annandale, cestas de roupas para lavar equilibradas nas cabeças, mãos nos quadris, balançando suavemente, fazem lembrar centenas de estradas pela África.

Granada, a pequena ilha dos temperos, é a segunda maior produtora de noz-moscada do mundo. Seu cacau tem 45% de gordura na composição e é vendido a preços altos no mercado mundial. No entanto, os granadinos pagam oito vezes mais se querem beber um chocolate quente processado, porque todo o chocolate que há é importado.

A segunda vez que estive em Granada, estava de luto e com medo de que a terra sobre a qual eu estava aprendendo estivesse sob ataque, invadida, seu povo obrigado a agradecer a seus invasores. Sabia das mentiras e das distorções do sigilo que havia em torno da Invasão de Granada pelos Estados Unidos em 25 de outubro de 1983; das falsas justificativas que desabam sob o peso dos fatos; fatos esses que estão prontamente disponíveis, mesmo agora, nas últimas páginas no *The New York Times*.

1. *Os estudantes da Escola de Medicina da St. George's University estavam em perigo*. Representantes da escola negam.[3] Os estudantes negam.[4] O governo dos Estados Unidos recebeu declarações do general Hudson Austin, do Conselho Militar Revolucionário, garantindo a segurança dos alunos. Essas declarações foram ignoradas.[5]

2. *Os Estados Unidos foram convidados a intervir por signatários de um tratado da Organização dos Estados do Caribe Oriental*. Isso só seria legal em âmbito internacional se Granada tivesse invadido outra ilha.[6] A decisão de invadir foi tomada por quatro dos sete signatários.

---

[3] P. Tyler, *The Washington Post*, 10 de outubro de 1983, p. A14.

[4] A. Cockburn, *The Village Voice*, 8 de novembro de 1983, p. 11.

[5] B. D. Ayers, *The New York Times*, 22 de outubro de 1983, p. A5; e J. McQuiston, *The New York Times*, 26 de outubro de 1983, p. A20.

[6] Texto do tratado, *The New York Times*, 26 de outubro de 1983, p. A19.

O convite em si foi rascunhado pelo Departamento de Estado dos Estados Unidos e enviado às nações do Caribe Oriental.[7]

3. *Granada ameaçou a segurança dos Estados Unidos com a construção de um aeroporto militar e o armazenamento de um arsenal de armas modernas.* O novo aeroporto de Granada é um aeroporto civil construído para atender turistas. Está sendo planejado há 25 anos, financiado em parte por vários países europeus e pelo Canadá. De acordo com a Plessey, empresa britânica que assina o projeto, o aeroporto estava sendo construído de acordo com padrões civis, não militares.[8] Todos os relatórios dos Estados Unidos sobre Granada agora enfatizam a necessidade desse aeroporto para a indústria do turismo granadina.[9] O "arsenal" de armas era inferior a dois armazéns. Dos 6.300 rifles, cerca de 400 eram relativamente modernos; os restantes eram bem velhos, alguns, antiguidades.[10]

Como até mesmo Arthur Schlesinger Jr. observou: "Agora irrompemos um ataque sorrateiro a uma ilha patética de 110 mil pessoas, sem exército, marinha ou força aérea, e declaramos uma vitória gloriosa".[11]

Um grupo de homens e mulheres faz reparos na estrada à nossa frente com enxadas, picaretas, carrinhos de mão e outras ferramentas simples. Eles vão para o canto da pista enquanto passamos. Uma mulher limpa o rosto com a ponta do lenço amarrado na cabeça, se apoiando no cabo de sua foice. Uma outra mulher está descalça, é jovem, mas quando ela sorri tudo o que vejo é que ela não tem os dentes da frente. O GRP trouxe assistência médica gratuita para Granada e acabou com as mensalidades nas escolas. A maioria dos trabalhadores rurais e dos camponeses das pequenas vilas viu um

---

[7] S. Taylor, *The New York Times*, 26 de outubro de 1983, p. A19.

[8] A. Lewis, *The New York Times*, 3 de novembro de 1983; e A. Cockburn, *Village Voice*, 8 de novembro de 1983, p. 10.

[9] S. Mydans, *The New York Times*, 15 de janeiro de 1984, p. 9.

[10] *Christian Science Monitor*, 7 de novembro de 1983.

[11] A. Schlesinger Jr., *The Wall Street Journal*, 26 de outubro de 1983.

dentista pela primeira vez em suas vidas. A alfabetização aumentou com o treinamento de professores e a implantação do programa "cada-um-ensina-um" na zona rural.

Revolução. Uma nação decide por si mesma sobre aquilo de que precisa. E a melhor maneira de conseguir. Comida. Dentistas. Médicos. Estradas. A primeira vez que visitei Granada, em 1978, um terço das terras cultiváveis do país estavam ociosas, pertenciam a proprietários ausentes que não as trabalhavam. O GRP exigiu que se protocolassem projetos de cultivo dessas terras, entregando-as a quem as cultivassem ou transferindo-as para o governo. Pequenas plantações coletivas de banana foram iniciadas. Cooperativas de pesca. O início de uma agroindústria. O Banco Mundial destaca a saúde da economia granadina, que ultrapassa todas as outras economias caribenhas em taxas de crescimento e estabilidade, apesar da oposição dos Estados Unidos. O desemprego cai de 40% para 14%. Agora já não há trabalho novamente.

Há quatro anos, os Estados Unidos agiram através do Fundo Monetário Internacional para garantir que não haveria dinheiro ocidental disponível para a economia de Granada, muito menos para proteger sua costa de uma ameaça de invasão feita por Gairy, orquestrada a partir de San Diego, na Califórnia, onde ele foi buscar asilo. Quando o GRP pediu auxílio econômico aos Estados Unidos, em 1979, para reconstruir a infraestrutura de um país dilapidado durante os 29 anos do regime de Gairy, a resposta dos Estados Unidos foi oferecer ultrajantes cinco mil dólares, retirados dos recursos para despesas discricionárias de um embaixador. Agora em 1983, após a invasão, os conquistadores estão prometendo aos granadinos sua segunda droga mais exportada: assistência social. Três milhões de dólares até o momento, administrados pelo exército americano, contanto que as cabeças que a recebem estejam abaixadas.

Se a quantia em dinheiro que essa invasão custa a cada um de nós, em impostos, tivesse sido emprestada ao GPR há cinco anos, a gratidão dos granadinos seria real. No entanto, Granada seria autônoma, independente; e é claro, isso não poderia ser permitido.

Que mau exemplo, que precedente perigoso uma Granada independente seria para as pessoas de cor no Caribe, na América Central, para nós aqui nos Estados Unidos.

A pronta aceitação da Invasão de Granada pela maioria dos americanos, assim como o suspeito envolvimento dos Estados Unidos nos eventos que levaram ao assassinado do primeiro-ministro Maurice Bishop, acontecem em uma américa cujas integridades moral e ética estão deterioradas pelo racismo tão completamente quanto uma madeira se deteriora quando infestada de fungos. A américa branca foi bem-educada na desumanização de pessoas negras. Uma ilha-nação negra? Ora, não seja ridícula! Se eles não fossem tão insolentes, *nós* teríamos trabalho suficiente e nenhuma recessão. O linchamento da juventude negra, o assassinato de mulheres negras a tiros, 60% dos adolescentes negros desempregados e rapidamente se tornando "inempregáveis", a presidência desmantelando a Comissão de Direitos Civis e mais famílias negras abaixo da linha da pobreza do que há vinte anos – se esses fatos da vida americana e o racismo podem ser varridos para debaixo do tapete, considerados irrelevantes, então por que também não o seriam o estupro e a anexação da pequena e negra Granada?

O Pentágono vem procurando por uma briga que pudesse ganhar há muito tempo; a última foi a Batalha de Inchon, nos anos 1950.[12] Que melhor maneira de espantar as memórias amargas da derrota no Vietná para as pessoas amarelas do que pela restauração do poder aos olhos do público americano – a imagem de fuzileiros americanos se labuzando de um pouco de sangue preto? "... para manter a honra limpa", diz o hino dos fuzileiros navais. Assim, o público americano foi distraído da recessão, do desemprego, do fiasco em Beirute,[13] da loucura nuclear, dos oceanos morrendo, das crescentes

---

[12] Invasão dos Estados Unidos, durante a Guerra da Coreia, ao porto de Inchon, na Coreia do Sul (capitalista), então ocupado pelas forças comunistas da Coreia do Norte. (N.E.)

[13] Lorde se refere ao atentado terrorista contra a embaixada dos Estados Unidos em Beirute, no Líbano, em abril de 1983. Mais de sessenta pessoas foram

depressão e desesperança nacionais pelo bombardeamento de um hospital psiquiátrico que matou cinquenta pessoas.[14] Até mesmo essa notícia orgulhosa foi encoberta por quase uma semana enquanto outras histórias cosméticas eram construídas. Pão e circo.

Se os Estados Unidos estão mesmo remotamente interessados em ver a democracia florescer no Caribe, por que continuam a apoiar o Haiti e a República Dominicana, dois dos governos mais corruptos e autoritários das Américas? O racismo que acoberta as mentiras do governo dos Estados Unidos sobre Granada é o mesmo que cegou os olhos americanos para os rostos negros dos 131 haitianos afogados, levados pelo mar até a costa de Miami, fugidos do regime de Duvalier.[15] É o mesmo racismo que mantém os olhos americanos longe do corrosivo apartheid, que devora como ácido a face branca da África do Sul, e do governo Reagan, que compartilha sua cama sob o argumento de "engajamento construtivo".[16] A África do Sul Branca tem um dos mais altos padrões de vida do mundo, e 50% das crianças

---

mortas, a maioria, americanas. O Hezbollah, grupo fundamentalista islâmico, assumiu o atentado. (N.E.)

[14] Nas primeiras horas da Invasão de Granada, um avião da Marinha dos Estados Unidos bombardeou, acidentalmente, um hospital civil psiquiátrico. O número de mortos, no entanto, parece ser menor do que o que Audre sugere, estimado entre doze e dezoito pessoas. (cf.: <nyti.ms/2X3sc8b> e <wapo.st/36SJLwd>). (N.E.)

[15] Jean-Claude Duvalier foi um ditador do Haiti que esteve no poder de 1971 a 1986. Em 1981, corpos de 33 refugiados haitianos que tentavam entrar nos Estados Unidos foram encontrados em Hillsboro, praia particular em Miami, depois que o barco onde estavam virou. Outros 34 haitianos nadaram até a costa e conseguiram sobreviver (cf.: <nyti.ms/34Ux1Dt> e <bit.ly/2Q5IgFa>). (N.E.)

[16] "Engajamento construtivo" foi o nome dado para a política de Ronald Reagan (presidente dos Estados Unidos de 1981 a 1989), com relação ao regime do apartheid, que bloqueou as sanções econômicas e a alienação da África do Sul exigidas pela ONU. A ideia de Reagan era incentivar mudanças gradativas no apartheid através de diálogos com os líderes da minoria branca sul-africana. A medida, no entanto, fez com que a repressão

da África do Sul Negra morrem antes de completar cinco anos. Uma estatística. A mortalidade infantil entre americanos negros é quase duas vezes maior do que entre os americanos brancos – no país mais industrializado do mundo. A américa branca foi bem-educada para aceitar a destruição dos negros. Então de que vale a negra Granada e suas 110 mil vidas negras?

O desemprego em Granada caiu 26% em quatro anos.[17] Em 25 de outubro de 1983, mísseis de aviões de caça americanos e granadas e morteiros navais atingiram as colinas atrás de Grenville, St. George's e Gouyave. Fuzileiros americanos destruíram casas e hotéis procurando por "cubanos". Agora, os ministérios estão silenciosos. As fazendas estatais estão paradas. As cooperativas estão suspensas. A fábrica de enlatados em True Blue está um caos, silenciada sob bombas. No dia seguinte à invasão, o desemprego estava de volta a 35%. Uma mão de obra barata e obediente é a felicidade da economia pelo lado da oferta. Um mês depois, a Agência dos Estados Unidos para o Desenvolvimento Internacional visita Granada. Seu relatório sobre o papel do setor privado no futuro de Granada recomenda a revisão dos códigos tributários em favor das empresas privadas (geralmente estrangeiras), o desenvolvimento de leis trabalhistas que garantam um movimento trabalhista conformado e a venda das empresas do setor público para a iniciativa privada.[18] Quanto tempo até as mulheres granadinas ficarem cegas montando microchips para computadores a oitenta centavos por hora para corporações internacionais? "Eu trabalhava na estação de rádio", diz uma jovem na praia, dando de ombros. "Mas acabaram com ela na guerra."

Essa guerra curta, não declarada e cínica contra Granada não é um novo direcionamento na política externa americana. É apenas

---

à população negra e a intolerância ao ativismo antiapartheid aumentassem (cf.: <bit.ly/2CADnMp>). (N.E.)

[17] C. Sunshine e P. Wheaton, *Grenada: The Peaceful Revolution* (Washington, D.C.: E.P.I.C.A., 1982).

[18] C. Sunshine, *The Guardian*, 28 de dezembro de 1983.

um exemplo óbvio de um curso de ação de 160 anos chamado Doutrina Monroe. Em seu nome, a américa invadiu pequenos países caribenhos e da América Central várias e várias vezes desde 1823, camuflando essas invasões sob diversos nomes. Trinta e oito invasões aconteceram antes de 1917, antes da União Soviética sequer existir. Por exemplo, em 1897, os fuzileiros navais americanos desembarcaram em Porto Rico para lutar a Guerra Hispano-Americana. Eles nunca foram embora.

Em 1981, os Estados Unidos ensaiaram abertamente uma invasão a Granada. Praticaram o exercício militar *Ocean Venture*, durante o qual bombardearam a ilha porto-riquenha de Vieques, chamando-a de "Âmbar dos Amberinos" (Granada dos Granadinos). Nesse faz de conta macabro, a situação hipotética é que americanos teriam sido feitos reféns. Como sabemos, essa foi a primeira desculpa usada para justificar a Invasão de Granada. Quanto a americanos realmente estarem em perigo, ainda havia quinhentos cidadãos americanos residentes que optaram por ficar em Granada durante e depois da invasão. No entanto, uma vez que o *Ocean Venture* parece ser o roteiro estabelecido, devemos nos lembrar que o exercício também exigia o assassinato do primeiro-ministro de Âmbar. Agora esperam que acreditemos que os Estados Unidos e a CIA não estavam envolvidos direta ou indiretamente na morte do primeiro-ministro Maurice Bishop? O golpe que serviu de abertura para que o *Ocean Venture* se tornasse uma realidade seria apenas uma infeliz coincidência de intrigas pessoais ou um evento longamente orquestrado por hábeis manipuladores?

O Pentágono admitiu, em reuniões confidenciais no Congresso, que sabia do golpe contra Bishop duas semanas antes de ele acontecer.[19] A unidade de elite do exército que participou da invasão passou seis dias, entre 23 de setembro e 2 de outubro, praticando a tomada de um aeroporto e a libertação de reféns, uma manobra sobre a qual

---

[19] E. Ray e B. Schaap, "U.S. Crushes Caribbean Jewel," *Covert Action Informational Bulletin*, n. 20, inverno de 1984, p. 11.

o Pentágono solicitou sigilo.[20] Um senador revelou que havia agentes da CIA acompanhando os setenta estudantes que foram retirados de Granada no dia 26 de outubro, o dia seguinte à invasão.[21]

Haverá uma longa e meticulosa busca por respostas para essas questões.

A PSYOPS, a unidade de operações psicológicas das forças de ocupação dos Estados Unidos – um novo desdobramento, do qual ouvimos falar pela primeira vez quando estiveram em ação aqui –, não tardou em encher St. George's e o restante de Granada com cartazes que mostravam Bernard Coard e o general Hudson Austin nus e vendados, expostos ao ridículo e ao escárnio, anunciados como os assassinos de Maurice Bishop, que era amado pelo povo granadino. É sabido que, se Bishop estivesse vivo, Granada lutaria contra qualquer invasão até o último filho. Então era essencial que houvesse bodes expiatórios para sua morte. Os detalhes das lutas internas pelo poder no Partido do Movimento New Jewel – se é que houve alguma – ainda são desconhecidos, e certamente são complexos. No entanto, meses depois, esses homens ainda são mantidos incomunicáveis na prisão Richmond Hill, em St. George's, por "forças de segurança" não granadinas. Até o momento em que escrevo, nem eles nem os quarenta e poucos outros granadinos ainda detidos com eles foram indiciados ou levados aos tribunais.

Nada se ouve agora sobre os dois americanos que estiveram envolvidos nos últimos dias do governo de Bishop, um deles procurado aqui nos Estados Unidos por porte ilegal de armas, e o outro com passaportes de dois países.[22] Para quem eles estavam trabalhando e de que lado estavam? Suas identidades nunca foram divulgadas – tática muito usada para encobrir agentes de desestabilização – e sua existência é confirmada apenas por uma linha nas últimas páginas de uma edição

---

[20] *Ibidem*, p. 13.

[21] *Ibidem*, p. 5.

[22] S. Taylor, *The New York Times*, 6 de novembro de 1983, p. 20.

do *The New York Times*. Foi assim também quando o embaixador da França, Evan Galbraith, declarou na TV pública que os Estados Unidos estavam atuando em Granada "semanas antes da morte de Bishop".[23]

Regina Fuchs, uma enfermeira da Alemanha Ocidental que trabalha em Granada, relatou que foi presa e duramente interrogada depois de ter sido acusada injustamente por dois americanos de abrigar fugitivos; um de seus acusadores, Frank Gonzales, se identificou como agente da CIA.[24]

A ação em Granada serviu a vários propósitos dos Estados Unidos e forneceu as bases para diversos testes. Um dos mais importantes está ligado a uma preocupação há muito demonstrada pelo Pentágono: se os soldados negros americanos conseguiriam ou não abrir fogo contra outras pessoas negras. Essa se torna uma questão vital à medida que o complexo militar-industrial dos Estados Unidos dá respostas cada vez mais militarizadas à posição precária desse país no Terceiro Mundo, onde os Estados Unidos ou ignoram ou defendem o lado errado de praticamente todas as lutas pela libertação dos povos oprimidos. É claro, houve também testes menores. Além de experimentar novos armamentos, havia a questão de saber se os fuzileiros navais gostavam de seus novos capacetes estilo nazista. Eles não gostavam, porque não dava para fazer a barba estando com eles. E talvez os novos uniformes do exército fossem pesados demais para serem confortáveis nos trópicos. E eram.[25]

Ouça a linguagem vinda do Pentágono, orquestrada pelos especialistas em guerra psicológica operando em Granada.

- *Chegamos lá bem a tempo.*
- *Não é uma invasão, é uma missão de resgate.*
- *Operação de limpeza.*
- *Era o nosso território. Tínhamos todo o direito.*

---

[23] Ibidem.

[24] *The Washington Post*, 21 de novembro de 1983.

[25] *Evening News*, telejornal da CBS, 8 de dezembro de 1983.

- *Bandidos armados* (a milícia granadina).
- *Um sujeito estilo Idi Amin,[26] capaz de fazer reféns* (general Austin).
- *Preso por espalhar o ódio entre as pessoas.*

Essa linguagem é calculada para diminuir os anseios de uma nação negra aos olhos e ouvidos dos americanos brancos que já estão secretamente apavorados pela Ameaça Negra, enfurecidos pelos mitos do Progresso Negro e, ao mesmo tempo, incentivados pelas ações do governo a nunca levarem a vida de uma pessoa negra a sério.

Até mesmo vários americanos negros, ameaçados pelo espectro de um socialismo que é, na melhor das hipóteses, mítico e indefinido, compraram a linha de raciocínio do governo de "nós" contra "eles". Mas qual de nós, negros americanos, já tirou um tempo para analisar se essa ameaça do socialismo é uma realidade tão destrutiva quanto é o racismo em todas as nossas vidas? Com a constante manipulação da mídia, muitos americanos negros estão realmente confusos, defendendo a "nossa" invasão da negra Granada sob uma miragem equivocada de patriotismo.

Mil novecentos e oitenta e quatro se aproxima, e o duplipensar[27] está de volta para embaralhar nossos cérebros e encobrir nossos protestos.

Além de ser uma demonstração à comunidade caribenha do que pode acontecer a qualquer país que ouse assumir a responsabilidade pelo próprio destino, a Invasão de Granada também serve como um claro aviso para os trinta milhões de americanos afrodescendentes. Fiquem espertos. Fizemos tudo isso com eles e não hesitaremos em fazer com vocês. Campos de confinamento. Cabines de interrogatório. Celas de isolamento construídas às pressas pelas forças de ocupação dos Estados Unidos. Prisioneiros nus vendados. Buscas de casa em casa

---

[26] Idi Amin Dada (1920-2003) foi um ditador militar em Uganda entre 1971 e 1979. Ficou conhecido pela violência de seu regime, a repressão de seus opositores e o desrespeito aos direitos humanos. (N.T.)

[27] Ver nota 7, p. 77.

por cubanos fantasmas. Vizinhos pressionados a entregarem uns aos outros. Nenhum deus estranho diante de nós. Soldados dos Estados Unidos em barreiras rodoviárias e nos aeroportos, auxiliados por antigos membros da infame milícia de Gairy, a Mongoose Gang, portando cadernos com listas de simpatizantes de Bishop e do GRP.[28] Táticas para enfraquecer um povo conquistado. Sem tribunais, sem acusações, sem processos jurídicos. Auxílio social, mas nenhuma indenização pelos negócios prejudicados, pelas casas e vidas destruídas. Licença de acesso às ruas. Prisão de "desordeiros". A nova estação de rádio ecoando de hora em hora as músicas da banda de rock The Beach Boys.

A que país pertencia Granada?

Centenas de corpos granadinos estão enterrados em sepulturas não identificadas, parentes desaparecidos e sem qualquer registro, sobreviventes atordoados e silenciados por meio de ameaças de serem presos e acusados de "espalharem a inquietação entre as pessoas". Nenhuma admissão de culpa e, portanto, nenhum auxílio para irmãs, mães, esposas e filhos dos mortos, famílias desfeitas e vidas vandalizadas pela brutalidade consciente de uma guerra planejada e não declarada. Nenhuma atenção dada aos corpos granadinos transportados de um lado para o outro pelo mar, em sacos plásticos, de Barbados para Granada para Cuba e de volta para Granada. Afinal, todos se parecem, e, além do mais, se eles flutuarem pelo mundo por tempo suficiente, talvez simplesmente desapareçam, ou se tornem invisíveis, ou virem o sacrifício de algum outro povo.

"Meu irmão morreu em Calliste quando eles fuzilaram a casa", Isme contou, "porque pensaram que cubanos moravam ali. Meu pai perdeu um braço e uma perna. Eles o levaram para o hospital em Barbados, mas ele faleceu lá. Seu corpo foi trazido de volta para o Aeroporto de Pearls, mas tive que pegar dinheiro emprestado para trazê-lo para casa para o funeral."

Semanas após a invasão, granadinos ainda sentiam o cheiro dos corpos espalhados por toda a ilha e os enterravam. O número

---

[28] *The London Guardian*, 4 de novembro de 1983.

real de vítimas nunca será conhecido. Não há contagem de civis mortos disponível. Até mesmo os copos de Maurice Bishop e de seus ministros assassinados nunca foram oficialmente identificados, certamente para evitar possíveis idolatrias por parte do povo que o amava, certamente para tornar mais fácil a tarefa de manchar sua imagem na memória popular. Já começaram a fazer isso.

Pela primeira vez em uma guerra americana, a imprensa dos Estados Unidos foi deixada de fora até que o palco estivesse montado. Isso amplia por precedente o significado de censura militar nesse país. Na época, isso também desviou a atenção da invasão em si. Uma missão cumprida com "precisão cirúrgica" significava uma tentativa de disfarçar o bombardeio e a destruição de casas de civis, a destruição de um hospital, de uma estação de rádio e da sede da polícia; uma tentativa de encobrir os pesados veículos do exército americano abandonados na beira da estrada por soldados que não foram treinados para dirigir pela esquerda e os carros de civis com os quais esses veículos colidiram. Significava a apropriação, o uso e a destruição de lares e lojas e outros negócios sem indenização. Quando a entrada da imprensa americana foi finalmente autorizada, depois de uma limpeza cosmética, fomos agraciados com fotografias de granadinos sorridentes dando as boas-vindas aos seus conquistadores (vejam o que os dólares dos seus impostos compraram). Mas nada de fotos dos cartazes nas ruas pedindo informações sobre vizinhos. Nada de fotos dos cartazes espalhados pelo interior do país pedindo o fim do imperialismo ianque. SEM BISHOP SEM REVOLUÇÃO.

Então o que a Revolução de Granada significou? Significou a abertura de uma agroindústria que, pela primeira vez na história da ilha, processava as próprias frutas, o próprio café, sob marca própria, Spice Isle Foods. Produtos enlatados de origem local à venda nas lojas. O começo de uma indústria da pesca e de processamento de peixe. Em um país rico em frutas tropicais, com águas repletas de peixes, por que o suco de frutas mais comum seria o suco de laranja da Flórida, e o peixe mais usado, o bacalhau importado do Canadá?

Significou o número de médicos na ilha quase dobrar, de 23 para 40, um centro de saúde instalado em cada paróquia, uma clínica odontológica. Significou a implementação de uma campanha de saúde pública de combate a mosquitos, realizada pela Organização Nacional pela Juventude, que protegeu Granada da onda de dengue que varreu o restante do Caribe no verão de 1981.[29]

Significou a possibilidade de Lyndon Adams, 12 anos, de L'Esterre, Cariacou, ensinar uma senhora de 73 anos a ler e escrever como parte do programa "cada-um-ensina-um" contra o analfabetismo funcional, conduzido pelo Centro de Educação Popular. Esse programa de grande sucesso contou com a ajuda de um dos mais brilhantes educadores de todos os tempos, Paulo Freire, líder do programa de alfabetização do Conselho Mundial de Igrejas. Quando os ecos da *Ocean Venture* se espalharam pelo Caribe vindo de Vieques, em 1981, e a sinistra ameaça da invasão dos Estados Unidos passou a assolar as colinas de Grand Etang a Harvey Vale, Lyndon, um dos mais jovens professores do programa do Centro de Educação Popular, teria dito: "Antes da revolução, estávamos na escuridão. Eu nunca vou desistir. Prefiro que me matem a que ter que trabalhar para eles se eles vierem aqui para tomar a nossa terra e tentar nos oprimir outra vez". Sua vizinha e aluna de 73 anos disse: "Agora, em L'Esterre, acho que as coisas estão bem melhores e continuam melhorando. E olha como as crianças estão se desenvolvendo e se saindo bem! Pela idade desse menino, acho que ele está indo muito bem!".[30]

A estudante americana de Medicina que testemunhou a morte do primeiro fuzileiro americano após o desembarque em Granada não se deixou levar pelo repórter da TV. *Grupos de resistência estrangeira. Cubanos escondidos nas colinas.* "Ah, não, ele não foi morto pelos cubanos. Eram um velho e seu filho, atirando de dentro da casa." Lyndon Adams e sua vizinha não são cubanos. O velho senhor e seu

---

[29] C. Sunshine, *Grenada: The Peaceful Revolution*, p. 87.

[30] C. Cearle, *Carriacou and Petite Martinique: in the Mainstream of the Revolution* (St. George's: Fedon Publishers, 1982), p. 54-57.

filho defendendo sua casa não eram cubanos. Eles eram granadinos que ousaram acreditar que tinham o direito de definir a si mesmos e ao futuro de sua nação sem depender dos Estados Unidos.

Granada é uma sociedade altamente estratificada, composta em sua maioria por uma massa extremamente pobre de trabalhadores rurais e pequenos proprietários de terras, um pequeno mas crescente grupo de prestadores de serviços nas cidades e uma minúscula e influente classe média, funcionários públicos e donos de terras que tradicionalmente estão mais envolvidos com importação e exportação do que com a produção nacional. O governo de Bishop estava se tornando uma bem-sucedida ponte entre esses diferentes grupos. Problemas de colorismo[31] e classismo são legados profundos, abrangentes e complexos deixados por sucessivas colonizações. Granadinos, com razão, são muito resistentes a quaisquer sugestões externas de soluções superficiais. Ao agregar os objetivos de grupos tão diversos, a Revolução se tornou ainda mais ameaçadora para os Estados Unidos.

Para o granadino e a granadina comuns, os Estados Unidos são uma presença grande porém obscura, o lugar onde algum parente querido agora vive. Antes das campanhas de informação do GRP, a falta de cobertura jornalística e de reportagens internacionais manteve os granadinos muito mal informados sobre o posicionamento dos Estados Unidos na política mundial e sua história de racismo e classismo institucionalizados. Ronald Reagan era visto como uma estrela de cinema, uma figura paternal desconectada das políticas de sistemática opressão militar e econômica das pessoas de cor nos países em desenvolvimento ao redor do mundo.

---

[31] "Colorismo" é um termo usado para tratar a questão do privilégio associado à cor da pele. Quanto mais clara for a pele da pessoa, quanto menos traços negroides ela tiver, quanto menos crespo for seu cabelo, maiores são as chances de que ela seja poupada de algumas manifestações do racismo. O colorismo faz com que muitas pessoas negras de pele mais clara não entendam o racismo estrutural com a mesma nitidez, ou não o experimentem da mesma maneira, que as pessoas de pele retinta. (N.T.)

No entanto, o granadino e a granadina comuns também são extremamente envolvidos com os assuntos políticos de seu país, contanto que haja espaço para esse envolvimento depois de serem mitigadas as preocupações com a sobrevivência. Aspectos dos eventos de outubro surgem em todas as conversas, resguardadas ou não, casuais ou não.

Os conflitos no Movimento New Jewel, a prisão domiciliar de Bishop, a subsequente manifestação de dez mil granadinos, a segunda manifestação, menor, que culminou na libertação de Bishop e em seu assassinato, juntamente com outros ministros e centenas de granadinos em Richmond Hill, e os quatro dias de toque de recolher militar imposto após esses eventos encheram de terror o coração de todos os granadinos. Qualquer outro desfecho parecia preferível na ocasião.

A rádio Spice Island, sob o comando dos Estados Unidos, passou a operar na tarde após a invasão, e a maioria dos granadinos obtinha qualquer informação que fosse por meio dos pôsteres e panfletos espalhados pelo interior do país pela PSYOPS. Rumores se espalharam entre as pessoas, numa tentativa de explicar o inexplicável. Uma vendedora em St. George's me disse ter ouvido que o exército abriu fogo contra as pessoas no Fort Rupert porque "os russos colocaram no leite deles comprimidos que os faziam atirar em quem aparecesse pela frente".

Resta ver se os planos futuros dos Estados Unidos para Granada vão confirmar a visão que muitos granadinos têm dos Estados Unidos como salvador. Mesmo agora, essa visão não é tão disseminada quanto a mídia americana quer nos fazer acreditar. Em St. George's, um trabalhador de dezenove anos, recentemente desempregado, disse: "Eles podem chamar de 'missão de resgate' o quanto quiserem, mas eu ainda não fui resgatado". Há muita dor sob a fachada de gratidão: muitos pais e tios e irmãos e filhas feridos e mortos porque "os americanos pensaram que havia cubanos morando aqui". Por toda a Granada senti o efeito entorpecente do horror e da descrença em cada conversa sobre a guerra, muitas vezes sob uma fachada superficial de entusiasmo.

Vim a Granada pela segunda vez seis semanas após a invasão, querendo saber se ela ainda estava viva, querendo examinar qual era a minha verdadeira posição de granadina-americana com relação à invasão militar dessa pequena nação negra pelos poderosos Estado Unidos. Olhei ao meu redor, conversei com granadinos nas ruas, nas lojas, nas praias, em varandas ao crepúsculo do solstício. Granada é o país deles. Eu sou apenas uma descendente. Preciso ouvir muito e refletir sobre as implicações do que ouvi; do contrário, seria culpada da mesma arrogância instantânea do governo dos Estados Unidos em acreditar que há soluções externas para o futuro de Granada.

Também vim procurando consolo, vim para ver se Granada tinha sobrevivido ao violento ataque da nação mais poderosa do mundo. Ela sobreviveu. Granada está ferida, mas muito viva. Granadinos são pessoas acolhedoras e resilientes (ouço a voz da minha mãe: "As mulheres da ilha dão boas esposas. Não importa o que aconteça, elas já viram coisa pior."), e já sobreviveram a colonizações anteriores. Tenho orgulho de descender do país que levantou a primeira Revolução Popular negra de falantes de língua inglesa neste hemisfério. Muito se perdeu, e de maneira terrível, em Granada, mas não tudo – não o espírito do povo. *Sempre em frente, para trás jamais*[32] é mais do que um simples grito de otimismo.

---

[32] Slogan da Revolução de Granada.

AGRADECIMENTOS

GOSTARIA DE AGRADECER a ajuda inestimável de cada uma das mulheres que me apoiaram durante a escrita destes textos, com um reconhecimento especial à minha editora Nancy K. Bereano, que com sua paciência e sensibilidade me ajudou a transformar todo o processo em realidade mais uma vez.

Este livro foi composto com tipografia Adobe Garamond Pro e
impresso em papel Off-White 70g/m² na Formato Artes Gráficas.